权威·前沿·原创

皮书系列为

“十二五”“十三五”“十四五”时期国家重点出版物出版专项规划项目

智库成果出版与传播平台

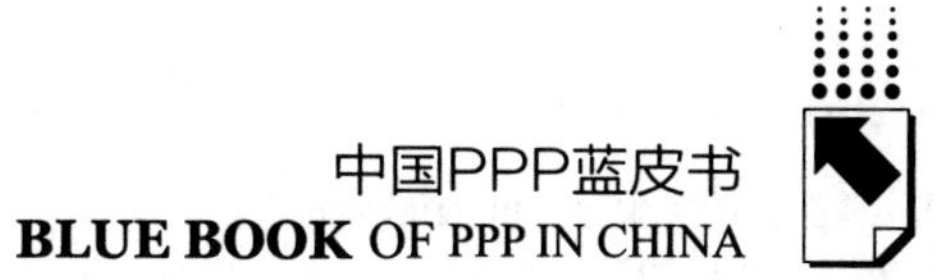

中国 PPP 新机制行业发展报告（2023）

CHINA'S PPP NEW MECHANISM INDUSTRY DEVELOPMENT REPORT (2023)

主　　编／马海涛
执行主编／安秀梅
副 主 编／宋映忠　李建宏　任　兵　王朋飞

社会科学文献出版社
SOCIAL SCIENCES ACADEMIC PRESS (CHINA)

图书在版编目(CIP)数据

中国 PPP 新机制行业发展报告 . 2023 / 马海涛主编；安秀梅执行主编；宋映忠等副主编 . --北京：社会科学文献出版社，2024. 5

（中国 PPP 蓝皮书）

ISBN 978-7-5228-3521-1

Ⅰ. ①中… Ⅱ. ①马… ②安… ③宋… Ⅲ. ①政府投资-合作-社会资本-研究报告-中国-2023 Ⅳ. ①F832. 48 ②F124. 7

中国国家版本馆 CIP 数据核字（2024）第 081310 号

中国 PPP 蓝皮书
中国 PPP 新机制行业发展报告（2023）

主　　编 / 马海涛
执行主编 / 安秀梅
副 主 编 / 宋映忠　李建宏　任　兵　王朋飞

出 版 人 / 冀祥德
组稿编辑 / 恽　薇
责任编辑 / 颜林柯
文稿编辑 / 白　银
责任印制 / 王京美

出　　版 / 社会科学文献出版社 · 经济与管理分社（010）59367226
地址：北京市北三环中路甲 29 号院华龙大厦　邮编：100029
网址：www. ssap. com. cn
发　　行 / 社会科学文献出版社（010）59367028
印　　装 / 天津千鹤文化传播有限公司

规　　格 / 开 本：787mm × 1092mm　1/16
印 张：18. 75　字 数：280 千字
版　　次 / 2024 年 5 月第 1 版　2024 年 5 月第 1 次印刷
书　　号 / ISBN 978-7-5228-3521-1
定　　价 / 158. 00 元

读者服务电话：4008918866

《中国 PPP 新机制行业发展报告（2023）》
编　委　会

主　　编　马海涛

执行主编　安秀梅

副 主 编　宋映忠　李建宏　任　兵　王朋飞

组稿编辑　武玲玲

撰 稿 人　（按姓氏拼音排序）

安秀梅　蔡佳迎　陈　传　陈　恩　丁伯康
丁　逸　冯立松　冯　卓　傅庆阳　傅　晓
高景鑫　侯继尧　焦　军　雷爱先　黎　军
黎　云　李　飞　李贵修　李士宗　李　妍
林爱华　刘佳奇　刘金婵　刘京晶　刘霖霖
刘倩怡　聂慧梓　戚倬源　乔　悦　任　兵
任亚平　沙明辉　石　嫘　宋　洁　宋金波
宋映忠　王　刚　王铭磊　王朋飞　王　玮
王晓丽　王宇翔　王　政　魏丽莎　武玲玲
武梦瑶　肖光睿　解定骏　徐向东　薛起堂
杨　茗　张　金　张晓彬　张笑蕾　张云霞
张翥超　赵仕坤　朱红梅　朱立莉　朱　玲

研创单位简介

中央财经大学政信研究院（以下简称“研究院”）是国内第一家以国家治理和政信领域学术研究、决策咨询、学科培育、人才培养、社会服务、文化传承为主要职能的高校智库，是国家治理和政信领域学术研究、战略咨询、评估培训的开放性公共研究机构。

研究院内设机构包括：政府和社会资本合作（PPP）研究中心、项目投融资研究中心、财税大数据实验室、慈善税收研究中心、办公室等。

研究院秉持诚信、合作、包容、共赢的宗旨，致力于国家治理和政信发展创新相关的学术研究和政策咨询，为政信知识积累、行业发展、制度建设、国家治理提供智力支持。研究院的目标是通过学术研究、学科培育、制度创新、战略合作等，将研究院建成具有鲜明学科特色的专业型智库，成为国家治理和政信领域发展创新的学术研究“基地”、决策咨询“思想库”、开放式交流“平台”、人才孵化“制高点”和社会服务“催化剂”，全力服务于我国国家治理体系和政信体系的理论研究、实践探索与制度创新。

摘　要

《中国PPP新机制行业发展报告（2023）》是中央财经大学政信研究院精心策划编撰，专注于中国政府和社会资本合作（PPP）领域行业应用、热点问题研究、前沿创新实践的年度研究报告，是国内PPP领域理论研究和实践探索的综合性成果。

2023年11月8日，国务院办公厅转发国家发展改革委、财政部《关于规范实施政府和社会资本合作新机制的指导意见》，该意见旨在畅通民间资本参与基础设施投资的渠道，拓宽民间投资空间；充分发挥市场机制作用，提高基础设施和公用事业项目建设运营水平；遏制新增地方政府隐性债务，确保PPP规范发展、阳光运行，促进经济社会高质量发展。

《中国PPP新机制行业发展报告（2023）》分为总报告、应用报告和专题报告3个部分。总报告以PPP新机制文件精神为指导，首先回顾了2023年PPP行业发展的宏观经济形势，着重介绍了PPP新机制的改革过程，分析了截至2022年底全国PPP项目库中的中标项目以及项目公司的总体规模、区域分布和行业分布等情况。应用报告重点对全国统一大市场建设中的PPP法律问题、民间资本助力基础设施建设的成效问题以及PPP推动数字化发展战略、新型城镇化战略、区域协调发展战略的实践应用进行总结，并阐述了PPP在支持文旅产业、高职教育和环境社会治理（ESG）中的创新应用。专题报告围绕我国重大工程项目中PPP+XOD模式应用、项目公司履约管理视角下的风险应对、TOT模式下的盘活存量资产定价和PPP项目不同回报机制下的绩效评价、执行阶段的政府监管、项目用地及纠纷解决等问题，以及PPP支持基础教育、农业强国的创新机制等方面进行了研究。

研究表明，PPP作为有效市场和有为政府高效融合的重要政策工具，在一定程度上起到了改善公共服务、拉动有效投资的作用。《关于规范实施政府和社会资本合作新机制的指导意见》的颁布实施，开启了我国PPP领域发展正本清源的新阶段。新机制下的PPP项目对于各参与方而言依然存在较大的挑战：一是在PPP新机制“坚决遏制新增地方政府隐性债务”的总体要求下，项目收益不足及使用者付费不足的项目面临更加严峻的考验；二是PPP新机制在“充分发挥市场机制作用，拓宽民间投资空间”的总体要求下，鼓励支持并优先选择民营企业参与PPP项目，这对民营经济的实力和风控能力提出了更高的要求；三是PPP新机制强调“提高基础设施和公用事业项目建设运营水平，确保规范发展、阳光运行”，对PPP项目的建设实施提出了更加严格和具体的监管要求，这要求PPP参与各方都必须依法合规、公开透明地全生命周期参与PPP项目的建设和运营；四是PPP新机制按照“切实加强运营监管”要求，从定期开展项目运营评价、惩戒违法违规和失信行为、建立常态化信息披露机制、规范开展特许经营协议变更和项目移交工作等方面加强对PPP项目的运营监管，多维提升了PPP项目中实施主体、特许经营者的主体责任压力。

展望未来，新机制背景下PPP仍大有可为。首先，新机制强调“合理把握重点领域”，严格限制了PPP项目的适用范围，项目边界更加明确，领域适用标准更加细化。其次，新机制强调“坚持初衷、回归本源，最大程度鼓励民营企业参与政府和社会资本合作新建（含改扩建）项目”，对民营企业的优先选择，有利于激发民营资本参与公共基础设施建设的意愿，释放民间资本的活力，促进民营经济的发展。再次，新机制强调的明确管理责任分工、规范推进建设实施、切实加强运营监管、支持创新项目实施方式等，虽然视角不同，但本质都是通过重构PPP项目全生命周期的管理流程，增强PPP项目的生命力。最后，新机制强调“积极支持符合条件的特许经营项目发行基础设施领域不动产投资信托基金（REITs）”，特许经营期限的延长，提升了特许经营权资产估值，为REITs提供了更多符合发行条件的特许经营权资产，同时，投融资方式的调整也为特许经营者实现资本退出提供了通道。总之，《关于规范实施政府和社会资本合作新机制的指导意见》的出台实施，从顶层设计层面构建了PPP管理运行的新机制，指明了PPP的发展方向，PPP行业必将在新机制的引领下重启迈向高质量发展的新征程。

本书主要应用了截至2022年底来自北京明树数据科技有限公司等行业公司、国内权威部门和地方政府平台的数据，是PPP领域最具权威性的数据和案例集合。

关键词： PPP新机制　PPP立法　PPP项目

目 录

Ⅰ 总报告

Ⅱ 应用报告

Ⅲ 专题报告

总 报 告

General Report

B.1

政府和社会资本合作（PPP）行业发展展望（2023）

中央财经大学政信研究院　北京明树数据科技有限公司联合课题组*

摘　要： 2023年11月8日，国务院办公厅转发国家发展改革委、财政部《关于规范实施政府和社会资本合作新机制的指导意见》，该意见旨在畅通民间资本参与基础设施投资的渠道，拓宽民间投资空间；充分发挥市场机制作用，提高基础设施和公用事业项目建设

---

* 课题组成员：安秀梅，中央财经大学政信研究院院长，教授，博士生导师，研究方向为财税理论与政策、政府投融资等；王政，北京惠诚（苏州）律师事务所合伙人，中央财经大学政信研究院政府和社会资本合作中心副主任，研究方向为投融资、政府和社会资本合作；王朋飞，中央财经大学博士，研究方向为财政理论与政策；肖光睿，北京明树数据科技有限公司，研究方向为投融资数字化管理；李飞，北京明树数据科技有限公司，研究方向为交通投融资；焦军，北京明树数据科技有限公司，研究方向为政府采购与投融资规划；侯继尧，北京明树数据科技有限公司，研究方向为政府和社会资本合作项目管理；朱立莉，北京明树数据科技有限公司，研究方向为基建投融资数据规划与挖掘；杨茗，北京明树数据科技有限公司，研究方向为PPP项目市场与政策；蔡佳迎，北京明树数据科技有限公司，研究方向为政府债务管理；李妍，北京明树数据科技有限公司，研究方向为PPP项目市场与政策；武玲玲，中央财经大学政信研究院助理研究员，研究方向为公共管理。

运营水平；遏制新增地方政府隐性债务，确保规范发展、阳光运行，促进经济社会高质量发展。本报告阐述了 2023 年中国政府和社会资本合作（PPP）行业发展的宏观经济形势，分析了 PPP 市场运行情况及面临的项目收益不足、社会资本选择、项目建设实施及运营监管更加严格等方面的挑战，展望了伴随新机制的应用，责任主体与项目流程的重构、项目边界的明确以及民间资本活力的进一步有序释放。

关键词： PPP 新机制　宏观经济　特许经营模式

一　2023年 PPP 行业发展的宏观形势

（一）继续实施稳定的宏观政策，经济复苏进一步加快

2023 年《国务院政府工作报告》确定了经济发展的总目标，继续把“稳字当头、稳中求进”作为 2023 年的经济工作总原则，把扩大内需和拉动投资作为推动经济增长的重要抓手。对此，中央财政安排地方政府专项债券 3.8 万亿元以撬动更多社会资本投资，通过实施城市更新项目，鼓励和吸引更多民间资本参与国家重大工程和补短板项目建设。

同时，2023 年，各项政策不断落实落细，生产生活秩序加快恢复，经济增长内生动力不断积聚增强，高科技带动的数字经济发展提速。

（二）新老基建共同发力，释放经济发展活力

新基建是支撑新业态、新产业、新服务发展的战略性基石，更是拉动有效投资和经济增长的重要发力点。在健康码、在线网课、智慧零售、直播带货、车联网等新事物、新业态的背后，是 5G、大数据、物联网、人工智能等新一代信息技术的投入应用，展现了新型基础设施的强大支撑作用。“十四

五”期间，预计大数据中心投资将以每年超过20%的速度增长，将带动投资超过3万亿元。新基建逐渐成为中国经济高质量发展的重要驱动力，在加快经济社会发展质量变革、效率变革、动力变革等方面发挥了巨大的牵引作用。

老基建依然是稳增长的“压舱石”，也是实现经济高质量发展的重要动力源。2022年，我国高速铁路运营里程从2.5万公里增加到4.2万公里；高速公路里程从13.6万公里增加到17.7万公里；新建改建农村公路125万公里；新增机场容量4亿人次；发电装机容量增长40%以上。[①] 大兴机场凤凰展翅、港珠澳大桥跨洋过海、“西电东送”蒸蒸日上、“南水北调”千里奔流，我国交通、能源、水利等领域取得的历史性成就，离不开现代综合立体交通运输体系、现代能源体系的加快构建以及基础设施整体水平的跨越式提升。

欲筑室者，先治其基。加强基础设施建设，既是稳投资、扩内需、拉动经济增长的重要途径，也是优化结构、产业升级、提高发展质量的重要工具。随着稳经济一揽子政策持续显效和接续政策措施落地落实，从中央到地方、从传统老基建到新基建，从项目到资金，一系列稳投资举措将形成合力，为经济高质量发展积蓄强大动能。

（三）基础设施进入存量时代，资产盘活成为重要议题

2022年5月25日，国务院办公厅印发《关于进一步盘活存量资产扩大有效投资的意见》（国办发〔2022〕19号），提出我国当前已形成大量存量资产，但还未形成存量资产和新增资产的良性循环，亟须加大存量资产盘活力度，可通过基础设施领域不动产投资信托基金（REITs）、PPP、资产证券化、盘活存量和改扩建有机结合、挖掘闲置低效资产价值，以及产权规范交易、并购重组、不良资产收购处置、混合所有制改革、市场化债转股等方式进行盘活，有利于提高基础设施运营管理水平，拓宽融资渠道、促进有效投资，进而降低政府债务风险。同年12月，国务院印发《扩大内需战略规划

① 《政府工作报告》，中国政府网，2023年3月14日，http：//www.gov.cn/premier/2023-03/14/content_ 5746704.htm。

纲要（2022—2035 年）》，再次提出有序推动基础设施领域不动产投资信托基金健康发展，并通过多种方式盘活存量资产，形成存量资产和新增投资的良性循环。

PPP 在存量基础设施领域的应用，有利于更好地吸引运营能力较强的社会资本，提高基础设施运营效率，提升项目运营收益；有利于将政府当前及短期内的支出责任纳入中长期预算，防范和化解地方政府债务风险；此外还可以拓展 PPP 应用场景，优化 PPP 应用的整体结构，弥补 PPP 发展短板，对我国 PPP 的健康发展具有重要意义。

（四）从停摆到重启，PPP 新机制正本清源

从 2023 年 3 月开始，PPP 项目入库工作暂停，地方政府无法通过财政预算支出项目获得经费，新的 PPP 项目无法落地。同时，福建、广西、湖北、山西、山东、重庆等地，纷纷开展对 PPP 项目的专项审计工作，部分地区设立审计整改工作专班，围绕 PPP 项目开展自查与整改，PPP 进入停摆阶段。

2023 年 6 月 26 日，审计署发布《国务院关于 2022 年度中央预算执行和其他财政收支的审计工作报告》，审计署首次在审计报告中提及政府和社会资本合作。报告内容显示，此次重点抽查 18 个省（区、市）本级及 187 个地区计划总投资 1.53 万亿元的 408 个 PPP 项目，着重剖析了入库环节审核不严、履约环节不尽诚信、建设运营环节不当推责揽责、部分项目形成损失浪费四个方面的问题。该审计报告的发布是 PPP 停摆以来官方首次公布相关信息，报告中虽无关于 PPP 项目未来发展的结论性内容，但其提到的问题及问题涉及的项目数量，引发了业界对于 PPP 项目走向的担忧。

2023 年 11 月 8 日，国务院办公厅转发国家发展改革委、财政部《关于规范实施政府和社会资本合作新机制的指导意见》（以下简称《意见》），从多个角度对 PPP 重新进行规范，PPP 何去何从最终尘埃落定，给 PPP 存量项目吃了一颗“定心丸”。

《意见》是对 PPP 重新审视之后提出的重要成果文件，引导 PPP 正本清源，并从多个方面进行重大调整。一是 PPP 将由原先财政部、国家发展

改革委等多头管理，转为由国家发展改革委牵头推进，财政部门不再参与项目管理，而是主要聚焦履行预算管理和政府债务管理职责，2023 年 11 月 26 日财政部发文废止了 2015~2022 年的 11 个文件；二是提出“政府和社会资本合作应全部采取特许经营模式实施”，且聚焦使用者付费项目，经营收入需要能够覆盖建设投资和运营成本、具备一定投资回报，而不新增支出责任；三是明确 PPP 的重点领域，包括“公路、铁路、民航基础设施和交通枢纽等交通项目，物流枢纽、物流园区项目，城镇供水、供气、供热、停车场等市政项目，城镇污水垃圾收集处理及资源化利用等生态保护和环境治理项目，具有发电功能的水利项目，体育、旅游公共服务等社会项目，智慧城市、智慧交通、智慧农业等新型基础设施项目，城市更新、综合交通枢纽改造等盘活存量和改扩建有机结合的项目”；四是积极促进民营企业参与 PPP，一方面调动民营资本投资的积极性和调整民间资本投资结构，另一方面充分利用民营资本市场化程度高、管理机制灵活、运营效率高等特点，提高项目的运营效率和投资回报率。无疑《意见》的出台对 PPP 的影响是巨大的，将使 PPP 回归聚焦使用者付费，鼓励民营资本积极参与的本源。《意见》的正式对外发布，标志着停滞了 9 个月之久的 PPP，迎来了新机制引领下全新的发展阶段。

二　2022年中国政府和社会资本合作市场情况分析

（一）中标——全国 PPP 项目中标情况分析[①]

1. 中标项目总体分析

2022 年，全国共成交 PPP 项目 1271 项，总投资金额超过 2.5 万亿元。

① PPP 项目中标情况是指明树数据通过公开途径汇总收集的已确定中标人的 PPP 项目，包括但不限于全国 PPP 综合信息管理平台及国家发展改革委 PPP 项目信息监测服务平台中已中标项目。如已纳入全国 PPP 综合信息管理平台及国家发展改革委 PPP 项目信息监测服务平台，在平台中仍处于未成交状态的项目，但经明树数据追踪，已公开中标信息的，则纳入 PPP 中标项目范畴。

截至 2022 年底，全国 PPP 项目共计成交 15163 项，总投资 24.41 万亿元。从近 9 年（2014~2022 年）PPP 项目成交情况来看，2014~2017 年全国 PPP 项目的成交数量和成交规模实现逐年快速增长，并在 2017 年达到顶峰，此后出现下降趋势；2017~2021 年，无论是成交数量还是成交规模均呈现不同程度的下降；反而到了 2022 年，PPP 市场回暖，成交数量和成交规模又呈现上升趋势（见图 1）。

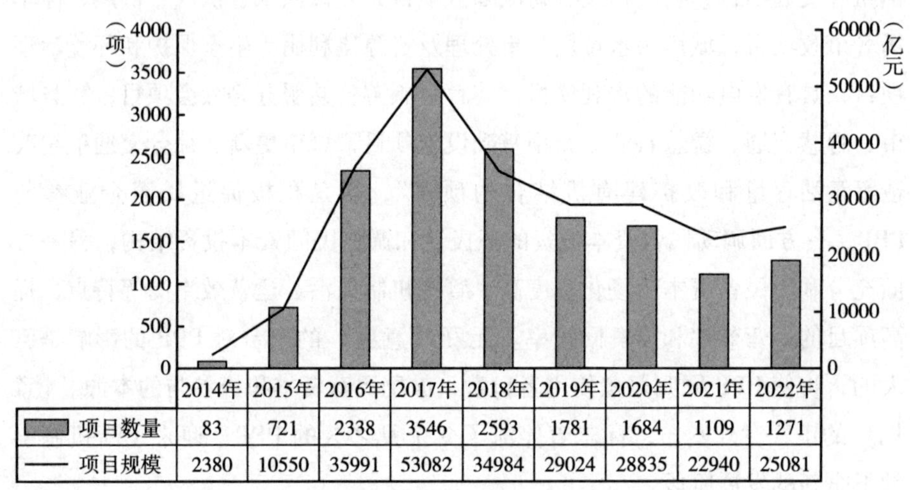

	2014年	2015年	2016年	2017年	2018年	2019年	2020年	2021年	2022年
项目数量	83	721	2338	3546	2593	1781	1684	1109	1271
项目规模	2380	10550	35991	53082	34984	29024	28835	22940	25081

图 1　2014~2022 年全国 PPP 项目年度成交情况统计

资料来源：明树数据。

2. 中标项目分区域分析

2022 年，从 PPP 项目成交数量区域分布来看，贵州省的项目数量最多，达到 137 项；同时，河南、江西、广西等地项目成交数量也较多（见图 2）。从成交规模来看，2022 年云南成交项目投资金额最多，超过 2000 亿元，达到 2151 亿元；其次，湖北、四川、甘肃等地项目成交规模也较大（见图 3）。2022 年 PPP 项目成交数量和规模均靠后的有：西藏、上海、北京、海南和青海，项目成交数量仅为个位数，其中上海成交的一个项目未公布中标金额。

与 2021 年相比，2022 年很多地区项目成交数量和规模均出现了不同程度的上涨，涨幅较大的地区包括福建、甘肃、内蒙古等。亦有部分地区项目

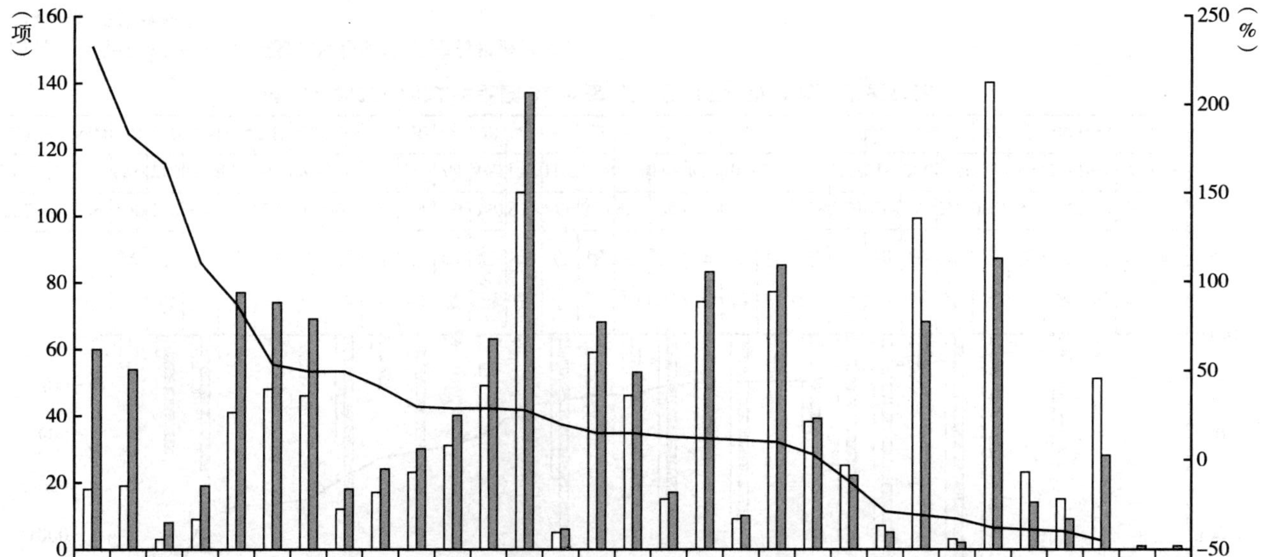

	福建	甘肃	北京	内蒙古	四川	湖南	山西	浙江	江苏	黑龙江	湖北	河北	贵州	海南	山东	辽宁	陕西	广西	宁夏	江西	安徽	重庆	吉林	云南	青海	河南	新疆	天津	广东	西藏	上海
2021年	18	19	3	9	41	48	46	12	17	23	31	49	107	5	59	46	15	74	9	77	38	25	7	99	3	140	23	15	51	—	—
2022年	60	54	8	19	77	74	69	18	24	30	40	63	137	6	68	53	17	83	10	85	39	22	5	68	2	87	14	9	28	1	1
增长率	233	184	167	111	88	54	50	50	41	30	29	29	28	20	15	15	13	12	11	10	3	-12	-29	-31	-33	-38	-39	-40	-45		

左轴：（项）0～160；右轴：（%）-50～250

图 2　2021~2022 年全国 31 个省（区、市）PPP 项目成交数量对比

资料来源：明树数据。

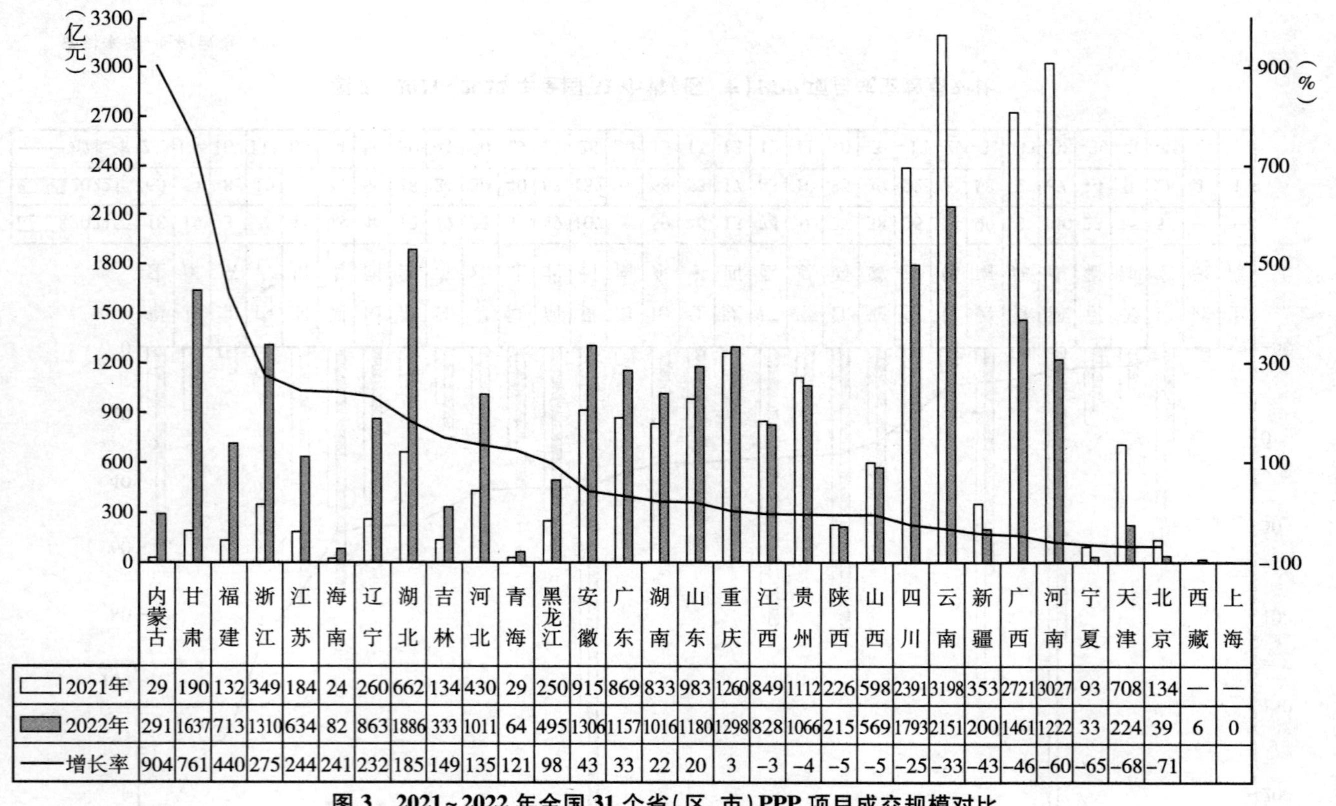

	内蒙古	甘肃	福建	浙江	江苏	海南	辽宁	湖北	吉林	河北	青海	黑龙江	安徽	广东	湖南	山东	重庆	江西	贵州	陕西	山西	四川	云南	新疆	广西	河南	宁夏	天津	北京	西藏	上海
2021年	29	190	132	349	184	24	260	662	134	430	29	250	915	869	833	983	1260	849	1112	226	598	2391	3198	353	2721	3027	93	708	134	—	—
2022年	291	1637	713	1310	634	82	863	1886	333	1011	64	495	1306	1157	1016	1180	1298	828	1066	215	569	1793	2151	200	1461	1222	33	224	39	6	0
增长率	904	761	440	275	244	241	232	185	149	135	121	98	43	33	22	20	3	-3	-4	-5	-5	-25	-33	-43	-46	-60	-65	-68	-71		

图3　2021~2022年全国31个省（区、市）PPP项目成交规模对比

注：若分项合计与总数不等，系数据取整所致，未进行机械调整。

资料来源：明树数据。

成交数量和规模出现了相反的变化趋势，如北京、四川、山西、贵州、陕西、广西、宁夏、江西、吉林、青海、广东、重庆。其中，北京项目成交数量上涨幅度高达 167%，但项目成交规模降幅为 71%。此外，云南、河南、新疆和天津项目成交数量和规模均呈下降趋势。

3. 中标项目分行业分析

2022 年，从成交数量来看，市政工程类 PPP 项目成交数量最多，达 733 项，其次，交通运输类 PPP 项目成交数量也较多，为 161 项，其余行业项目成交数量均在 100 项以下；从成交规模来看，交通运输类 PPP 项目以 1.49 万亿元的成交规模占据了最大份额，占比 59.55%。其次，市政工程、城镇综合开发等行业的表现也相对突出，分别成交了 0.50 万亿元、0.21 万亿元（见图 4）。按行业的细分领域项目成交规模统计，交通运输类项目主要集中在高速公路、一级公路等规模较大的细分领域。

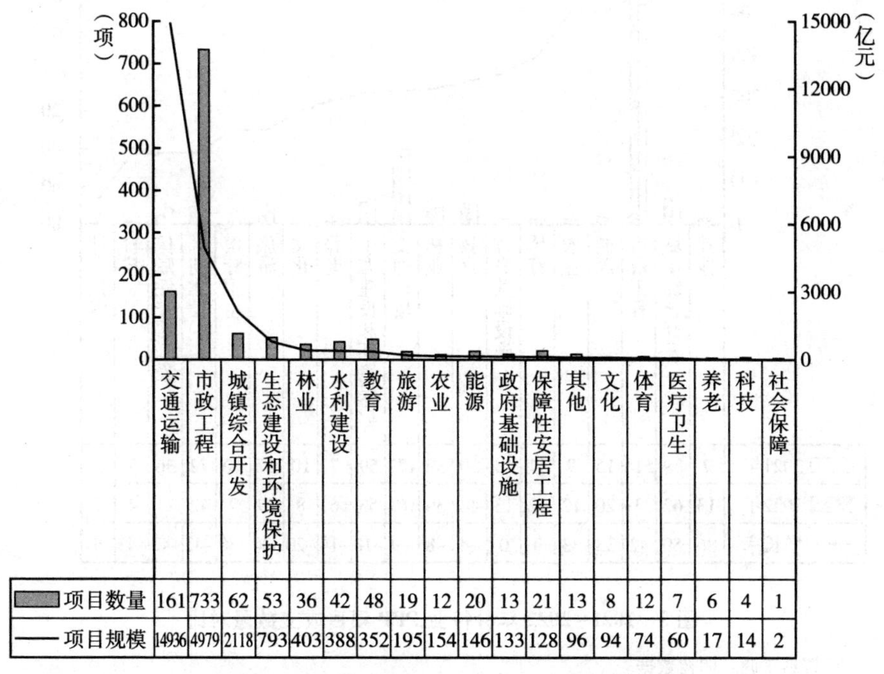

	交通运输	市政工程	城镇综合开发	生态建设和环境保护	林业	水利建设	教育	旅游	农业	能源	政府基础设施	保障性安居工程	其他	文化	体育	医疗卫生	养老	科技	社会保障
项目数量	161	733	62	53	36	42	48	19	12	20	13	21	13	8	12	7	6	4	1
项目规模	14936	4979	2118	793	403	388	352	195	154	146	133	128	96	94	74	60	17	14	2

图 4　2022 年分行业 PPP 项目成交情况统计

注：若分项合计与总数不等，系数据取整所致，未进行机械调整。

资料来源：明树数据。

与 2021 年相比，2022 年城镇综合开发、市政工程、能源、农业、体育等行业的项目成交数量呈增长趋势，政府基础设施项目成交数量未发生变化，其余行业的项目成交数量均呈下降趋势，其中，社会保障（例如社会福利机构、殡葬、就业服务机构）的项目成交数量降幅达到了 67%（见图 5）。项目规模方面，相比于 2021 年，2022 年农业、城镇综合开发、能源、市政工程、教育、医疗卫生、交通运输等行业的项目成交规模呈现增长趋势。其中，农业、城镇综合开发的项目成交规模增长幅度在 100%以上。其余行业的项目成交规模呈下降趋势，其中保障性安居工程项目成交规模降幅达 67%（见图 6）。

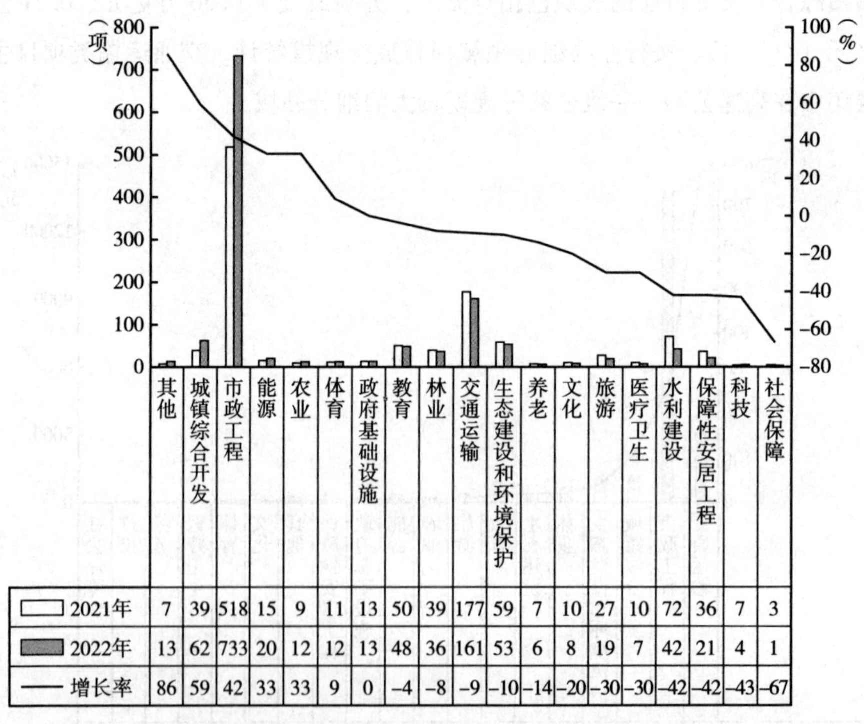

	其他	城镇综合开发	市政工程	能源	农业	体育	政府基础设施	教育	林业	交通运输	生态建设和环境保护	养老	文化	旅游	医疗卫生	水利建设	保障性安居工程	科技	社会保障
2021年	7	39	518	15	9	11	13	50	39	177	59	7	10	27	10	72	36	7	3
2022年	13	62	733	20	12	12	13	48	36	161	53	6	8	19	7	42	21	4	1
增长率	86	59	42	33	33	9	0	-4	-8	-9	-10	-14	-20	-30	-30	-42	-42	-43	-67

图 5　2021～2022 年分行业 PPP 项目成交数量对比

资料来源：明树数据。

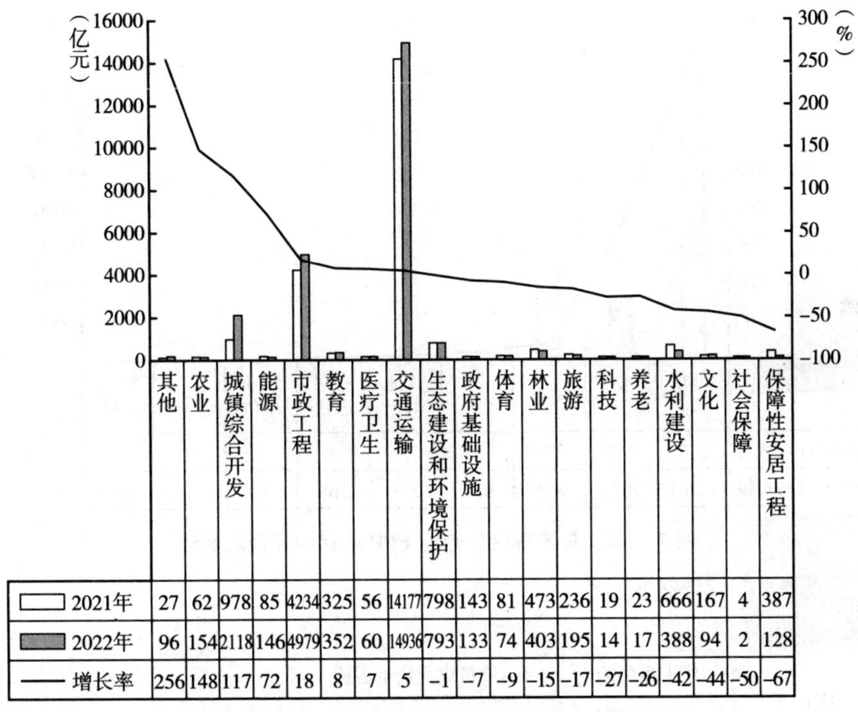

	其他	农业	城镇综合开发	能源	市政工程	教育	医疗卫生	交通运输	生态建设和环境保护	政府基础设施	体育	林业	旅游	科技	养老	水利建设	文化	社会保障	保障性安居工程
2021年	27	62	978	85	4234	325	56	14177	798	143	81	473	236	19	23	666	167	4	387
2022年	96	154	2118	146	4979	352	60	14936	793	133	74	403	195	14	17	388	94	2	128
增长率	256	148	117	72	18	8	7	5	-1	-7	-9	-15	-17	-27	-26	-42	-44	-50	-67

图 6　2021~2022 年分行业 PPP 项目成交规模对比

资料来源：明树数据。

4. 不同性质社会资本中标情况分析

2022 年，国有企业（包括地方国企、央企和央企下属公司、其他国企）仍是中标主力军，中标项目规模达到 2.40 万亿元，占全部中标项目规模的九成以上，高达 95.67%；项目数量为 1028 项，占全部项目数量比重超过八成（80.88%），是当之无愧的领头羊。在国有企业中，地方国企占据份额最大（见图 7）。

从民企项目成交数量和规模占比来看，2014~2022 年，2015 年民企在 PPP 市场中的占有率达到顶峰，其中项目成交数量占比超过一半（50.76%），2015 年后总体呈下降趋势（见图 8）。PPP 项目投资规模大、回收周期长，在去杠杆的大背景下，民企的资金流动性风险容易处于高位状态。

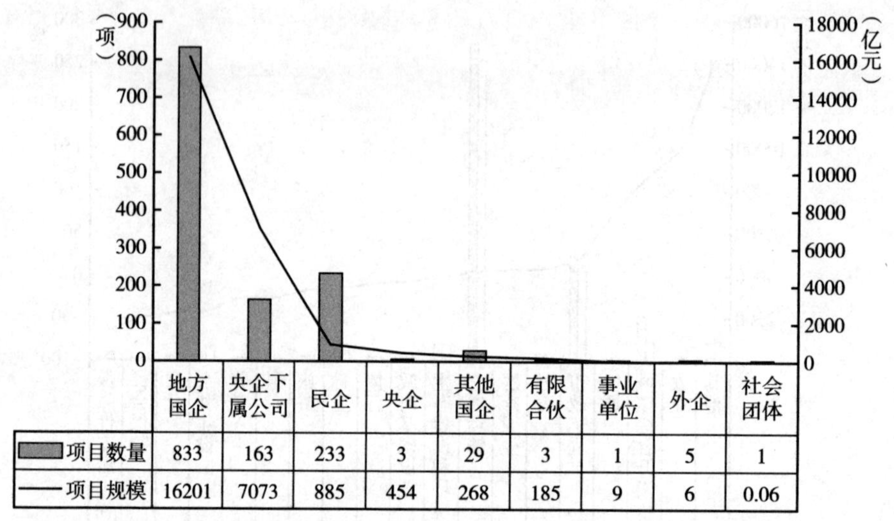

图 7　2022 年不同性质企业 PPP 项目中标情况统计

资料来源：明树数据。

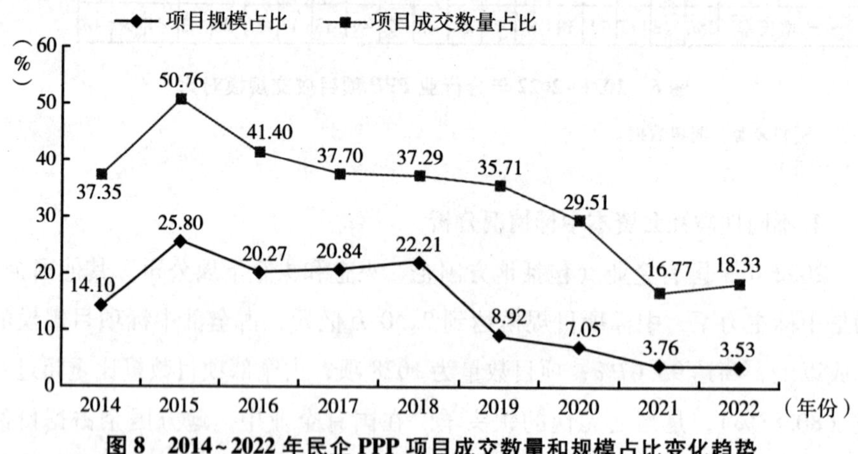

图 8　2014~2022 年民企 PPP 项目成交数量和规模占比变化趋势

资料来源：明树数据。

（二）落地——全国 PPP 项目公司成立情况分析

1. 项目公司成立情况总体分析

截至 2022 年底，全国 PPP 项目累计成交 15163 项，其中已成立项目公司的项目共有 11665 项，整体落地率为 76.93%。2018 年，PPP 项目落地率达到顶峰后总体下行，2019~2021 年基本保持在 80%的水平。2022 年项目落地率明显下降，主要原因是项目成交、落地到信息公开尚需一段时间（见图 9）。

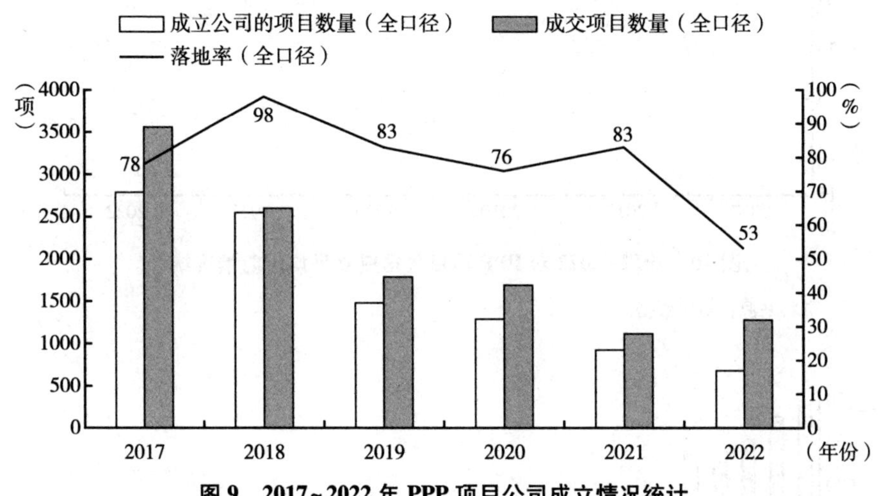

图 9　2017~2022 年 PPP 项目公司成立情况统计

资料来源：明树数据。

项目公司成立平均历时情况反映了 PPP 项目中各参与方从沟通谈判、签订合同到项目公司成立的效率。2017~2022 年，PPP 项目中全部已成立的项目公司成立平均历时为 115 天[①]。2017 年，PPP 项目规范化文件相继出台后，由于规范性要求，2018 年及 2019 年 PPP 项目公司成立平均历时明显增加；2020 年后，随着 PPP 项目不断规范，项目公司成立平均历时渐趋缩短，效率不断提升（见图 10）。从历时区间来看，PPP 项目公司成立历时主要集中分布在 100 天以下，着重集中在 12~71 天，其中 24~35 天占比最高（见图 11）。

2. 项目公司成立分布情况分析

除中央本级和上海[②]外，浙江省 PPP 项目落地率最高，为 97%。此外，

① 公开数据显示的项目公司成立历时为负（项目公司成立早于项目中标）的未纳入统计。

② 中央本级仅有 1 个中标项目且已成立项目公司，上海仅有 6 个中标项目并且均已成立项目公司，虽项目公司成立比例较高，但项目数量较少，不具有代表性。

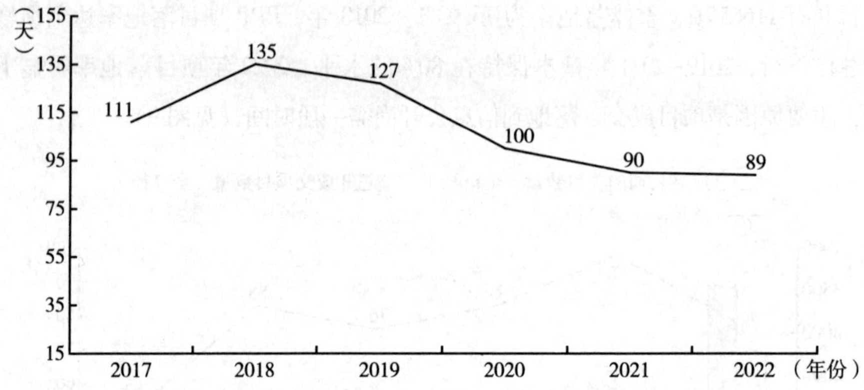

图 10　2017~2022 年 PPP 项目公司成立平均历时情况统计

资料来源：明树数据。

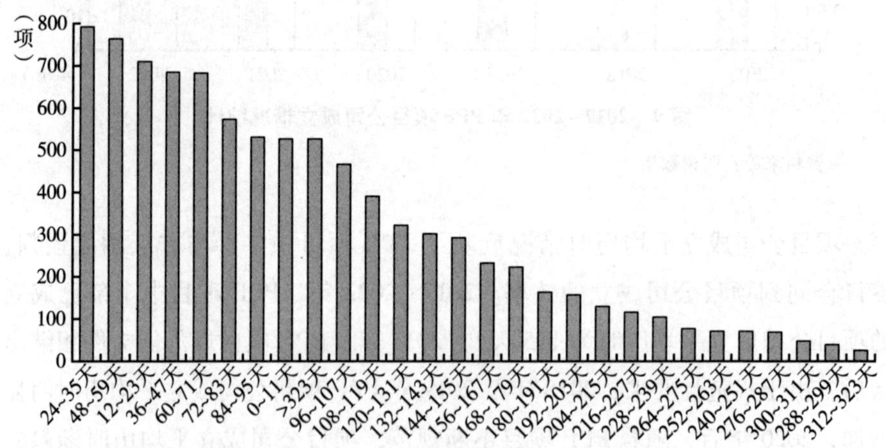

图 11　2017~2022 年 PPP 项目公司成立历时情况分区间统计

资料来源：明树数据。

江苏、山东、吉林、安徽、湖北等落地率也较高，均高于 86%。相应而言，新疆生产建设兵团、新疆、宁夏等落地率较低，落地率均不高于 70%，其中新疆生产建设兵团和新疆落地率均为 60%（见图 12）。

在全国范围内，大部分区域的 PPP 项目公司成立平均历时在 100 天以上，其中成立平均历时最短的为辽宁，平均历时 84 天，但项目落地率为 75%，

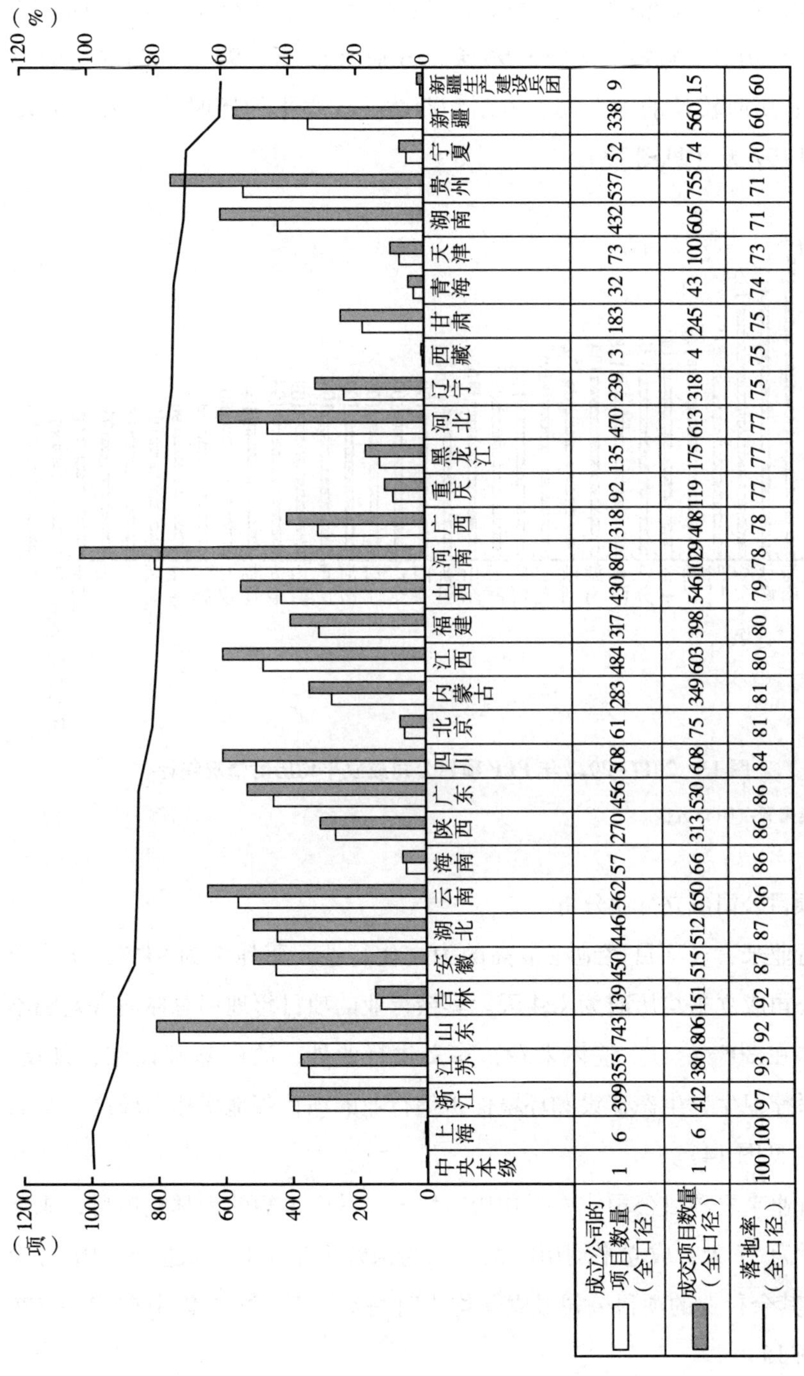

	中央本级	上海	浙江	江苏	山东	吉林	安徽	湖北	云南	海南	陕西	广东	四川	北京	内蒙古	江西	福建	山西	河南	广西	重庆	黑龙江	河北	辽宁	西藏	甘肃	青海	天津	湖南	贵州	宁夏	新疆	新疆生产建设兵团
成立公司的项目数量（全口径）	1	6	399	355	743	139	450	446	562	57	270	456	508	61	283	484	317	430	807	318	92	135	470	239	3	183	32	73	432	537	52	338	9
成交项目数量（全口径）	1	6	412	380	806	151	515	512	650	66	313	530	608	75	349	603	398	546	1029	408	119	175	613	318	4	245	43	100	605	755	74	560	15
落地率（全口径）	100	100	97	93	92	92	87	87	86	86	86	86	84	81	81	80	80	79	78	78	77	77	77	75	75	75	74	73	71	71	70	60	60

图 12　2017～2022 年 PPP 项目公司成立情况统计

资料来源：明树数据。

相对偏低。此外，新疆生产建设兵团、贵州、浙江、天津和黑龙江的项目公司成立平均历时也较短，均少于 96 天，分别为 85 天、90 天、93 天、95 天和 95 天；历时较长的为上海、海南和西藏，成立平均历时分别为 214 天、198 天和 197 天（见图 13）。

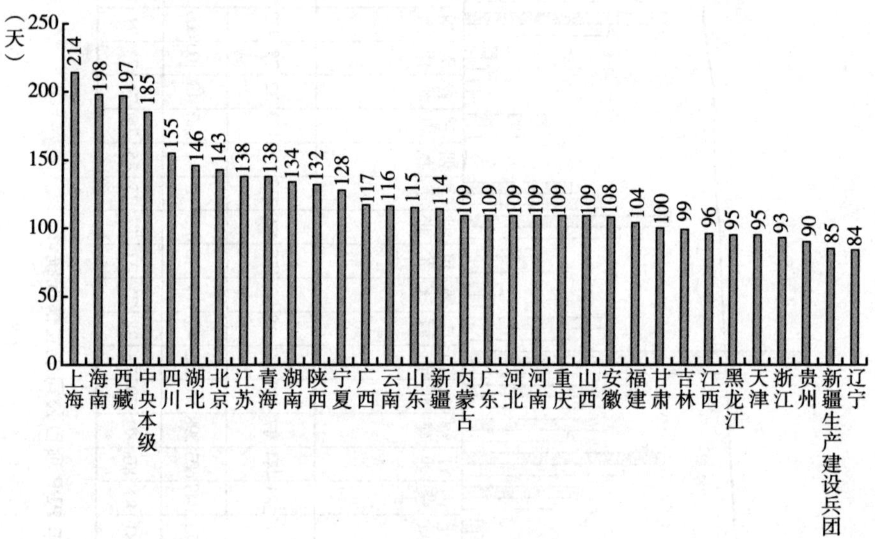

图 13　2017~2022 年 PPP 项目公司成立平均历时情况统计

资料来源：明树数据。

3. 项目公司成立行业分析

分行业来看，项目落地率最高的为文化行业，落地率为 91%，文化行业项目公司成立平均历时为 124 天。其余行业的项目落地率总体而言差别不大，基本在 80% 左右。整体来看，除文化行业外，政府基础设施、科技、体育、医疗卫生、生态建设和环境保护等行业的项目落地率相对较高，均高于 86%（见图 14）。

分行业来看项目公司成立平均历时情况，其中最短的为林业项目，成立平均历时为 57 天；成立平均历时最长的为医疗卫生项目，成立平均历时为 142 天。其余行业的项目公司成立平均历时基本接近，主要集中在 110~120 天（见图 15）。

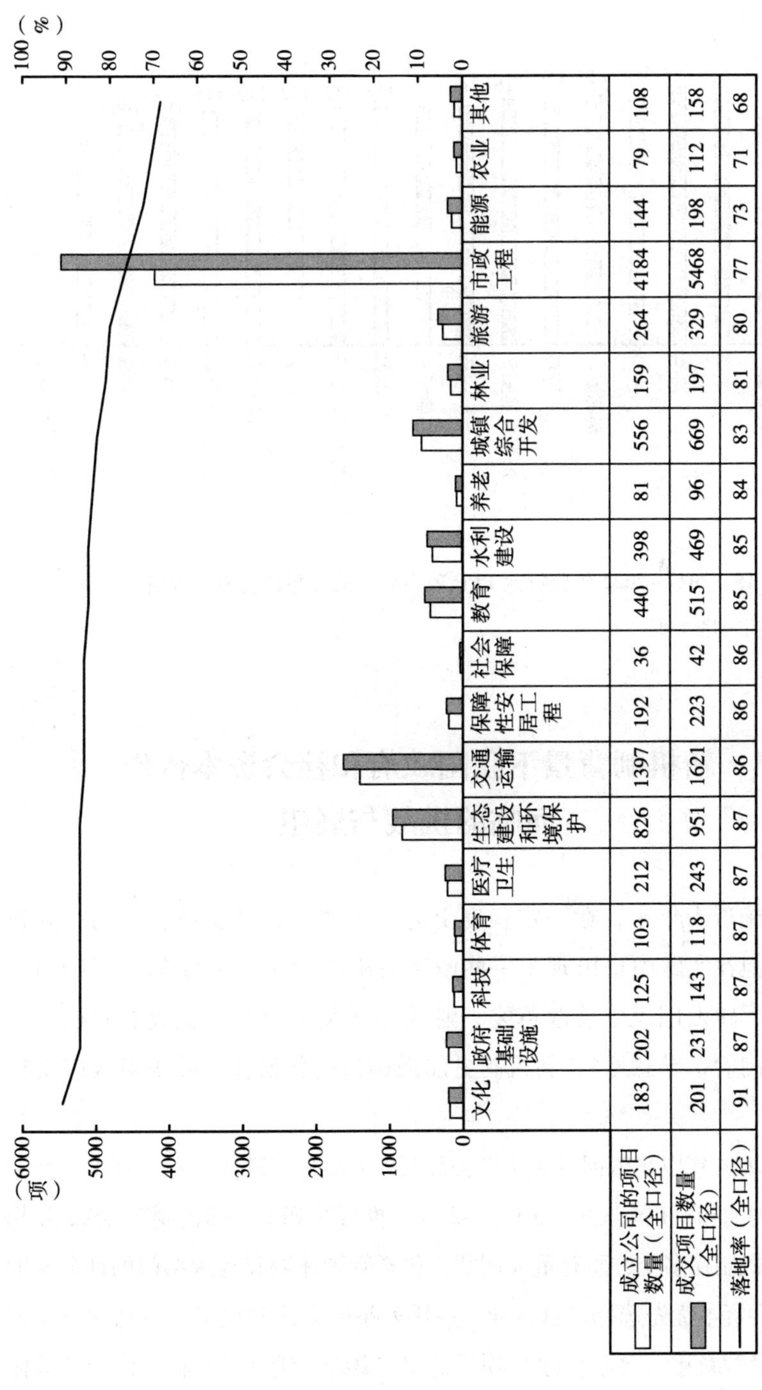

	成立公司的项目数量（全口径）	成交项目数量（全口径）	落地率（全口径）
文化	183	201	91
政府基础设施	202	231	87
科技	125	143	87
体育	103	118	87
医疗卫生	212	243	87
生态建设和环境保护	826	951	87
交通运输	1397	1621	86
保障性安居工程	192	223	86
社会保障	36	42	86
教育	440	515	85
水利建设	398	469	85
养老	81	96	84
城镇综合开发	556	669	83
林业	159	197	81
旅游	264	329	80
市政工程	4184	5468	77
能源	144	198	73
农业	79	112	71
其他	108	158	68

图 14 2017~2022 年分行业 PPP 项目公司成立情况统计

资料来源：明树数据。

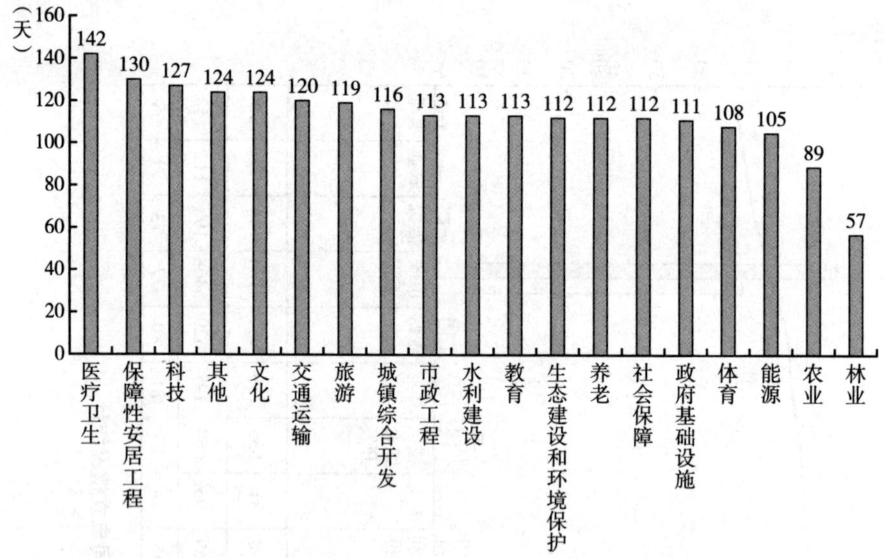

图 15　2017~2022 年分行业 PPP 项目公司成立平均历时情况统计

资料来源：明树数据。

三　新机制背景下我国政府和社会资本合作面临的挑战与展望

PPP 实施近十年来，在一定程度上起到了改善公共服务、拉动有效投资的作用，但在实践中也出现了一些亟待解决的问题。2023 年 11 月 8 日，国务院办公厅转发国家发展改革委、财政部《关于规范实施政府和社会资本合作新机制的指导意见》，新机制更加强调市场化操作，减少对政府支持的依赖。

相较于 2014 年以来依据《关于在公共服务领域推广政府和社会资本合作模式指导意见的通知》（国办发〔2015〕42 号）推行的 PPP“旧机制”，2023 年提出的 PPP 新机制在多个方面有重大创新，包括管理体制和管理部门的理顺及明确，要求社会资本优先选择民营企业，并用列举的方式制定了《支持民营企业参与的特许经营新建（含改扩建）项目清单（2023 年版）》，将特许经营期限延长到了40年等。更为重要的是，新机制对PPP从项目内容、模式、领域、建设、运营、监管等诸多方面提出“新规定、新要求、新措施”。这些新的规定和要求，为真正发挥好“有为政府和有效市场”的作用和价值打下了良好的政策及实施基础，但对于新机制下PPP项目本身及各参与方而言，无疑也带来了较大的压力和“挑战”。

（一）新机制背景下我国政府和社会资本合作面临的新挑战

1. 项目收益不足问题突出

在PPP新机制“坚决遏制新增地方政府隐性债务”的总体要求下，没有了政府的“可行性缺口补助、承诺保底收益率、可用性付费”等财政资金对项目建设和运营成本的弥补，使用者付费不足的项目面临更加严峻的考验，项目收益不足问题突出。

一方面，新机制“聚焦使用者付费项目”，一是要求有明确收费渠道和方式，项目经营收入能够覆盖建设投资和运营成本，应实现财政“零投入”；二是在项目建设期对使用者付费项目给予政府投资支持的，应依法合规并严防新增地方政府隐性债务；三是政府付费只能按规定补贴运营，不能补贴建设成本；四是可行性缺口补助、承诺保底收益率、可用性付费等任何回报方式均不得使用。上述规定实质上就是要求现阶段的PPP项目严格按照市场化的规则运作，财政不承担支出责任，项目不增加任何政府债务和负担，真正实现项目投入与产出的平衡。

另一方面，新机制将政企合作模式限定为“全部采取特许经营模式”。现阶段实施基础设施与公共服务特许经营模式主要基于2015年发布的《基础设施和公用事业特许经营管理办法》的规定和要求，对于特许经营项目的回报来源，按照该办法第19条，特许经营协议可以约定特许经营者通过向用户收费等方式取得收益，向用户收费不足以覆盖特许经营建设、运营成本及合理收益的，可由政府提供可行性缺口补助，包括政府授予特许经营项目相关的其他开发经营权益。显然特许经营项目的回报来源包含了使用者付费、可行性缺口补助及项目相关的开发经营收益。在新机制“不得通过可行性缺口补助、承诺保底收益率、可用性付费等任何方式，使用财政资金弥补项目建设和运营成本”的新规严格要求下，特许经营项目的回报来源显而易见只能为使用者付费及项目相关的开发运营收益。同时，在新机制要求“政府和社会资本合作应全部采取特许经营模式实施”，并要求合理采用 BOT、TOT、ROT、BOOT、DBFOT 等具体实施方式的情况下，PPP 项目无疑聚焦为“有收益且能自平衡”的特许经营项目。但在 PPP 项目实践中，不是每个特许经营项目都能实现足额的“开发运营收益”。对项目实施主体和拟参与项目的政企各方主体来说，如何科学包装和谋划这类项目并有效避免新增隐性债务风险，对项目实施内容、实施方式、交易架构、回报机制、边界条件、特许经营主体条件及标准等各方面的设置、选择及确定都是较大的挑战。

2. 社会资本选择风险仍在

PPP 新机制在“充分发挥市场机制作用，拓宽民间投资空间”的总体要求下，鼓励支持并优先选择民营企业参与 PPP 项目，但是并没有明确“优先”的分寸，这使得企业市场风险仍有存在的可能。

新机制提出“优先选择民营企业参与”，并要求“最大程度鼓励民营企业参与政府和社会资本合作新建（含改扩建）项目”，制定《支持民营企业参与的特许经营新建（含改扩建）项目清单（2023 年版）》并动态调整。同时，明确了“市场化程度较高、公共属性较弱的项目，应由民营企业独资或控股；关系国计民生、公共属性较强的项目，民营企业股权占比原则上不低于 35%；少数涉及国家安全、公共属性强且具有自然垄断属性的项目，应积极创造条件、支持民营企业参与”等。新机制下 PPP 项目对民企参与的权利有显而易见的维护和保障。但原有模式项目实践中不乏部分民营企业缺乏资金及建设运营能力而导致失败的案例。实践中，实施主体如何选择才能找到有资金实力及运营经验同时又能包装谋划项目的民企，以保证项目的正常运营及避免市场风险，是一个很大的挑战。

3. 项目监管更加规范

PPP 新机制“提高基础设施和公用事业项目建设运营水平，确保规范发展、阳光运行”的规定，对 PPP 项目的建设实施提出了更加严格和具体的监管要求，明显增大了项目整体建设实施的难度和主体责任压力。实施主体如何在项目实施过程中真正做到严格、公平、规范，特许经营主体又如何认真履约，受委托的专业咨询机构又如何保证服务质量，是整个 PPP 新机制下特许经营项目可行、可融、可预期、防风险的重要基础和保障。

新机制对于 PPP 项目建设实施提出的规范要求，主要体现在：一是对特许经营方案的严格审核。首先要求特许经营方案编制比照政府投资项目审批权限和要求；其次是在审核特许经营方案时，要同步开展特许经营模式可行性论证，对项目是否适合采取特许经营模式进行认真比较和论证。该规定对特许经营方案的编制能力、审核能力，对特许经营模式可行性论证的审核和把关能力都提出了更高更明确的要求。这是整个 PPP 项目依法合规和顺利实施的前提和基础保障，对项目实施主体及第三方专业机构来说都是更高的要求和更大的挑战。二是在特许经营者选择方面，首先要求通过公开竞争方式依法依规选择特许经营者，其次要求将项目运营方案、收费单价、特许经营期限等作为选择特许经营者的重要评定标准，并高度关注其项目管理经验、专业运营能力、企业综合实力、信用评级状况，规定选定的特许经营者及其投融资、建设责任原则上不得调整，确需调整的应重新履行特许经营者选择程序。三是对投资管理程序的履行更加严格。这是新机制为避免原机制下出现的建设手续缺失导致项目无法推进现象而提出的更加规范的新要求。四是新机制对特许经营者明确提出了做好项目建设实施管理，强化建设风险控制，防止项目烂尾的具体要求。总的来说，新机制框架下的严格要求对政府和实施主体来说无疑是较大的考验。

4. 运营监管更加严格

PPP 新机制要求对 PPP 项目“切实加强运营监管”，不能出现原机制下部分项目运营“走过场”的现象。对运营的监管主要体现在：一是定期开展项目运营评价，包括对项目运营情况的监测分析，评估潜在风险，建立约束机制，加大公共监督力度，开展绩效评价等。新机制下，特许经营主体显然是自己为运营后果“兜底”“买单”，如何做好项目运营，如何真正做到保证运营的质量和收益，对合作各方来说都是一个巨大的挑战。二是明确惩戒违法违规和失信行为，尤其对提供的公共产品、公共服务不满足特许经营协议约定标准的，要求特许经营者按照协议约定承担违约责任的同时，将项目相关方的失信信息纳入全国信用信息共享平台，显然这种“警钟长鸣”的方式对特许经营主体具有很大的“威慑力”。三是明确了特许经营期限届满或提前终止的规范要求，针对原机制下存在的“恶意”提前终止，造成政府变相举债的现象，新机制特别规定了“严禁以提前终止为由将特许经营转变为通过建设—移交（BT）模式变相举债”，这就从源头上杜绝了因提前终止可能导致的项目违规举债后果。确需提前终止的项目如何依法合规处理好后续工作的问题，是特许经营主体面临的又一个重要挑战。

（二）新机制背景下政府和社会资本合作行业发展展望

1. 新机制背景下政府和社会资本合作仍大有可为

《意见》建立了 PPP 项目新合作机制，对存量和新建 PPP 项目参与各方均产生重要影响。新机制规范和严格限制了 PPP 项目的适用范围，明确界定新机制的边界条件，建立了以鼓励民间投资、发挥市场机制作用、遏制新增地方政府隐性债务为显著特征的特许经营新模式。

新机制要求“合理把握重点领域。政府和社会资本合作应限定于有经营性收益的项目，主要包括公路、铁路、民航基础设施和交通枢纽等交通项目，物流枢纽、物流园区项目，城镇供水、供气、供热、停车场等市政项目，城镇污水垃圾收集处理及资源化利用等生态保护和环境治理项目，具有发电功能的水利项目，体育、旅游公共服务等社会项目，智慧城市、智慧交通、智慧农业等新型基础设施项目，城市更新、综合交通枢纽改造等盘活存量和改扩建有机结合的项目”。对比原机制的应用领域（PPP 项目库中具体分 19 类），新机制的应用领域大幅减少，主要包括交通、物流园区、市政、环境保护、水利、公共服务、新基建、存量和改扩建结合等 8 个领域。但是，对比《基础设施和公用事业特许经营管理办法》适用的“能源、交通运输、水利、环境保护、市政工程”五大领域，新机制适用范围扩大并细化。

2. 新机制背景下民间资本积极性进一步释放

PPP 新机制出台，最大限度鼓励民营企业参与，是贯彻落实党中央、国务院决策部署，引导市场回归 PPP 初衷本源，进一步调动民间投资积极性的重要措施。新机制明确要求“最大程度鼓励民营企业参与政府和社会资本合作新建（含改扩建）项目”，这不仅符合我国最初引入 PPP 模式时的初心，更是当前我国激发民间资本投资活力的客观需求。同时，要求优先选择民营企业参与，“市场化程度较高、公共属性较弱的项目，应由民营企业独资或控股”，“关系国计民生、公共属性较强的项目，民营企业股权占比原则上不低于 35%”，“少数涉及国家安全、公共属性强且具有自然垄断属性的项目，应积极创造条件、支持民营企业参与”，并制定《支持民营企业参与的特许经营新建（含改扩建）项目清单（2023 年版）》，且名单是动态调整的，这为民营资本参与 PPP 项目提供了很大空间。

这将打破长期以来 PPP 项目中标牵头单位多为地方国企或者央企，民营企业参与受限的局面，也将极大地刺激民营资本参与公共基础设施建设的意愿，促进民营经济的发展。优先选择民营企业参与，符合 PPP 的本意和国际惯例。优先选择民营企业参与，是要坚持初衷、回归本源，最大限度鼓励民营企业参与 PPP 新建（含改扩建）项目。新机制为民营企业参与项目建设提供了政策依据和保障，有利于进一步增强民营企业信心，打破政府及央国企部分行业壁垒，使高效发展的民营经济进入政府投资领域才是真正实现 PPP 项目双维度目标并取得成功的重要保障。

3. 新机制塑造新流程，新流程激发新活力

新机制明确了特许经营项目的管理职责分工，确立国家发展改革委牵头特许经营模式推进工作，要求地方各级政府负起主体责任、地方各级发展改革部门发挥综合协调作用、各级财政部门严格执行预算管理制度，同时重构了特许经营项目全生命周期的管理流程，将特许经营项目周期管理分为建设实施和运营监管两大阶段。

对于拟采用特许经营模式实施的项目，新机制要求先行开展特许经营模式可行性论证，包括特许经营方案的编制、评估和审核等环节。特许经营方案应通过项目需求分析，合理确定项目建设内容和规模，明确项目产出（服务）方案，可从项目全生命周期成本、产出（服务）效果、建设运营效率、风险防范控制等方面对特许经营模式的可行性进行专题论证，为特许经营操作实施提供依据。特许经营方案审核工作可参考政府投资项目审批权限和要求，由发展改革等部门对项目履行审核手续，必要时可委托第三方专业机构评估。由于特许经营方案着力对项目是否适合采用特许经营模式进行比较论证，是基于新机制确定的特许经营项目不涉及新增运营补贴或专有支出责任。在新机制下，项目实施方案被内容更加丰富的特许经营方案所替代，是基于财政支出责任的物有所值评价和财政承受能力论证也失去了现实必要性。因此，此前的“两评一案”已结束了阶段性任务。

新机制特别强调特许经营项目周期的方案优化。在项目建设实施阶段，要求特许经营者应做深做实项目前期工作，严格按照规定优化工程建设方案，合理安排工期，有效控制造价，保障工程质量，做好运营筹备；在项目运营监管阶段，要求实施机构将社会公众意见作为项目监测分析和运营评价的重要内容，通过绩效评价反馈机制，不断改进项目运营管理方案。

4. 新机制背景下特许经营与 REITs 相得益彰

PPP 与 REITs 都是重要的投融资模式创新，也是盘活存量资产以带动增量投资的主要发展路径。2022 年 5 月，国务院办公厅发布《关于进一步盘活存量资产扩大有效投资的意见》，提出基础设施 REITs、PPP 等 7 种优化完善盘活存量资产方式。新机制再次明确“积极支持符合条件的特许经营项目发行基础设施领域不动产投资信托基金（REITs）”。在目前我国上市的基础设施 REITs 中，特许经营权资产主要集中在高速公路、污水处理等领域，其特许经营期限均不超过 30 年。新机制提出，特许经营期限原则上不超过 40 年，不仅提升了特许经营权资产估值，也为 REITs 提供了更多符合发行条件的特许经营权资产；同时，基础设施 REITs 作为权益性融资，要求资产所属的项目公司 100%股权通过资产支持证券完全转让给公募基金，并在沪深证券交易所公开募集资金，为特许经营者实现资本退出提供了绝佳通道。

参考文献

冯俏彬：《2023 年宏观经济形势分析与财政政策展望》，《中国财政》2023 年第 4 期。

张捷：《公募 REITs：基础设施融资新方式》，《宏观经济管理》2021 年第 8 期。

钟韵、朱雨昕：《新基建下开发性 PPP 模式激励机制模型——基于政府视角》，《工业技术经济》2021 年第 2 期。

中国社会科学院宏观经济研究智库课题组等：《有效应对外部变化　继续促进经济恢复——2022 年秋季中国宏观经济形势分析》，《改革》2022 年第 10 期。

方虹：《新型基础设施助推中国城市群高质量发展》，《人民论坛 · 学术前沿》2022 年第 22 期。

清华大学中国经济思想与实践研究院 ACCEPT 宏观预测课题组等：《重振增长　释放活力——2023—2027 年中国经济发展展望》，《改革》2023 年第 1 期。

许宪春、王洋、唐雅：《2022 年中国经济形势分析与 2023 年展望》，《经济学动态》2023 年第 2 期。

应用报告

Application Reports

B.2 全国统一大市场建设的 PPP 法律问题研究

李贵修 *

摘　要： 本文集中探讨全国统一大市场建设的 PPP 法律问题。通过 PPP，可以为全国统一大市场建设提供充分的基础设施保障，快速建设生产力要素畅通流动所需要的交通运输、通信物流等基础设施，有效减少地理要素对生产要素流动产生的阻碍。目前，对统一大市场建设影响较大的 PPP 法律问题主要有：PPP 项目立项统一性、开放性不足，不完全符合国家基础设施建设整体性和战略性要求；欠发达地区的基础设施建设缓慢，地方政府融资平台或控股的公司独占本级 PPP 项目市场，严重影响市场的公平竞争；地方政府

* 李贵修，二级律师，法律硕士，上海市建纬（郑州）律师事务所高级合伙人，中央财经大学政信研究院智库专家，郑州仲裁委员会政府和社会资本合作仲裁院副院长、仲裁员、专家咨询委员会专家委员、建设工程评审委员会委员、评审专家，中国商业法研究会理事，河南省经济法学研究会常务理事，全国律协财政税收专业委员会委员，河南省律师协会财政税收专业委员会副主任，研究方向为 PPP、法律。

在 PPP 操作中的违规失信行为，PPP 立法层级较低与 PPP 所承载的重要使命不匹配等问题。为推动全国统一大市场建设，PPP 工作要在如下立法和执法方面精准发力：一是 PPP 要围绕全国统一大市场建设谋划基础设施项目立项，注意各地项目在统一大市场中的相互作用和连接，实现断头路、端头管廊、端头平台等的充分衔接；二是落后地区通过中央、省、市等上级转移支付措施支持 PPP 项目建设，有力改善落后地区的交通、物流、通信等影响统一大市场建设的基础设施，实现落后地区与发达地区生产要素的流通无障碍、无落差；三是严格进行 PPP 项目采购的公平竞争审查；四是强化政府诚信、严格履行合同；五是加快国家层面 PPP 相关法律法规的立法工作，用法律保障 PPP 推动全国统一大市场建设各项工作的顺利实施。

关键词： 全国统一大市场　PPP　PPP 立法

当今世界正面临百年未有之大变局，俄乌冲突殃及全球，中国正面临从未有过的不确定性局面。同时，全球经济增速放缓、逆全球化、通货膨胀、能源危机导致世界经济缓慢复苏，世界影响力版图迅速改变，中国也面临新的发展机遇。在如此复杂的国际大背景下，对国际政治、经济和军事局势保持清醒的判断，并有针对性地施策尤为重要，2022 年 3 月发布的《中共中央国务院关于加快建设全国统一大市场的意见》（以下简称《意见》），不仅含有战胜眼前困难“化危为机”、力求“稳中胜出”的巧妙安排，而且擘画了中国经济开创新局面的宏大愿景。加快建设全国统一大市场的任务重大而紧迫，范围广泛，内容丰富，涉及一系列亟待深化的基础理论和应用政策融合研究。[①] 本文集中探讨全国统一大市场建设的 PPP 法律问题。

① 宋则：《建设全国统一大市场的基础理论与应用政策融合》，《中国流通经济》2022 年第 6 期。

一 PPP 与推动统一大市场建设的重要关系

研究全国统一大市场建设的 PPP 法律问题，首先应当对 PPP 与统一大市场建设的重要关系进行研究。而研究 PPP 与统一大市场建设的重要关系，就需要研究统一大市场建设的基本内涵和实现路径，然后从统一大市场建设的内涵和实现路径中寻找两者之间的结合点，进一步理解两者之间的重要联系。

（一）国内统一大市场概念及特征

国内统一大市场指的是在全国范围内，在充分竞争以及由此形成的社会分工基础上，各地区市场间、各专业市场间形成了相互依存、相互补充、相互开放、相互协调的有机市场体系。在这种市场体系下，商品和要素能够按照价格体系调节，在各行业、各地区间自由地、无障碍地流通或流动，市场封锁、地方保护等现象基本消除，从而实现资源在全国范围内顺畅流动和优化配置。这种价格体系能够调节全国商品和要素的供求关系，反过来这种供求关系也能调节价格体系。与国内统一大市场相反的状态是“市场分割”，它表现为地区间市场各自为政、相对封闭，跨地区的经济往来等受到阻碍，资源流动不畅，经济效率较低。引起市场分割的因素有很多，主要包括自然和人为两个方面。前者如气候、自然资源、地理地貌特征等，后者如政府权力机构的行政垄断和企业运用市场势力的垄断等。因此，构建国内统一大市场，主要应该规制反垄断行为，尤其是要限制行政垄断行为。① 陈扑等专家认为，有效率的全国统一大市场，是指市场机制在全国范围内有效配置资源，努力实现生产要素以及各种产品和服务在全国范围内的自由流动。全国统一大市场建设包括努力消除区域之间阻碍生产要素（资本、劳动等）流动以及商品和服务流通的区域壁垒、地方保护主义以及不合理政策，努力消

① 刘志彪：《建设国内统一大市场的重要意义与实现路径》，《人民论坛》2021 年第 2 期。

除行业之间以及部门之间阻碍生产要素流动的垄断行为、行业壁垒以及不合理政策和规定。①

综合来讲，统一性、开放性、竞争性和有序性是国内统一大市场的四个显著特征。

（二）构建国内统一大市场的主要障碍与破解思路

从各地实践看，构建统一大市场的主要障碍，一是来自具有“准市场主体”地位的地方政府，它们可以实施分割市场的行政垄断行为；二是来自具有市场势力的垄断企业，它们也具有分割市场的行为能力；② 三是地理因素导致的生产要素流通阻断；四是交通等基础设施的不完善对生产要素流通造成影响。

地方政府经常实施三种分割市场的行为：一是各地各自为政、竞相比拼政策优惠，制定一些违反国家法律法规的区域性土地、税收等优惠政策，结果形成了地方性市场壁垒；二是依据所获得的税收、产值等本地利益，实行地方保护性财政补贴政策和各类优惠政策，结果造成对外地企业的歧视和排斥；三是在本地举行的各种招投标活动中，限制、排斥外地企业参与，规定各种有利于本地企业中标的政策。这些内容本身都是市场分割的重要表现。③

具有市场势力的垄断企业行为，当前也主要有三种：一是地方政府行使行政垄断权力，在某种程度上干扰市场，个别国有企业成为垄断权力的利得者；二是某些在关键技术、品牌或者渠道等方面具有市场势力的企业，尤其是某些外资企业利用市场势力进行攻击、压榨国内竞争对手和产业链上下游企业的行为；三是利用市场以及相关管理制度的不完善，进行不公平不公正

① 陈扑、林垚、刘凯：《全国统一大市场建设、资源配置效率与中国经济增长》，《经济研究》2021 年第 6 期。

② 刘志彪：《建设国内统一大市场的重要意义与实现路径》，《人民论坛》2021 年第 2 期。

③ 刘志彪：《建设国内统一大市场的重要意义与实现路径》，《人民论坛》2021 年第 2 期。

交易，对消费者进行诈骗、压榨、盘剥等。①

应对具有市场势力的垄断企业行为，总体看来比较容易。只要各级政府站在全国统一大市场的高度，认真贯彻执行国家颁布的《反垄断法》，各种非法的不当交易、不公平交易、不公正交易，以及利用市场势力实施的各种垄断行为，都会在市场发展过程中逐步减少。问题在于如何保证各级政府站在全国统一大市场的高度，打破市场分割、地区封锁和利益藩篱。考虑到行政权力对市场的强制是一种超经济因素的力量，只有内在改革动力和外在倒逼机制相结合，才能真正推动地方政府改革。因此，建设国内统一大市场的基本路径，就是要真正地强化竞争政策对各类市场参与主体的作用，使其在市场经济中适当地行使两类与区域协调、一体化发展有关的合法权利：一是就跨区域公共产品和服务的提供问题，如规划、交通、环保、科技创新联合等，加强地方政府间的政策协同和配合；二是贯彻执行国家统一的竞争政策，扫除地区行政和政策壁垒，并用于规制企业组织的市场行为。解决这些问题是今后一个时期我国统一大市场建设的主要方向。围绕着这一目标，从中长期来看，真正的突破口在于改革和优化地方政府的职能，破除“行政区经济”的形成基础。这是一个极其复杂的问题，这里只能进行简要阐述。

总的来看，改革目标是在经济由高速增长阶段转向高质量发展阶段的背景下，淡化地方政府的经济增速目标，强化人民对美好生活向往的目标，使地方政府由目前的承担经济发展职能为主的配置结构，转化为以区域性公共产品生产和福利提供者为主的职能配置结构。只有如此，地方政府才有消除市场分割、地区封锁和利益藩篱的内在动机，才能减少对市场活动的直接参与，增强建设维护统一大市场的全局意识。为此，必须进行包括政绩评价考核体系、中央与地方财权事权厘清、机构设置和优化、财政来源以及干部配置和晋升等在内的一系列配套性改革。围绕这一目标，从短期来看，第一个突破口便是消除政策歧视，提倡公平竞争。针对过去一些地方政府竞相出台

① 刘志彪：《建设国内统一大市场的重要意义与实现路径》，《人民论坛》2021 年第 2 期。

优惠政策招商引资进行恶性竞争，造成产能严重过剩等体制性顽疾问题，党中央、国务院积极推进“放管服”改革。其中一个要点，是要清理和废除妨碍全国统一大市场和公平竞争的各种规定和做法，实行统一的市场监管，严禁各类违法实施优惠政策的行为，反对地方保护和权力支持下的不正当竞争。2014 年 12 月，国务院印发《关于清理规范税收等优惠政策的通知》，全面清理已有的各类税收等优惠政策，要求及时查处并纠正各类违法违规制定税收等优惠政策行为。第二个突破口便是推进区域高质量一体化发展国家战略，鼓励在战略指导下，从过去强调经济竞争走向竞争基础上的合作和协同。这是构建全国统一大市场的重要措施。①

对于地理因素和交通等基础设施的不完善因素造成的生产要素流动阻塞，则需要加强全国统一的基础设施建设，强化全国一盘棋，解决“断头路”等问题，通过建立全国统一的交易平台、实现数字化、建立智能化交易平台等解决地理因素和基础设施不完善、不畅通等造成的生产要素流动不畅通问题。

（三）PPP 与统一大市场建设的重要关系

PPP 是基础设施和公共服务的一种创新提供模式，与传统的政府投资模式不同，传统的政府投资模式是通过公共预算资金的安排，或通过政府发行债券（主要指地方政府各项专项债券）和隐性负债（如通过政府融资平台等进行举债，但政府对该债务仍负有清偿或救济的义务）进行基础设施建设或公共服务提供。但是，地方政府财政收入的增长速度远远不能与人民对基础设施和公共服务的增长需求相匹配，而《预算法》规定地方政府不能通过发行地方政府债券之外的形式举借债务，地方政府的举债空间受到严格限制。即使是近年来中央明显提高地方政府的举债额度，地方政府债券也远远不能满足地方基础设施建设和公共服务提供的需求。所以，许多地方政府通过地方融资平台等违规举债，造成了大量的地方政府隐性

① 刘志彪：《建设国内统一大市场的重要意义与实现路径》，《人民论坛》2021 年第 2 期。

负债，形成了政府债务风险，甚至进一步影响金融风险。PPP 是在不增加政府债务（有些项目需增加政府支出责任，如政府付费项目和可行性缺口补助项目，但是政府支出责任不同于政府负债，政府对项目的直接负债不承担直接清偿义务）负担和保障公共利益实现的前提下，通过政府参股等方式，以社会资本为投资主体投资基础设施和公共服务。与一般的民营社会资本投资基础设施和公共服务不同，PPP 项目中政府和社会资本紧密合作，规则清楚、边界清晰，权利义务明确，既能在地方财力有限的情况下较好地增加公共产品和服务的供给，又不至于像民营型社会投资一样随着资本逐利野蛮增长和消减，造成社会财富的浪费和公共利益的损害。同时，可以有效提高公共财政的投资效果，也有利于公共服务人员的廉洁自律。所以，自 2014 年国家大力推广 PPP 以来，我国的 PPP 事业得到井喷式飞速发展，尽管在 PPP 的发展推广过程中出现了许多问题，但笔者认为，这些问题都源自对 PPP 内涵的错误解读和执行层面的应用问题。通过对 PPP 的深入研究、立法的健全、严格管理，PPP 必然会走向更加健康的发展道路。

通过以上对构建国内统一大市场的主要障碍与破解思路以及 PPP 的主要特征和功能分析，笔者认为，PPP 与推动统一大市场建设的重要关系主要表现在如下几个方面。

一是在基础设施和公共服务创新提供方面，通过 PPP，可以在超越现有地方政府财力的基础上，快速满足社会对公共服务的需求，满足建设全国统一大市场交易平台、监管平台等基础设施的需求，从而为国内统一大市场建设提供充分的基础设施公共服务保障。二是通过 PPP，快速建设生产力要素畅通流动所需要的交通运输、通信物流等基础设施，有效减少地理要素对生产要素流动产生的阻碍。三是 PPP 本身就是多种生产要素的综合体，而且时间长、金额大，在市场要素中占很大比重。通过清理和整治 PPP 实践中不符合统一大市场建设的或明或暗的地方政府保护思维和操作，可以对统一大市场建设起到重要的示范作用。

二 对统一大市场建设影响较大的 PPP 法律问题分析

PPP 实践中对统一大市场建设影响较大的问题主要有如下几个方面。

一是 PPP 项目的筛选缺乏全国一盘棋思维。因为，PPP 项目识别的主体是地方政府，上级财政部门主要进行项目合规性审查，对项目的全局性则一般不做考虑。这样势必导致所建项目统一性、开放性不足，影响全国统一大市场建设。

2022 年 4 月 26 日召开的中央财经委员会第十一次会议指出，当前和今后一个时期，要坚持以人民为中心的发展思想，坚持问题导向、目标导向，统筹发展和安全，系统谋划、整体协同，精准补短板、强弱项，优化基础设施布局、结构、功能和发展模式，调动全社会力量，构建现代化基础设施体系，实现经济效益、社会效益、生态效益、安全效益相统一，服务国家重大战略，支持经济社会发展，为全面建设社会主义现代化国家打下坚实基础。要立足长远，强化基础设施发展对国土空间开发保护、生产力布局和国家重大战略的支撑，加快新型基础设施建设，提升传统基础设施水平。要适度超前，布局有利于引领产业发展和维护国家安全的基础设施，同时把握好超前建设的度。要科学规划，贯彻新发展理念，立足全生命周期，统筹各类基础设施布局，实现互联互通、共建共享、协调联动。要多轮驱动，发挥政府和市场、中央和地方、国有资本和社会资本多方面作用，分层分类加强基础设施建设。要注重效益，既要算经济账，又要算综合账，提高基础设施全生命周期综合效益。

会议指出，要加强交通、能源、水利等网络型基础设施建设，把联网、补网、强链作为建设的重点，着力提升网络效益。加快建设国家综合立体交通网主骨架，加强沿海和内河港口航道规划建设，优化提升全国水运设施网络。发展分布式智能电网，建设一批新型绿色低碳能源基地，加快完善油气管网。加快构建国家水网主骨架和大动脉，推进重点水源、灌区、蓄滞洪区建设和现代化改造。要加强信息、科技、物流等产业升级基础设施建设，布局建设新一代超算、云计算、人工智能平台、宽带基础网络等设施，推进重大科技基础设施布局建设，加强综合交通枢纽及集疏运体系建设，布局建设一批支线机场、通用机场和货运机场。要加强城市基础设施建设，打造高品质生活空间，推进城市群交通一体化，建设便捷高效的城际铁路网，发展市域（郊）铁路和城市轨道交通，推动建设城市综合道路交通体系，有序推进地下综合管廊建设，加强城市防洪排涝、污水和垃圾收集处理体系建设，加强防灾减灾基础设施建设，加强公共卫生应急设施建设，加强智能道路、智能电源、智能公交等智慧基础设施建设。要加强农业农村基础设施建设，完善农田水利设施，加强高标准农田建设，稳步推进建设“四好农村路”，完善农村交通运输体系，加快城乡冷链物流设施建设，实施规模化供水工程，加强农村污水和垃圾收集处理设施建设，以基础设施现代化促进农业农村现代化。要加强国家安全基础设施建设，加快提升应对极端情况的能力。

会议强调，要强化基础设施建设支撑保障。在党中央统一领导下，建立重大基础设施建设协调机制，统筹协调各领域、各地区基础设施规划和建设，强化用地、用海、用能等资源要素保障。要适应基础设施建设融资需求，拓宽长期资金筹措渠道，加大财政投入，更好集中保障国家重大基础设施建设的资金需求。要推动政府和社会资本合作模式规范发展、阳光运行，引导社会资本参与市政设施投资运营。①

所以，PPP 项目建设必须打破地方格局，树立国家整体观念和国家安全观。

二是 PPP 项目受地方政府的财承能力约束，导致发达地区和欠发达地区的差异很大。最后的结果是发达地区具有越来越完善的基础设施，而欠发达地区需要新建和完善的基础设施却因为财承能力不足，不能建设和完善。这样会形成“肠梗阻”式的地理障碍，影响国内统一大市场建设。

三是部分地方政府在实施 PPP 项目时存在向地方国企、地方企业倾斜，甚至独占市场的严重问题，影响市场经济的公平竞争。由于 PPP 项目是地

① 《习近平主持召开中央财经委员会第十一次会议》，新华网，2022 年 4 月 26 日，http://www.news.cn/politics/leaders/2022-04/26/c_1128599047.htm。

方政府主导的项目，且属于地方政府“强力控制”的项目，企业往往难以公平竞争，严重影响市场的公平竞争，影响统一大市场建设，也推动了地方政府隐性债务的增加。

四是地方政府在 PPP 操作中的违规失信行为，严重影响了社会资本参与投资 PPP 项目的积极性，影响国内统一大市场建设。

五是 PPP 立法现在仍处于国家部门立法的层面，这也是 PPP 内涵理解不统一和操作层面不规范的一个重要原因。加快出台国家层面的相关法律法规，是规范 PPP 内涵和操作的重要保障，也是助力 PPP 推动全国统一大市场建设的重要工作之一。

三　全国统一大市场建设 PPP 法律问题解决建议

鉴于 PPP 与国内统一大市场建设的重要联系和重要作用，我们须对现有 PPP 现状做深入分析，切中问题短板精准施策，充分发挥 PPP 在国内统一大市场建设中的重要作用。为此，建议在 PPP 立法、执法中做好如下几方面工作。

一是修改调整 PPP 项目立项、入库标准，严格项目国家安全观、全局观的审查。要树立全国一盘棋思维、全区域思维，特别是要深入理解和领会 2022 年 4 月 26 日召开的中央财经委员会第十一次会议精神，围绕全国统一大市场建设谋划基础设施 PPP 项目，完善全国统一大市场建设需要的交易平台、网络平台、监督平台；围绕克服地理因素造成的生产要素流动不通畅等问题，实现生产力要素的全域畅快流通。不符合上述要求的 PPP 项目不准立项、不准入库、不准采购和开工建设、不准安排预算。符合国家宏观战略和实际需要的项目优先安排立项。要加强跨领域、跨地区的重大基础设施 PPP 项目立项工作，对于该类项目，建议规定由上一级政府指定职能部门统一立项并作为项目实施机构，项目所需的财承及项目费用依据实际由各地合理分担。

二是修改调整 PPP 项目入库审查标准，在各地和财政部项目入库时要注意全国项目的平衡和衔接，注意各地项目在国内统一大市场中的作用和接续，实现断头路、断头管廊、断头平台等的充分衔接。国家发展改革委和各省份发展改革委要认真梳理影响国内统一大市场建设的基础设施短板，如断头路、端头管廊、端头平台等清单，在项目立项时加强该方面的审查。财政部门在 PPP 项目入库时要根据发展改革部门的清单和衔接要求对项目进行审查。通过 PPP 迅速补齐影响国内统一大市场建设、影响生产力要素流动的基础设施短板。促进全国各地生产力要素的畅通流动，降低各地生产力要素流动成本，突破影响生产力要素流动的关卡。

三是规定对落后地区与国内统一大市场建设紧密相关的基础设施 PPP 项目加大中央和上级财政的转移支付、专项支持力度等，有力改善落后地区的交通、物流、通信等影响统一大市场建设的基础设施，实现落后地区与发达地区生产要素的流通无障碍、无落差。

四是在《政府采购法》及其实施条例、PPP 相关采购规定中规定严格进行 PPP 项目采购的公平竞争审查，防止对外来企业的歧视，严格监督检查，消除贸易壁垒。规定本级政府直接控制的国有企业特别是国有融资平台不得作为本级 PPP 项目的社会资本方。对本级政府国有企业和国有融资平台公司中标建设的 PPP 项目进行重点监督审计，在检查审计中发现滥用政府控制地位，设置贸易壁垒，对外地企业排斥歧视的，要严格追究相关责任人的责任。

五是要让 PPP 项目规范发展、阳光运行。要强化政府诚信，严格履行合同，充分调动社会资本投资 PPP 项目的积极性。习近平总书记在 2022 年 4 月 26 日召开的中央财经委员会第十一次会议上强调："要推动政府和社会资本合作模式规范发展、阳光运行，引导社会资本参与市政设施投资运营。"① 这对我国的 PPP 工作提出了明确要求。规范发展是方法要求，阳光运行是任务目的要求。为贯彻落实习近平总书记重要指示，2022 年 11 月

① 《习近平主持召开中央财经委员会第十一次会议》，新华网，2022 年 4 月 26 日，http://www.news.cn/politics/leaders/2022-04/26/c_1128599047.htm。

11 日，财政部下发了《关于进一步推动政府和社会资本合作（PPP）规范发展、阳光运行的通知》。我们应严格对照通知要求，规范操作 PPP 项目立项、入库、执行等各个环节。特别是近年来，地方政府财政紧张，地方政府在 PPP 合同中不诚信守约的问题较为突出，严重影响了政府的公信力，破坏了社会资本投资 PPP 项目的积极性，也严重影响了社会资本的合法权益，甚至拖垮了许多参与 PPP 项目的优质企业，从根本上破坏了国内统一大市场的建设。对于 PPP 项目中政府爽约的行为，要通过立法规定政府和主政官员的法律责任，通过审计和巡查严格监督。同时，将其列为地方政府营商环境和政府诚信考核的重要指标，通过法律手段和综合治理予以改变。

六是要加快国家层面 PPP 相关法律法规的立法工作，在相关 PPP 法律、法规、政策的制定中树立全国统一大市场建设思维，用法律和政策手段保障 PPP 推动全国统一大市场建设各项工作的顺利实施。

我国的 PPP 立法工作进展很慢，目前仍处于部门立法阶段。部门立法条块分割，不能够完整统一。且这些部门立法局限于打补丁的现状，不能解决更高层面的问题，因为低层次的部门立法受限于上位法，很多问题不能解决。当前的立法现状已经与 PPP 承载的重要使命严重不匹配。所以，当前主要是抓紧出台国务院层面的 PPP 实施条例，进一步在条件成熟时出台《政府和社会资本合作法》。2017 年初，国务院法制办牵头，会同财政部、国家发展改革委对 PPP 立法进行了调研，并且在 2017 年 7 月 21 日发布了《基础设施和公共服务领域政府和社会资本合作条例》（征求意见稿）。但是条例至今没有出台。2022 年 7 月 15 日，财政部向社会公布了《中华人民共和国政府采购法（修订草案征求意见稿）》，该征求意见稿中写入了诸多 PPP 相关条款。但由于诸多 PPP 项目的特殊属性和争议，修改案至今也未出台。所以，加快 PPP 立法工作特别重要，PPP 立法对平息政府和社会资本合作的各种争议，对规范运行甚至提高政府诚信意识、增强投资者信心都具有重要的意义。通过 PPP 立法解决 PPP 无法可依的尴尬窘境，实现 PPP 的阳光操作、规范实施，在促进国内统一大市场建设中起到良好的示范作用。

B.3
民间资本助力基础设施建设成效与建议

朱红梅　张　金　朱　玲　王　刚*

摘　要： 本文对政府和社会资本合作（PPP）新机制的政策以及支持民营企业参与特许经营新建（含改扩建）项目的行业和领域进行了解读。从行业格局、建设成效、问题与挑战、展望与建议五个层面对民间资本助力基础设施建设及成效进行了研究，对各地已签约民间资本投资情况、民营企业单独和联合体中民营企业控股项目的中标情况进行了分析；以民间资本参与新建基础设施杭绍台高速铁路项目、国有资本参与存量基础设施资产盘活温州市域铁路S1线一期工程项目为案例，对项目的融资结构、运作方式、重点难点问题和解决方案及其示范性和推广价值进行了解析。得出研究结论：民间资本在杭绍台高速铁路等基础设施项目的建设和运营中，取得了良好的建设成效和示范效果。建议基础设施项目超前规划、集约资源，预留远期发展条件，以商业性开发反哺财务收益的理念，为民营资本参与基础设施建设运营创造新的机遇。

关键词： 民间资本　基础设施建设　PPP

* 朱红梅，北京市轨道交通建设管理有限公司工程师；张金，北京市基础设施投资有限公司规划设计总部高级项目经理，高级工程师；朱玲，北京城市快轨建设管理有限公司教授级高级工程师，中央财经大学智库专家，中国城市轨道交通协会研究员，中国国土经济学会TOD专家委员会专家，湛江仲裁委员会/国际仲裁院仲裁员，研究方向为交通；王刚，天津泰达工程管理咨询有限公司副经理。

2022 年是民间资本助力基础设施建设年，也是具有里程碑意义的运营年。以国内首条民营控股的高速铁路杭绍台高铁为代表的民间资本助力基础设施建设项目取得了重要进展和成效，基础设施 REITs、ESG、XOD 为基础设施规划建设的资源优化利用和融合发展提供了新的实施路径。

一　行业格局

（一）政策解读

2022 年 11 月 7 日，国家发展改革委发布《关于进一步完善政策环境加大力度支持民间投资发展的意见》（发改投资〔2022〕1652 号），提出“推动政府和社会资本合作（PPP）模式规范发展、阳光运行，引导民间投资积极参与基础设施建设”，从发挥重大项目牵引和政府投资撬动作用、推动民间投资项目加快实施、引导民间投资高质量发展、鼓励民间投资以多种方式盘活存量资产、加强民间投资融资支持、促进民间投资健康发展六个方面提出促进有效投资特别是民间投资合理增长的具体措施。

2023 年 11 月 8 日，国务院办公厅转发国家发展改革委、财政部《关于规范实施政府和社会资本合作新机制的指导意见》（以下简称“115 号函”）。115 号函要求：“政府和社会资本合作项目应聚焦使用者付费项目，明确收费渠道和方式，项目经营收入能够覆盖建设投资和运营成本、具备一定投资回报，不因采用政府和社会资本合作模式额外新增地方财政未来支出责任。”

115 号函还提出：“优先选择民营企业参与。要坚持初衷、回归本源，最大程度鼓励民营企业参与政府和社会资本合作新建（含改扩建）项目。”同时，发布《支持民营企业参与的特许经营新建（含改扩建）项目清单（2023 年版）》并动态调整。还提出“市场化程度较高、公共属性较弱的项目，应由民营企业独资或控股；关系国计民生、公共属性较强的项目，民营企业股权占比原则上不低于 35%；少数涉及国家安全、公共属性强且具有自然垄断属性的项目，应积极创造条件、支持民营企业参与”。

（二）各地已签约 PPP 项目中民间投资项目情况

根据国家发展改革委网站公布的数据，截至 2023 年 2 月 20 日，各地已录入全国 PPP 项目信息监测服务平台项目 8118 个，项目数量排名前五的主要行业分别是城市基础设施 3155 个（总投资 46825 亿元）、农林水利 1115 个（总投资 10302 亿元）、交通运输 925 个（总投资 33360 亿元）、社会事业 922 个（总投资 6859 亿元）、环保 831 个（总投资 4565 亿元）。上述五个行业项目数量占项目总数的 86%、投资占总投资的 88%。

（三）民营企业单独中标和联合体中民营企业控股项目中标情况

截至 2023 年 2 月 20 日，在已签约项目中，民营企业单独中标项目 844 个，联合体中民营企业控股项目 920 个。民营企业参与 PPP 项目数量排名前五的省份分别是山东 235 个、安徽 165 个、江苏 119 个、河南 107 个、广东 100 个；总投资排名前五的省份分别是江苏 2756 亿元、山东 1370 亿元、安徽 1089 亿元、云南 949 亿元、广西 895 亿元。民营企业参与 PPP 项目数量排名前五的行业分别是城市基础设施 679 个、环保 230 个、社会事业 215 个、农林水利 207 个、交通运输 133 个；总投资排名前五的行业分别是城市基础设施 8650 亿元、交通运输 2337 亿元、农林水利 1604 亿元、社会事业 1532 亿元、环保 941 亿元。

二　建设成效——民间资本助力基础设施建设案例解析

案例一：民间资本参与新建基础设施示范案例

——新建铁路杭州至绍兴至台州线

1. 项目概况

杭绍台高速铁路是集铁路网、城际、旅游及沿线经济开发功能于一体的客运专线铁路，是中国首条民营资本控股高速铁路、国家发展改革委社会资本投资铁路示范项目，线路全长 266.9km，北起杭州东站，经既有杭甬客专至绍兴北站，新建线路 226.369km 至台州市。项目总投资 461.7875 亿元，线路速度目标值 350km/h。

2015 年 12 月，杭绍台高铁被国家发展改革委确定为我国首批八个社会资本投资铁路示范项目之一；2017 年 9 月 11 日，浙江省政府与复星集团牵头的民营联合体正式签署《杭绍台高铁 PPP 项目投资合同》，建设资金来自复星集团牵头的民营联合体、中国国家铁路集团、浙江省、台州市、绍兴市的项目资本金（30%）和国内银行贷款（70%），项目合作期限 34 年，其中建设期 4 年，运营期 30 年；2017 年 12 月 28 日，杭绍台高铁全线开工建设；历时 4 年，2022 年 1 月 8 日，杭台高速铁路绍兴北站至温岭站段开通运营。

杭绍台高铁项目民营资本联合体包括复星商业、上海星景、宏润建设、众合科技等，其中复星商业在民营资本联合体中权益占比 55.7%，在项目公司中股权占比 28.41%，是项目最大的股东。

2. 重点难点问题及解决方案

（1）通过竞争性磋商方式遴选出优质社会资本方

在社会资本方采购阶段，由于高速铁路建设项目的专业性和复杂性，该项目在做好尽职调查基础上，探索实施竞争性磋商方式遴选，成功遴选出资本实力雄厚、建设管理能力综合较优的社会资本方。

（2）投资回报机制

创新建立投资回报动态调整机制，涵盖工程建设和运营全过程，包括可行性缺口补助、融资利率调整机制、列车开行对数托底补助、超额收入分配调整机制等，对于稳定民间资本投资预期、减少投资不确定性、提高投资回报发挥了积极作用。开通运营一年来，在项目建设和运营收入、支出等方面积累了财务统计数据，为同类项目实施提供了可借鉴的经验。

3. 示范性及推广价值

（1）开创民营资本进入铁路建设领域投融资新模式

杭绍台高速铁路在项目的投融资结构、运作方式、风险分担、回报机制、土地政策执行等方面进行了创新，在改变铁路传统的单一投资方式、激发民间资本活力等方面实现破冰。资本金与银行贷款的比例为 3∶7，使民营企业出资压力相对减轻，有利于解决民营控股高铁项目的融资难题，保障了项目建设资金及时到位，开创了我国铁路投融资改革的“示范模式”。

（2）创新“EPC+咨询”的建设管理新模式

为补齐民营控股的项目公司在铁路建设管理方面经验不足的短板，由杭绍台铁路 EPC 总承包单位中国铁路设计集团有限公司委托咨询单位开展建设管理咨询服务，成立 EPC 管理机构，履行 EPC 总承包的职责，EPC 总承包单位、建设管理咨询单位和项目公司定期召开三方联席会议，协调解决重大问题，形成三方共管格局，积极推进项目建设，实现“EPC+咨询”的建设管理新模式。

（3）科技创新，建设示范工程

在科技创新方面，研制使用国内最大钻深的旋挖钻机，全力攻克施工难题，创造了椒江特大桥主墩桩基钻孔深度达 143 米等多项国内高铁施工建设纪录，高质量建设示范工程。

杭绍台铁路的建成运营，充分发挥了民间资本投资基础设施领域的带动作用，对于以民间资本促进我国基础设施建设具有重要的示范意义，也是我国铁路发展史上具有里程碑意义的建设成果，载入《党的十八大以来大事记》。

案例二：国有资本参与存量基础设施资产盘活示范案例

——温州市域铁路 S1 线一期工程

基础设施是国民经济的大动脉和沿线区域经济发展的重要依托，其存量资产规模大、收益增长潜力大，是存量资产盘活的重点方向和领域。2022 年 12 月 6 日，国家发展改革委办公厅发布《盘活存量资产扩大有效投资典型案例》，包含 24 个典型案例，温州市域铁路 S1 线入选。

1. 项目概况

温州市域铁路S1线一期工程线路全长53.507km，投资概算199.57亿元，于2013年3月开工建设，2019年1月23日开通试运营。

S1线一期线路运营权转让价90亿元，资本金设为运营权转让价的30%，为27亿元，由温州市铁投集团、中选社会资本（浙江省交通投资集团有限公司、浙江省轨道交通运营管理集团有限公司、浙江省经济建设投资有限公司联合体）和市铁投共同成立项目公司，其中市铁投出资9.45亿元，占股35%；社会资本方出资17.55亿元，占股65%。转让价总额和资本金的差额63亿元由项目公司通过融资解决。截至《温州市域铁路S1线一期工程PPP项目运营合作协议》签订日2019年12月26日，项目资本金27亿元全部足额到位；截至2020年6月23日，项目已完成全部贷款提款和运营合作权费支付。

S1线项目采用TOT模式实施。合作期内，S1线一期项目资产权属不发生改变，项目公司拥有S1线一期的运营权，负责S1线一期机电设备的更新改造和S1线一期整体的运营维护、管理及移交。合作期满后，项目公司按照合同约定将项目设施（含项目设施正常运营所必需的各类项目设施、设备、各信息系统、维护手册、留抵税额等）无偿移交给温州市铁路与城市轨道交通建设管理中心或其指定机构。

2. 重点难点问题及解决方案

（1）资产评估定价

资产评估方法有收益现值法、成本重置法和市场法等。轨道交通行业具有准公益性，非市场化定价，票价须通过政府听证确定，另由于其经营权转让难以在市场上找到参照物，所以S1线一期工程项目综合评估了资产现有价值、合作期限、社会资本的预期回报率、存量债务等，采用成本法进行评估，根据评估报告评估值，S1线项目的经营权转让价值最终确定为90亿元整。

(2) 项目采购和国有资产转让问题

根据国务院第32号令国有资产转让必须按法定程序在产权交易中心进行。按照政府采购办法及财库〔2014〕214号等规定，可以采用公开招标、约请招标、竞争性会谈、竞争性磋商和单一来源采购五种方式在政府指定的采购平台上遴选社会资本方。因此，项目须在双平台进行交易。考虑到合作期内涉及两次产权转让增加税费等交易成本，以及轨道交通国有的行业属性，S1线采用国有资产经营权和PPP项目合并采购方式，实现了S1线资产经营权转让和PPP项目采购同步完成。

(3) 风险分担与防范

项目设定了客运收入调整机制、车公里变化的补贴调整机制、基准利率变化的调整机制、车辆配备数量变化的补贴调整机制以及大修及更新改造基金管理机制、税收标准变化调整机制、通货膨胀变化的调整机制等，对因市域铁路区别与地铁和国铁的车型制式、预测客流与实际客流的差异等因素造成的影响做出敏感性分析，建立风险管理体系，对项目进行了充分的风险识别和风险分担。

3. 示范性及推广价值

市域铁路S1线服务于温州高铁站和永强机场，承担了都市区范围内东西向组团间的快速交通任务，分为一期和二期工程共同构建未来温州大都市两大核心区中心城和瓯江新城的快速联系通道。S1线一期工程已纳入国家战略新兴产业示范工程、全国市域（郊）铁路第一批示范项目和省部共建市域铁路示范项目。

S1线存量资产盘活采用引入社会资本资金和运营管理技术方式，形成产业合力，满足温州城市发展的需要；发挥合作优势，保证市域铁路的安全运营。通过盘活存量，推进新线和轨道交通网络建设。项目盘活资产方式、管理界面的划分、应对风险的机制设置，对全国存量轨道交通项目的建设运营具有良好的借鉴和示范作用。

三　问题与挑战

（一）民间资本进入基础设施建设领域需综合比选的主要因素

1. 投资规模和收益水平

基础设施项目具有公益性强、规模大、投资大、收益较低、回报周期长等特征，对社会资本的参与提出更高的投融资能力要求，其投资效益和项目风险的不确定性，成为社会资本参与基础设施投融资和建设的主要障碍因素。

2. 政策环境和市场环境

基础设施与国计民生密切相关，对项目的安全质量和运营服务水平要求更高。民营企业应注重提升建设管理、运营管理、安全和应急管理水平并积累经验，同时，建立良好的民营资本参与基础设施建设的政策环境和市场环境，加强职业教育和专业技术培训，有利于在实践中提升民营企业的信心和核心竞争力。

3. 需求预测和抗风险能力

基础设施项目的需求量预测是项目建设运营的主要风险因素之一，也给民营资本的投融资决策带来困扰。在项目的立项阶段，以提高规划设计和科学决策水平为前提，提高项目抗风险和可持续发展能力，建立风险分担机制，为民营资本的参与创造条件。

（二）民间资本参与基础设施建设的机遇与挑战

1. 国企在运营机制和管理方面的优势

国企规模大、资金实力雄厚、综合技术水平高、产权结构多元、对宏观战略把握准确，管理层级、技术专业分工细化，团结协作、集体决策，经营目标的经济效益和社会效益兼顾，有利于发挥优势。

2. 民企在运营机制和管理方面的优势

民企规模相对较小、产权结构相对简洁、战术运用灵活，在项目运营中拥有更大的自主权，在所深耕的行业和领域具有科技创新的优势和环境，有利于降低成本和提高运营效率。

3. 国企和民企差异化发展，共同助力基础设施建设

基础设施项目综合性、跨阶段、周期长的特征，决定了其在决策、采购、合同、绩效、争议解决、中期评估和后评价中涵盖立项、决策、建设、运营、移交全生命周期各阶段工作的难度和实施方案执行的风险，民营企业参与基础设施建设，对基础设施项目统筹顶层设计、兼顾近期规划与远景发展、建设与运营并重提出了新的要求。

近年来，以商业型开发、第三方付费提高基础设施项目社会效益和财务效益方面的探索和实践不断深化。北京地铁 14 号线、16 号线，大兴机场线，重庆市域铁路壁铜线，四川双流未来水生态科技城等“基础设施+XOD（TOD、EOD 等）”融合发展项目的建设运营，为基础设施项目的商业性开发、优化资源利用、提高经济和社会效益提供了示范和借鉴经验。

四　展望与建议

115 号函要求“公平选择特许经营者。项目实施机构应根据经批准的特许经营方案，通过公开竞争方式依法依规选择特许经营者”。从支持民间投资、盘活存量资产等方面，重庆出台“27 条”、广州提出“21 条”，加力支持民间投资发展，强化民间投资的融资支持。据统计，115 号函发布后，特许经营项目中标数量 187 个，项目金额 1624.9 亿元。

政府采购网和各省份的公共资源交易网公布和公示了新机制出台后的特许经营项目招标计划、中标候选人等。例如，在重庆市公共资源交易网上可以看到存量资产盘活和新建特许经营项目的中标候选人公示信息。

基础设施投资作为我国经济增长的压舱石，一直是推动经济社会发展的重要支撑。我国基础设施领域的技术创新和应用取得了丰硕成果。以铁路和城市轨道交通行业为例，高速铁路、磁悬浮、直线电机等新型制式在轨道交通运营里程中的占比越来越高，形成优质的存量资产，温州市域铁路 S1 线

PPP 项目入选国家发展改革委公布的 24 个盘活存量资产扩大有效投资典型案例，交通运输、新型基础设施等项目在 115 号函中被列入支持民营企业参与的项目清单。采用新技术项目的更新改造费用、经营性收益、绩效考核指标等没有成熟的案例可比照，直接影响政府支出责任和可行性缺口补助金额，也为民营资本参与存量基础设施盘活项目增加了不确定性风险，特提出如下建议。

1. 以商业性开发反哺项目财务收益的理念为民营资本参与基础设施建设运营创造新的机遇

在规划建设层面，商业性开发的内容应与项目的功能定位和功能目标共赢共生、互相促进；在付费模式上，应有利于实现商业开发的收益产业反哺、融合发展；在与项目合作层面，应以安全运营为前提，增强项目的抗风险能力；在业态布局上应突出行业特点，实现特色化、差异化；在项目采购中应明确商业性开发的具体范围和内容，对潜在社会资本提出资金、资质和技术要求并纳入项目合同，保证基础设施项目的可持续发展。

2. 以运营评价为基础建立案例库

建议根据具体情况，参考国内外类似项目运营经验，合理设定调节机制并纳入项目合同，针对重点难点问题逐步形成项目运营评价案例库，在形成存量资产和新增投资良性循环等方面提供案例数据支持和决策依据。

3. 超前规划、集约资源，预留远期发展条件

基础设施是百年工程，建议加强“基础设施+XOD”融合发展的研究和实践。以城市轨道交通建设为例，在新建轨道交通站城一体化、既有交通枢纽与周边综合开发等方面，提出“基础设施+XOD”模式的创新融合路径。在项目层面，“基础设施+XOD”一体化项目的规划和开发，可增加现金流收入并实现收益反哺，提高项目全生命周期的财务自平衡能力和抗风险能力；在宏观层面，可实现资源集约和优化利用，减少政府财政支出，增加社会效益，促进行业领域的科技进步和所在地区的经济发展。

B.4

PPP新机制推动新型数字产业发展的创新策略研究

——以航天遥感数字产业发展为例

王宇翔　林爱华　任亚平　聂慧梓　刘京晶　任　兵*

摘　要：“十四五”时期，我国数字经济转向深化应用、规范发展、普惠共享的新阶段，进入高质量发展阶段的政府和社会资本合作（PPP）新机制将更好助力新型数字产业的发展。航天遥感技术领域由于高附加值、高科技含量的技术特质，能实现极大的经济效益和社会效益。但以国家投资为主的航天遥感产业，在面对高速增长的行业需求时，存在决策周期长、投资压力大、商业化运营不足等问题。本文拟在参考国外发展模式的基础上，结合我国的国情实际，以航天遥感领域PPP新机制应用为基础，探索PPP新机制在产业领域、投融资模式、管理创新、保障措施等方面支持新型数字产业发展的对策和建议，创新商业模式，推动PPP新机制在新型数字产业中的应用。在保证国家安全的同时兼顾民用空间基础设施项目建设的灵活性，进而促进我国数字经济的发展。

* 王宇翔，博士，航天宏图信息技术股份有限公司董事长，高级工程师，研究方向为遥感与数字地球；林爱华，航天宏图信息技术股份有限公司首席咨询师，高级工程师，研究方向为航天遥感；任亚平，航天规划设计集团有限公司中级工程师，研究方向为遥感应用（微波）；聂慧梓，航天规划设计集团有限公司中级工程师，研究方向为遥感应用（光学）；刘京晶，航天宏图信息技术股份有限公司副总裁，高级工程师，研究方向为产业咨询；任兵，中央财经大学政信研究院投融资研究中心副主任，北京圣华安教育咨询有限公司董事长，高级工程师，研究方向为基础设施投融资。

关键词： 航天遥感　数字产业　数字经济

一　PPP 新机制推动新型数字产业发展的积极作用

随着信息技术的不断发展和数字经济的崛起，新型数字产业成为经济发展的重要支撑，具有巨大的发展潜力和市场空间。而 PPP 新机制作为一种新型投融资模式，已经得到越来越多政府和社会资本的青睐。本文将探讨 PPP 新机制在推动新型数字产业发展方面的积极作用。

（一）PPP 新机制为数字产业提供了融资渠道

在新型数字产业的发展过程中，融资问题一直是制约其发展的瓶颈之一。由于数字产业具有高风险和高投入的特点，传统融资渠道难以满足融资需求。而 PPP 新机制作为一种具有灵活性和创新性的投融资模式，可以为数字产业提供多元化的融资渠道，帮助企业解决资金难题。例如，政府可以通过 PPP 新机制为数字产业从融资、实施到运营全过程赋能，从而帮助政府为百姓提供公共服务，帮助社会资本更好地开展业务和扩大规模。

（二）PPP 新机制促进数字产业创新

新型数字产业的发展离不开技术创新和研发投入，而 PPP 新机制可以为数字产业创新提供更为便捷和高效的途径。通过 PPP 新机制，政府可以为数字产业提供研发资金和技术支持，帮助企业加速技术创新和产业升级。同时，PPP 新机制也可以鼓励企业和政府之间的合作创新，提高数字产业的创新能力和竞争力。

（三）PPP 新机制推动数字产业发展普惠化

数字产业是信息化时代的重要产业，对社会经济具有强大的带动和推动

作用。而 PPP 新机制可以为数字产业的普惠化发展提供支持。通过 PPP 新机制，政府可以为数字产业提供公共服务，如数据共享、信息交流等，提高数字产业的效率和质量。同时，PPP 新机制也可以促进数字产业在社会中的普及和推广，推动数字经济的全面发展。

（四）PPP 新机制为数字产业提供了政策支持

数字产业发展需要政策的支持和引导，而 PPP 新机制可以为数字产业提供政策支持。政府可以通过 PPP 新机制制定相关政策和规定，为数字产业的发展提供更为有力的政策支持和保障。同时，政府还可以通过 PPP 新机制为数字产业提供监管和管理，加强数字产业的规范化建设和监督，保证数字产业的健康发展。

（五）PPP 新机制促进数字产业与实体经济融合发展

数字产业与实体经济的融合发展是数字经济发展的重要方向，而 PPP 新机制可以促进数字产业与实体经济的融合发展。通过 PPP 新机制，政府可以为数字产业提供与实体经济结合的项目，如智慧城市、智能制造等，推动数字产业与实体经济的深度融合。同时，PPP 新机制也可以为数字产业提供与实体经济相适应的政策和环境，推动数字产业与实体经济的协同发展。

综上所述，PPP 新机制在推动新型数字产业发展方面发挥了积极作用，为数字产业提供了多方面的支持和保障。未来，政府和企业应该进一步加强合作，深化数字产业与实体经济的融合发展，推动数字经济的高质量发展。

二　航天遥感在新型数字产业发展中的地位和作用

数字产业是指以信息为加工对象，以人工智能、大数据、区块链、云计算、网络安全等数字技术为加工手段，以意识（广义）产品为成果，以介入全社会各领域为市场，对本身无明显利润但是可以提升其他产业利润的公共产业。数字产业涵盖知识信息、通信、网络、航空卫星以及文化等市场化数字技术应用产业，教育、文化、广电等具有社会公共性和市场特性的产业。航空卫星产业作为数字产业的重要组成部分，其发展可有效带动国民经济建设，尤其对于相关上下游行业具有显著的带动效应，对于卫星及应用等相关联产业带动效应非常显著。而以人造卫星、宇宙飞船、航天飞机等航天器为平台的航天遥感又是航空卫星产业的重要组成部分。卫星遥感作为一种高效的对地观测手段，能够服务军事、国民经济的各个领域，随着地理空间信息以及数字产业发展，卫星遥感数据作为数据生产要素的一环，具有巨大的商业价值。

（一）航天遥感产业链

航天遥感产业链可划分为上游、中游、下游三个部分。产业链上游主要包括卫星平台、遥感探测仪器、其他星载设备、地面设备制造、运载火箭制造及发射等业务，属于技术和资本密集型领域。通过产业数字化对其相关要素进行数字化升级、转型和再造，推动航天遥感产业数字化的发展。产业链中游为遥感卫星的运营，主要提供卫星遥感数据服务、相关技术服务以及开发出售基于卫星遥感数据的软件，对民营企业开放程度较高，具备更强的商业灵活性。产业链下游为应用领域，提供卫星遥感应用服务，包括数据分析应用、空间信息综合服务以及软件支持等，应用于气象观探测、国土测绘、海洋观测、灾害监测、环境监测等领域，范围较广（见图 1）。产业链中下游的遥感数据和应用在数字产业化中占据重要的一环，市场规模较大，通过信息技术创新和管理创新、商业模式创新融合，形成航天遥感的数字产业链和产业集群。航天遥感在产业数字化和数字产业化领域的有机结合，为数字产业的整体发展提供了动力，同时数字产业的发展为航天遥感产业发展奠定了基础。

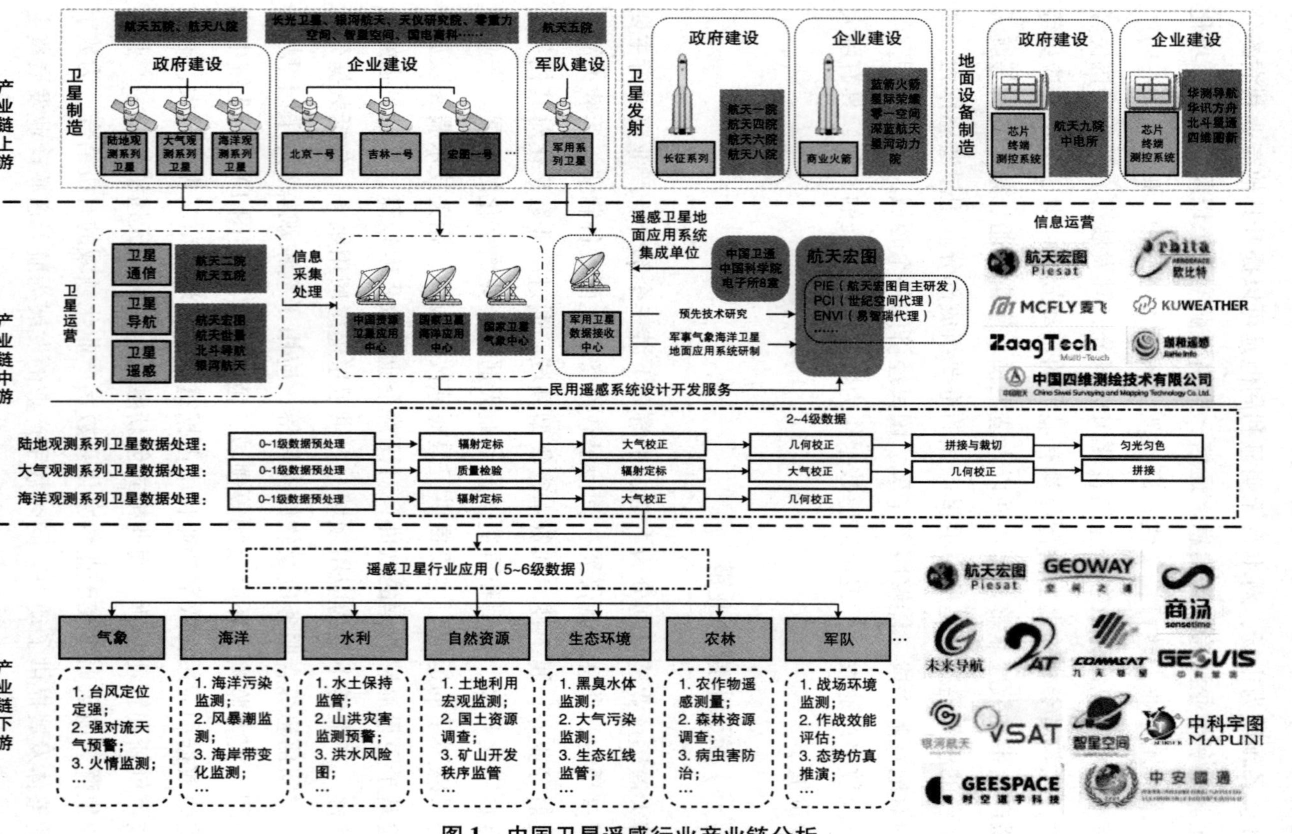

图 1 中国卫星遥感行业产业链分析

资料来源：航天宏图信息技术股份有限公司。

（二）航天遥感的行业格局

1. 卫星遥感应用行业发展前景广阔

在国家民用航天、高分辨率对地观测系统重大专项、民用空间基础设施等重大工程和商业航天推动下，卫星遥感应用和服务的能力大幅提升，在交通运输、农林渔业、水文监测、气象测报、电力调度、生态环保、防灾减灾和公共服务等国民社会经济的关键领域发挥重要作用，培育了以卫星应用为代表的新经济增长点，形成了服务经济社会发展的新动能。国家发布的《"十四五"数字经济发展规划》、《实景三维中国建设技术大纲（2021版）》、《数字乡村发展行动计划（2022—2025 年）》和《"十四五"国家应急体系规划》等重大规划均提出利用空天地一体化的全新技术手段实现相关应用建设。同时伴随以人工智能、云计算、大数据为代表的新型数字技术迅速崛起，传统信息处理技术正在不断革新。遥感观测具有观测面积广、时间跨度大、波段特征明显等特征，因此遥感数据量巨大，波谱、空间、时间等信息内容也很丰富，是新型数字技术的重要组成部分。新型数字技术驱动的我国数据经济近年来呈现爆炸式增长态势，为卫星遥感产业发展提供了更加广阔的市场前景。

2. 卫星应用已成为行业热点、商业航天格局初步显现

卫星面向政府、企业和个人的应用市场持续扩大，涌现一批具有较强竞争力的商业航天企业，产业化规模化发展格局初步形成。卫星遥感高精地图、全维影像、数据加工、应用软件等产品和服务更好地满足了不同用户的特色需求，广泛应用于交通规划、农作物精确估产、灾害损失评估、电网安全监测等领域（见图 2）。目前，商业航天已稳居世界航天经济的核心地位，并已逐渐成为世界大国战略竞争与博弈的主阵地和主战场。2015 年，国家发展改革委、财政部、国防科工局等部门联合发布了《国家民用空间基础设施中长期发展规划（2015—2025 年）》，明确鼓励民营企业发展商业航天，就此开启了中国航天由单一政府主导向政府主导与市场推动相结合的转变进程。

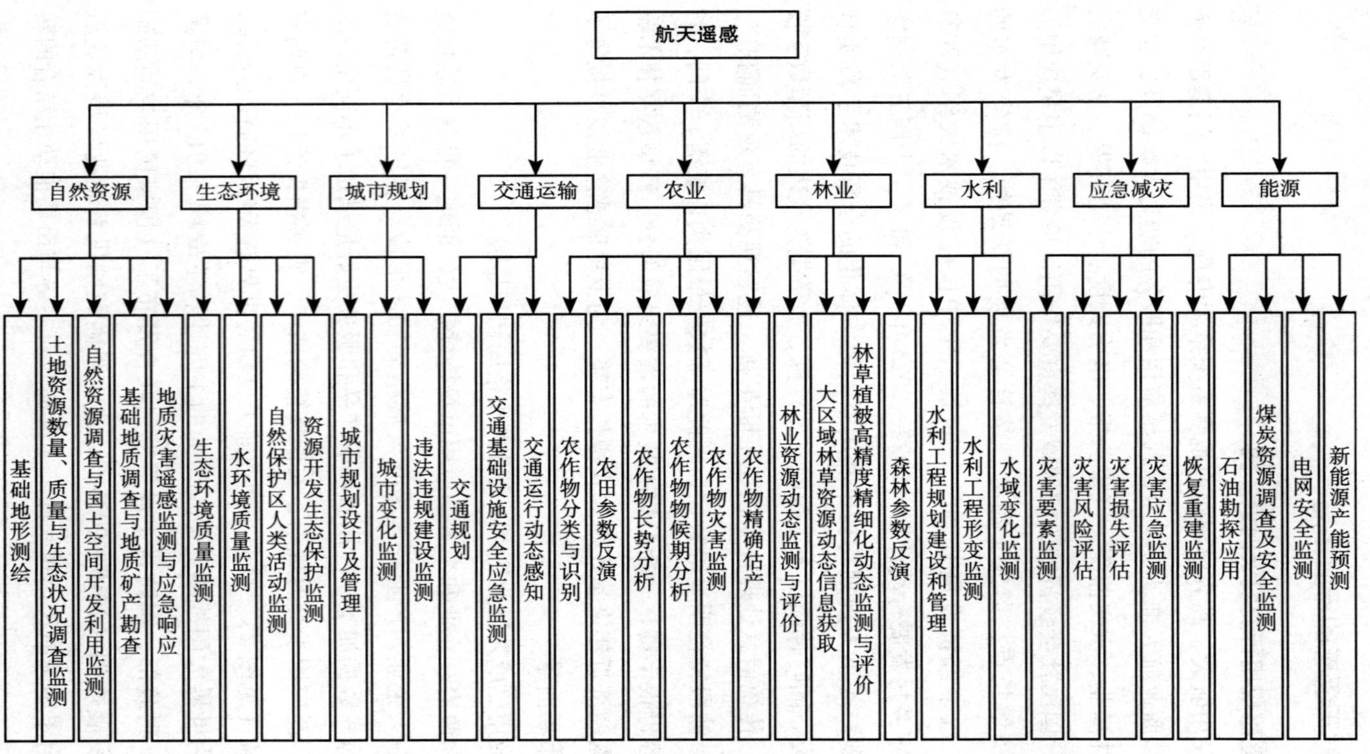

图 2 航天遥感应用场景

资料来源：航天宏图信息技术股份有限公司。

三　航天遥感发展模式

（一）国外航天遥感发展模式

从 20 世纪到 21 世纪，太空航天技术在竞争与合作中不断进步，世界航天格局发生翻天覆地的变化。历经近 60 年发展，空间对地观测体系和能力日趋完备，已经进入新的发展阶段，表现为：一方面，观测体系的系统规模和观测能力有了大幅增长，应用水平、创新服务能力和产业化水平显著提高；另一方面，不断衍生的需求进一步推动了未来空间对地观测体系的转型发展和技术创新。

欧美各国的空间基础设施管理政策、体制有所不同，发展路径也不同。美欧遥感卫星公私合营主要采取两种操作模式：一种是共同投资建设遥感卫星，另一种是共同出资组建公司对政府遥感卫星进行商业运营。从公私合营角度看，两种模式在本质上并无区别，均需合作双方共同投入，区别在于有些是资金投入，有些是资源投入。重点研究美国的空间基础设施管理现状，可以看出美国在该领域的政策法规十分健全，管理体系庞大复杂、相互制约、集中决策、分散实施，强调军民商一体化协调发展，鼓励商业航天产业发展。

（二）我国航天遥感发展模式

我国遥感卫星中公益卫星及地面系统建设运行以国家投资为主，公益与商业兼顾类项目实行国家与社会投资相结合模式，商业类项目以社会投资为主。同时，国家鼓励并支持有资质的企业投资建设规划内的卫星，积极推进公益类卫星的企业化运营服务。

1. 公益遥感卫星建设管理模式

依据《中央政府投资的国家民用空间基础设施业务卫星项目暂行管理办法》，业务卫星项目建设实行项目法人负责制，并充分发挥用户管理委员会机制和市场机制的作用。用户管理委员会由相关用户部门组成，主用户部门牵头、其他用户部门参加，组织开展业务卫星项目需求分析、方案论证、项目申报、运行管理和应用效果评估等，建立数据共享机制。主用户部门会同航天行业管理部门，负责组织卫星生产、发射项目的工程实施和工程总结。中国航天科技集团公司、自然资源部、中国气象局分别作为陆地、海洋和大气系列遥感卫星地面系统建设项目的牵头部门，组织开展相关地面系统建设。应用系统建设项目由相关应用部门纳入其业务发展规划，同步或适度超前部署。

2. 公益与商业兼顾类遥感卫星建设管理模式

目前已经采用PPP模式建设的民用遥感卫星包括高分辨率多模综合成像卫星和1米分辨率遥感业务卫星。高分多模卫星是中高分辨率综合光学遥感科研卫星，作为我国民用航天首个采用PPP模式项目，开辟了国家公益与商业运营结合的新模式，由中国四维测绘技术有限公司作为卫星商业运营单位，负责卫星的长期运营管理并向政府主要用户部门提供卫星公益数据。1米分辨率遥感业务卫星项目，由国家发展改革委和财政部共同发起并作为政府方，二十一世纪空间技术应用股份有限公司（以下简称“二十一世纪公司”）作为社会资本方负责投资建设和运营，创新投资回报机制，具有显著的示范价值。

3. 商业遥感卫星投资管理模式

商业遥感卫星不同于公益卫星主要由国家投资、主要服务政府部门、不以营利为目标的特征，其以商业投资为主、应用于商业市场、以营利为目的。近年来，国家和地方出台了一系列商业航天政策，大力推动国内商业遥感卫星产业发展。尤其是随着翎客航天、蓝箭航天、航天宏图等商业航天和遥感卫星企业的迅速崛起，我国商业遥感卫星模式已逐渐形成，这些企业通过市场化规律开展各类商业活动。卫星企业为了维持自身的生产经营，往往具有较大的资金需求。

（三）航天遥感及服务模式发展趋势

目前，我国建立了以应用为导向、用户为龙头、研制单位为主体的产学研用相结合的卫星应用产业发展模式，未来我国将不断完善卫星应用产业发展政策，增强卫星应用服务能力，加强卫星数据产品与服务在资源环境与生态保护、防灾减灾与应急响应、社会管理与公共服务、城镇化建设与区域协调发展等行业领域的深度应用，支撑经济社会发展，加快推进航天强国建设。此外，数据经济、数字中国、卫星应用等发展需求，进一步促进卫星通导遥应用与“大智物移云”，即大数据、智能化、物联网、移动互联网、云计算等新技术的融合发展，将进一步培育新的业态。

1. 航天遥感对地观测应用覆盖军民商各领域，短期内政府仍旧是最大用户

航天遥感能提供地物或地球环境的各种丰富资料，随着遥感探测技术的飞速发展，观测手段不断丰富、卫星数据规模扩大，探测范围从区域到全球、探测精度从粗放到精细。数据处理分析与遥感影像解译依托大数据分析、人工智能等信息技术，实现了定量化和智能化的应用，在国民经济和军事领域的应用日益广泛，包括国土规划、农业估产、海洋维权、气象环境、地理测绘、减灾救灾和国防安全等领域。

对于中国这样地域辽阔、资源丰富的国家，遥感卫星可在气象、灾害监测、资源和测绘等应用方面创造较高的社会经济效益，其受益者为国家和全体公众，因此数据本身具有社会性和公益性，短期内数据采购需求仍然以政府为主。随着行业需求的增长，以及技术水平的提高，未来商业应用潜力巨大。

2. 社会资本参与商业航天遥感产业发展是必然趋势

当前我国民用遥感卫星分辨率最高仅为米级，导致国内民用高分辨率数据市场被国外遥感数据垄断，《国家民用空间基础设施中长期发展规划（2015~2025 年）》明确提出，亚米级高分辨率遥感卫星星座将实行商业化运营模式。发展和运营商业遥感卫星系统，对占领国内市场，开拓国际市场，进而参与商业遥感的全球竞争发挥重要作用，可以为国家经济建设提供安全可靠的遥感卫星数据及其他相关服务，还是突破国际卫星遥感公司数据垄断的重要抓手。

在国家大力推动数字经济、商业航天等发展的政策环境下，建立以市场需求为牵引的发展模式，探索社会资本参与航天遥感产业发展，不仅符合国际航天产业发展的新动向，也提升了我国国家空间基础设施的应用效能，进而促进我国航天产业的发展。

3. 未来航天遥感服务模式将更趋完善

航天遥感服务模式将更趋完善表现在产业化路线明晰，同时应用仍然以政府为主，服务模式分为三类。模式一，政府拥有并运营遥感卫星系统，委托商业渠道销售卫星遥感数据产品，政府充当拥有者、监管者和用户三重角色。模式二，政府与商业部门共同分担卫星研制与发射费用，例如卫星商业化运营，商业化销售卫星遥感数据产品，政府充当监管者、赞助方和用户三重角色。模式三，卫星与数据产品完全采取商业化运营模式，政府充当监管方和用户角色。

四　我国商业航天遥感投资体制存在的问题

目前我国的商业航天遥感投资仍以政府为主，虽然商业航天发展迅速，涌现了大批商业卫星运营企业，但技术门槛高、协调难度大、投资回报不明朗等问题仍然制约社会资本进一步参与商业航天遥感产业发展。

（一）政府投资项目决策周期长、投资压力大，以公益服务为主不利于产品多样化和商业化

《国家民用空间基础设施中长期发展规划（2015—2025 年）》中落实投资主体的条款明确，我国遥感卫星体系建设目前以政府投资为主，主用户部门牵头组织开展业务卫星项目方案论证、可行性研究以及报审工作，从决策到实施的周期较长，无法快速形成观测能力；除卫星发射阶段的巨大投资外，遥感卫星发展气象、海洋、陆地三大系列，兼顾多个行业部门的对地观测需求，还需要建设相应的地面处理、定标检验和应用系统才能充分发挥卫星的作用。目前政府投资的卫星系统指标要求高、观测模式多，单星造价较高，同时配套地面应用系统需要兼顾多个国家级行业用户的数据处理和产品需求，建设提供共性技术支撑的定标检验场网投资规模巨大。政府投资项目

对于技术体制改进以及载荷仪器多样化等方面审批严格，以公益服务为主，卫星分辨率以中低分辨率为主，因此不利于产品多样化和商业化。

（二）企业投资项目未能形成市场需求引导的优化布局，制度不规范，投资回报不明朗

我国鼓励商业航天发展，国家与地方均出台了相关的产业支持政策。但是缺乏商业卫星的整体规划，企业对卫星投资的方向不明确，尚不能通过市场调节进行优化布局；社会投资卫星工程仍旧以政府需求为主要市场，但是由于还没有清晰的投资回报模式，经济效益不明显；商业航天投资大且在轨工作寿命有限，所以需要短时间集中发射，完成星座组网才能最大化商业价值和变现，商业卫星数据应用机制缺乏，因此不利于调动民间资本投入，需要政府引导和政策扶持；同时商业卫星的市场潜力仍需要深度挖掘，商业化的遥感卫星应用仍然占比较小，高门槛与经济效益的不明朗不利于商业航天产业的快速发展。

（三）PPP 仍然处于探索尝试阶段，需要进一步推广

目前我国高分多模卫星采用了 PPP 模式中的 BOT 模式，中国四维测绘技术有限公司作为高分多模卫星商业运营单位，向国家缴纳 2.4 亿元卫星使用租赁费，同时获得 8 年的高分多模卫星数据特许经营权，按合同约定负责长期运营管理卫星并向政府主要用户部门提供卫星公益数据。1 米分辨率遥感业务卫星项目则由社会资本方投资建设和运营，为私有化类的 PPP。二十一世纪公司依托北京二号遥感卫星星座，为自然资源部、生态环境部等部门持续 6 年提供公益性遥感卫星数据产品服务，政府提供固定资产建设投资补助 6.68 亿元。两个项目根据自身的特点，以及社会资本方不同的优势条件，采用不同的模式。航天遥感产业采用 PPP 模式，需在政府方主体、投资回报机制、合作伙伴关系和监管评价模式等方面进行持续创新，以实现投资效益最大化，促进产业发展。

（四）国有投资重点倾向国有企业，民营企业获得资金支持的渠道需进一步拓宽

国有资本将在未来中国新经济领域的发展中起举足轻重的作用。但是，国有投资公司在资金投放上一般倾向国有企业。而国有企业主要服务于国家级任务，大众消费型航天产业的模式创新不多，庞大的潜在市场一直没能发展为真实的经济增长点。需要以商业模式引导企业、政府、社会资本多方投入，进入空间基础设施领域，重点发展商业卫星及应用相关业务。通过低成本、快速、高质量完成商业卫星星座部署，带动整个产业链发展，最终推动我国商业航天产业建设，助推数字产业发展。

五 PPP 新机制支持新型数字产业发展的对策与建议

PPP 新机制提出充分发挥市场机制作用、拓宽民间投资空间的总体要求，明确地方各级人民政府可依法依规授权有关行业主管部门、事业单位等，作为特许经营项目实施机构（以下简称“项目实施机构”）。公平选择社会资本方作为特许经营者参与航天遥感数字产业领域的投资和运营，能够发挥政府和社会资本双方优势，提高国家民用空间基础设施的供给效率，带动航天遥感产业上下游发展，提高航天遥感产业的活力，激发市场潜力。PPP 新机制支持新型数字产业发展的创新策略如下。

（一）领域创新——探索 PPP 新机制在新型数字产业发展中的项目范围

《“十四五”数字经济发展规划》提出增强关键技术创新能力、提升核心产业竞争力、加快培育新业态新模式等要求，给新型数字产业的发展提供了方向。基于 PPP 新机制在缓解政府债务负担、分摊风险，为社会资本提供优质资产等方面具有的独特优势，探索性研究 PPP 在新型数字产业发展

中的应用范围，有利于国家投资向商业投资的逐步转变。同时，探索数字产业化、产业数字化的 PPP 新机制，培养新型数字产业的龙头企业，增强社会资本对新型数字产业领域投资的信心，激励更多社会资本参与新型数字产业投资建设和运营服务，有利于释放行业应用需求，创新服务模式和内容，在安全保密、业务运行、能力建设、产品质量等方面提供更重要、更优质的公共服务。

（二）模式创新——进一步探索适应新型数字产业发展的投融资模式

考虑新型数字产业项目的建设成本、运营收入等诸多因素，选择适合的投融资结构与运作方式，是确保新型数字产业 PPP 新机制应用成功的关键。可采用的投融资模式包括股权、服务采购、PPP+REITs 等，社会资本不同的投融资结构会对项目产权的拥有程度及参与运作的方式产生不同的影响。在股权合作模式下，政府在项目建设、运营期间将需要根据权责，更多地参与重大事项的决策，更多地把握项目建设的进度、质量，保障项目实施的可靠性和稳定性。对于社会资本方来说，股权合作模式确保社会资本方与政府部门联合成为项目共同体，更好地保障投资收益。服务采购模式，一方面有利于统筹集约化，使政府部门获得远超投资补贴价值的数据产品和服务；另一方面保证社会资本方获得合理的回报。采用 PPP+REITs 模式，通过基础设施 REITs 盘活存量资产，有利于 PPP 项目社会资本方实现债务出表、风险隔离和提前退出，回收资金以资本金形式投入新的基础设施建设，并通过扩募机制不断做大 REITs 规模，在资本市场形成融资平台，在保障投资人获得稳定回报的同时，促进基础设施投资良性循环。

（三）管理创新——规范管理机制、畅通协调机制、健全绩效评价

PPP 新机制应用过程中涉及财政、招投标、投融资、产业服务和产业创收等多方面的工作，其管理模式要比传统投资模式更为复杂与多样，也需要进一步出台相关的管理机制规范过程管理和企业行为。建议形成统一、规

范、透明的新型数字产业协调机制，设立牵头协调部门，统筹协调新型数字产业建设的多点沟通和联系、一事多议、手续繁杂等问题，解决社会资本投资新型数字产业项目在发展环境、资源建设、发展能力、应用等环节的“单点失效”效应，解决好国家和商业的协调发展问题；建议明确社会资本投资新型数字产业的准入门槛，在详细风险评估的前提下适当降低项目参与的基础条件要求，增强市场竞争、激发企业热情；建议进一步出台相关的政策法规，明确权责利益关系，尤其是用户部门数据需求与统筹方面的政策，增强社会资本的投资信心。同时，由于PPP多以融资为目标，政府对于项目建设和运营缺乏绩效评估，容易出现投入产出不高、项目实施进度滞后、财务风险控制不严等问题，因此PPP新机制要求健全绩效评价体系，设立专门和独立的评价机构，完善针对PPP项目特性的风险评价体系。

（四）其他保障——保障项目实施机构与特许经营者的投资回报率

项目实施机构与特许经营者都是PPP项目的建设主体，双方本着互赢互助的原则建立合作关系，所以需要互相重视和平等对待。首先，在合作协议签订的过程中，项目实施机构要详细列出特许经营者权益、项目风险、责任等，双方达成一致，对特许经营者的知情权、权益给予保护和保障。这不但能打消特许经营者的顾虑，而且能有效激发其积极性。其次，无论是项目实施机构还是特许经营者，都要对项目风险管理给予足够关注。对于特许经营者参与项目管理，项目实施机构应给予肯定，对于客观的意见或中肯的建议要积极采纳。另外，项目实施机构的领导干部要重视自身的公众形象，坚持公开透明的原则，大力欢迎社会大众对项目投资建设过程的监督。最后，为有效激励特许经营者参与，当地政府可以有针对性地推出系列优惠帮扶政策，比如主导设置较低的信贷利息水平、较低的融资要求、精简的贷款程序以及由政府给予投资企业融资信用保证等，进而减少企业融资成本、降低资本压力以及激发投资热情等。

参考文献

陈述彭主编《遥感大辞典》，科学出版社，1990。

朱凼凼：《航天遥感产业化改革和政府规制政策研究》，博士学位论文，武汉大学，2017。

郝胜勇等：《国外遥感卫星应用产业发展现状及趋势》，《卫星应用》2013 年第 1 期。

何文鑫：《中国数字产业竞争力分析》，《现代商业》2022 年第 36 期。

赵开宇：《关于新常态下的 PPP 项目运营模式的探索研究》，《中国房地产业》2016 年第 4 期。

候兆龙：《PPP 项目融资问题及建议》，《中国市场》2022 年第 31 期。

袁晓兵：《我国 PPP 发展进程中的问题与对策》，《河南财政税务高等专科学校学报》2022 年第 5 期。

《图解：全国 PPP 综合信息平台管理库项目 2022 年半年报摘要》，财政部政府和社会资本合作中心，2022 年 7 月 26 日，https：//www. PPPshaanxi. cn/newstyle/pub_ newsshow. asp? id=29039037&chid=100178。

《2021 中国的航天》，中国政府网，2022 年 1 月 28 日，https：//www. gov. cn/zhengce/2022-01/28/content_ 5670920. htm。

B.5
PPP模式与新型城镇化战略融合发展研究

赵仕坤　魏丽莎*

摘　要： 新型城镇化是党在十八届三中全会上明确提出的国家重要战略建设目标，一直以来受到社会各界的广泛关注。相比传统投融资模式，PPP 模式与新型城镇化国家战略目标相契合，通过引入社会资本参与城镇化综合性开发，充分激发市场活力，凸显社会资本运营管理优势，有利于实现新型城镇化战略。然而，PPP 模式在推动新型城镇化建设的过程中仍存在诸多难题。本文通过对现有入库项目核心边界、实施难点等内容分析，提出通过加强项目前期用地规划、盘活存量建设用地、统筹谋划地区发展相结合，充分挖掘项目收益点、提高采购质量、优化监督管理机制等方式，着力解决 PPP 模式在新型城镇化战略中应用存在的问题，实现我国新型城镇化建设目标。

关键词： PPP 模式　新型城镇化　城镇综合利用开发

* 赵仕坤，博士，北京中泽融信管理咨询有限公司董事、总经理，研究方向为基础设施建设、投融资综合咨询实务；魏丽莎，北京中泽融信管理咨询有限公司业务总监，研究方向为基础设施建设、投融资综合咨询实务。

一　PPP 模式推动新型城镇化的优势

（一）PPP 模式推动新型城镇化发展具有关联性

1. PPP 项目领域与新型城镇化战略规划相互融合

从应用领域看，《“十四五”新型城镇化实施方案》明确了我国“十四五”时期新型城镇化发展要注重完善城镇空间格局，包括完善城市轨道交通建设，优化提升城市中心城区功能，完善城市宜居宜业功能（产业集群规模化发展、建立商贸物流中心、促进产城融合），引导县城健康发展（环境卫生、市政公用、污水处理、管网建设等）；注重提升城市品质，包括完善市场住房保障体系，加快城市更新（新建停车场、充电桩，提升老旧小区、城中村等存量片区功能）。而纳入政府和社会资本合作（PPP）管理库项目的应用领域包括保障性安居工程、城镇综合开发、交通运输、农业、教育、科技、林业、旅游、能源、社会保障、生态建设和环境保护、体育、市政工程、文化、养老、医疗卫生、政府基础设施、水利建设及其他。[①]《关于规范实施政府和社会资本合作新机制的指导意见》明确了 PPP 应聚焦有经营性收益的项目。综合来看，新型城镇化发展战略规划内容基本上能够应用 PPP 新机制，尤其是城镇综合开发、交通运输、市政工程、社会保障、医疗卫生等领域，新型城镇化规划内容与 PPP 模式十分契合。

从项目具体内容看，新型城镇化发展规划的内容包含大部分的公共属性产品，涉及市政基础设施建设、城市环境卫生治理、医疗卫生发展等。根据《企业会计准则解释第 14 号》等相关文件规定，PPP 项目必须满足提供公共产品和服务要求，因此二者在公共属性方面具有一定的一致性。同时，新型城镇化项目的自身产业整合经营能够实现收益，一般能够产生稳定的现金流，社会资本的投资行为能够获取合理利润，政府方也能够减

① 柯晓芬：《我国 PPP 项目落地速度影响因素研究——基于多层线性模型（HLM）的实证分析》，硕士学位论文，山东大学，2020。

小财政支付压力。因此，新型城镇化项目结合政府补贴后，适宜采用 PPP 模式推进。

2. 政策支持采用 PPP 模式推动新型城镇化发展

国家各部委出台了大量的政策性文件和规范性文件，鼓励采用 PPP 模式引入社会资本参与城镇综合开发、市政基础设施建设等新型城镇化发展项目。《国务院关于创新重点领域投融资机制鼓励社会投资的指导意见》鼓励社会资本投资城镇供水、供热、燃气、污水垃圾处理等市政基础设施项目；《国家发展改革委关于开展政府和社会资本合作的指导意见》明确各地的新建市政工程以及新型城镇化试点项目，应优先考虑采用 PPP 模式建设；《关于深入推进新型城镇化建设的若干意见》提出要广泛吸引社会资本参与城市基础设施和市政公用设施建设和运营；《国家发展改革委关于加快开展县城城镇化补短板强弱项工作的通知》要求规范有序推广 PPP，带动民间投资参与投入县城城镇化发展的积极性；《关于规范实施政府和社会资本合作新机制的指导意见》要求“最大程度鼓励民营企业参与政府和社会资本合作新建（含改扩建）项目”。由此可见，新型城镇化发展属于国家鼓励采用 PPP 模式运作的行业和领域，符合国家“推广运用政府和社会资本合作模式”文件精神。总体上，国家上层政策支持采用 PPP 模式推动新型城镇化发展。

（二）PPP 模式为推动新型城镇化发展注入新活力

1. PPP 模式有利于促进地方传统财政转型，缓解财政压力

随着经济社会的发展，我国积极防范化解金融风险，这是我国金融系统高质量发展的大方向。2017 年中央经济工作会议将防范风险列为三大攻坚战之首，标志着防止发生系统性金融风险成为全国工作重中之重。[①] 过去土地财政一直是新型城镇化建设发展中短期现金流平衡的主要保障，但在防范化解金融风险的大背景下，过去新型城镇化发展过于依赖政府财政支出、依赖土地融资、依赖土地财政覆盖项目建设和维护资金需求的模式不仅不具可

① 张进、易发明：《维护经济安全重在防范风险》，《湖北日报》2018 年 6 月 29 日。

操作性也不具可持续性。结合新型城镇化规划实施方案，新型城镇化发展的最主要动力不在于政府的行政干预，而在于新型城镇化建设过程中，产业融合后项目本身具有的市场力量。而 PPP 模式可以通过固定资产贷款、流动资金贷款、银行授信、银团贷款等方式获得融资；[①] 同时 PPP 模式下，项目建造、运营维护等商业风险由社会资本承担，法律、政策等风险由政府承担，不可抗力等风险由政府和社会资本合理共担；[②] 加之新型城镇化项目具有一定的经营性，社会资本可以通过项目自身收益及政府基于绩效评价的运营补贴获取合理收益。综上所述，PPP 模式具有多样化的融资渠道、合理的风险分担机制及价值机制等优势，有利于调动社会资本积极性，吸引市场力量参与，解决项目资金短缺、现金流不稳的困难，可作为新型城镇化建设的重要模式。

更重要的是，在 PPP 模式下，新型城镇化项目除资本金以外的资金缺口由项目公司作为融资主体进行补充，资金筹措责任明晰，筹措渠道明确，可以一次性解决项目全部资金需求，弥补新型城镇化领域项目建设的资金缺口，释放地方政府财政压力。政府则可以把有限的财力转移到其他民生领域，实现财政资金的更优配置，更好地推动城镇化发展，全面助力新型城镇化战略实施，促进地方财政由传统土地财政支持转型为合规模式融资，避免发生政府隐性债务风险。

2. PPP 模式有利于新型城镇化良性发展

新型城镇化发展采用 PPP 模式，基于项目自身产业价值基础，可以通过超额收益分配激励机制，有效对社会资本进行市场赋能，将项目经营收入作为社会资本投资回报的部分来源，有利于形成新型城镇化项目自我造血、挖掘价值的可持续发展模式，有利于城市实现城镇化、产业化、工业化的深度融合。[③] 此外，在新型城镇化建设过程中积极引入 PPP 模式，能够充分发挥财政资金的“杠杆”作用，以较少的财政资金撬动庞大社会资金完善新

---

① 刘鑫：《金融供给结构与财政约束对 PPP 发展影响的实证研究——基于异质性的视角》，博士学位论文，东北财经大学，2019。

② 李晓芬：《我国 PPP 政策的“冷思考”》，《国际工程与劳务》2016 年第 7 期。

③ 张雨馨：《开发性 PPP：推动区域发展新机制》，《中国财经报》2019 年 12 月 5 日。

型城镇化建设，优化经济结构，并在一定程度上增加财政税收收入，增加就业，促进新型城镇化良性发展，实现区域性经济发展。

3. PPP模式有利于优化公共服务供给

新型城镇化发展内容兼具公共属性及经营性，而PPP模式不仅是单纯的融资方式，更重要的是其机制创新、管理灵活、责权利明确，能够引入行业最优的社会资本，将政府规划、监管职能与市场力量的技术创新、管理效率融合。社会资本可以基于项目具体情况制定切实可行的实施方案，推动新型城镇化发展，而且为了实现经营利益的最大化，社会资本会通过发挥自己的运营管理优势，短期内提高城镇化发展的供给效率，给居民提供更好的产品和服务，提高公共服务水平。同时，在满足公共服务标准的前提下，还会最大限度压缩成本，提高投入资金的使用效率。政府则可以由项目的实施者转变为监督者，将更多的精力和资源投入规划和监管，提升管理社会的综合水平。[①] 因此，在新型城镇化发展中采用PPP模式，可以改变传统地方政府“重建设、轻运营”的观念，可以有效实现政府和社会资本的优势互补，有利于提高公共服务供给水平，真正助力新型城镇化战略实施。

二　新型城镇化PPP项目现状分析

新型城镇化概念于2012年12月16日中央经济工作会议上首次提出，随着《国家新型城镇化规划（2021—2035年）》等相关政策的出台，我国新型城镇化PPP市场稳步发展。根据财政部政府和社会资本合作中心综合信息平台数据，截至2023年2月28日，综合信息平台入库新型城镇化项目累计达到627项，投资额达到2.05万亿元。从项目整体增长趋势来看，我国新型城镇化PPP项目整体增长放缓，市场发展趋于稳定。

① 刘旭辉、陈熹：《PPP模式在新型城镇化建设中的推广运用研究——以江西省为例》，《金融与经济》2015年第2期。

（一）新型城镇化 PPP 项目领域相对集中

新型城镇化 PPP 项目主要包括城镇化建设、园区开发、厂房建设和其他四个二级子项。从数量上看，新型城镇化 PPP 项目主要集中于城镇化建设和园区开发领域，其他领域项目数量相对较少（见图 1）。

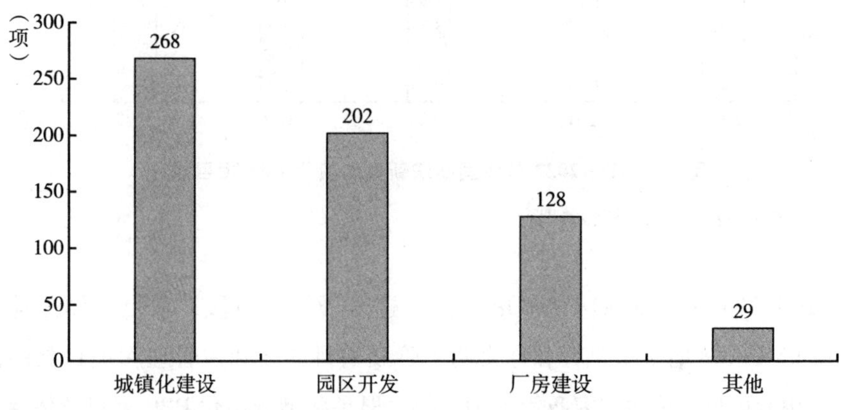

图 1　新型城镇化 PPP 项目分布领域

资料来源：根据公开资料整理。

（二）新型城镇化 PPP 项目增速逐渐放缓

为进一步加快国内外投资，转变政府职能，吸引更多社会资本参与公共服务领域建设，建立规范有序、动态持续的 PPP 项目管理机制，推动 PPP 项目实施和财政管理高质量发展，[①] 近年来我国 PPP 政策体系日趋完善。但以实际情况分析，2018~2022 年我国新增新型城镇化 PPP 项目数量有所下滑，并未因国家政策高度重视而增加（见图 2）。

（三）新型城镇化 PPP 项目落地率不高

根据截至 2023 年 2 月 28 日的统计数据，新型城镇化 PPP 项目共计 627

① 王懿程、张健明、段梦琪：《PPP 模式下上海市“互联网+护理服务”发展路径研究》，《改革与开放》2021 年第 15 期。

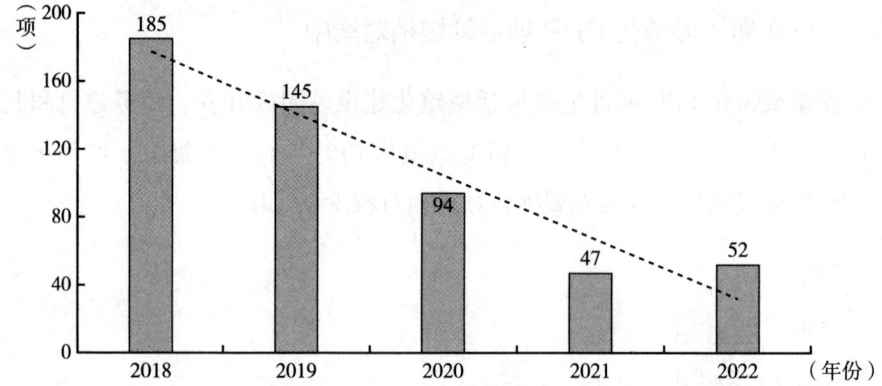

图 2　2018~2022 年我国新增新型城镇化 PPP 项目统计

资料来源：根据公开资料整理。

项，其中 374 项（剔除信息停更项目）进入了执行阶段，项目整体落地率为 59.65%（落地率指执行和移交两个阶段项目数之和占管理库项目数的比重）。由此可见，虽然国家政策大力支持，但是新型城镇化 PPP 项目整体落地率不高（见表 1）。

表 1　分领域新型城镇化 PPP 项目落地情况分析

单位：项，%

领域	项目数	落地项目数	落地率
城镇化建设	268	163	60.82
园区开发	202	122	60.40
厂房建设	128	71	55.47
其他	29	18	62.07
合计	627	374	59.65

资料来源：根据公开资料整理。

（四）新型城镇化 PPP 项目回报机制依赖地方财政补贴

根据截至 2023 年 2 月 28 日的统计数据，录入综合信息平台的 627 项新型城镇化 PPP 项目中可行性缺口补助项目 460 项，占新型城镇化 PPP 项目总数的 73.37%；政府付费项目 142 项，占新型城镇化 PPP 项目总数的 22.65%；使用者付费项目 25 项，占新型城镇化 PPP 项目总数的 4.00%（见图 3）。

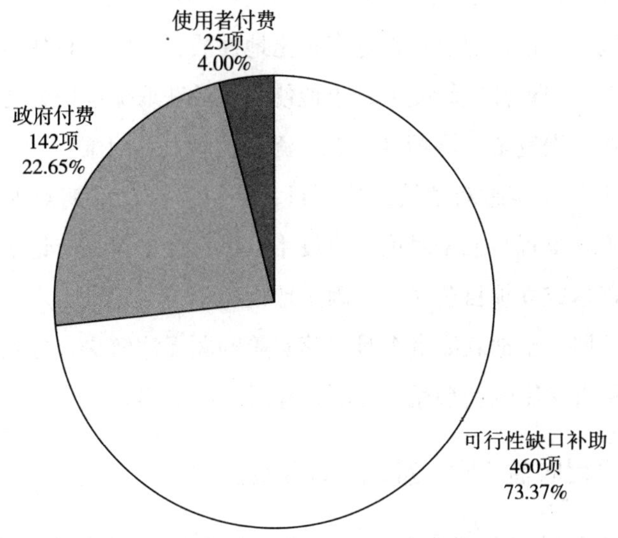

图 3　新型城镇化 PPP 项目回报机制分布

资料来源：根据公开资料整理。

新型城镇化 PPP 项目的公益性较强，经营性相对较弱，收益较少，导致管理库中新型城镇化 PPP 项目的回报机制多为可行性缺口补助和政府付费，使用者付费项目相对较少。现阶段新型城镇化 PPP 项目的回报机制高度依赖地方财政补贴。

三　PPP 推动新型城镇化存在的问题与挑战

（一）项目用地落实难

新型城镇化的建设类似于建设一种微型产业集聚区，一般具有细分高端的鲜明产业特色、产城人文融合的多元功能特征，建设内容涉及多个领域，项目建设用地具有性质多样、征收范围广的特点，从而存在安置补偿金额

大、征收协调难度大等难点。

新型城镇化建设用地多集中在农村、乡镇，项目用地不连片；从主体来看，涉及居民、村集体、农场、村民委员会等多方利益体；从土地性质来看，涉及耕地、林地、建设用地等多种土地性质，导致项目建设无论是在项目用地选择上、用地性质转变上、土地使用权的获取流程上，还是征地拆迁工作上都存在流程复杂、协调难度大、资金投入大等困难。

采用 PPP 模式实施新型城镇化项目，若政府方在前期对项目建设用地的可获得性不够重视，或未对项目建设用地可行性进行充分论证等，则存在待引入社会资本成立项目公司后，因土地性质不符合建设要求、征地拆迁安置工作难以开展、土地获取资金难以落实等问题无法解决，导致项目难以推进的可能，将直接影响新型城镇化项目建设目标的实现。

（二）项目收益有限，难以实现收支自平衡

根据《关于规范实施政府和社会资本合作新机制的指导意见》要求，PPP 项目应聚焦使用者付费项目，明确收费渠道和方式，项目经营收入能够覆盖建设投资和运营成本、具备一定投资回报，不因采用 PPP 模式额外新增地方财政未来支出责任。政府付费只能按规定补贴运营，不能补贴建设成本。新型城镇化 PPP 项目呈现公益性强、投资规模大、收入来源少等特点，若在项目前期谋划阶段未充分挖掘项目收益点，或者项目运营阶段运营效果不佳，可能导致项目难以实现收支自平衡，这也是新型城镇化 PPP 项目推进受限的原因之一。

（三）项目融资难度大

在 PPP 模式下，项目的资金结构为“项目资本金+债务性资金”，其中社会资本方和政府方出资代表投入部分资本金（总投资的 20%以上），剩余资金由社会资本方/项目公司通过银行贷款、公司债券等方式筹集。由于不同金融机构对项目建设内容、实施模式的支持方向、贷款投向、融资要求等各不相同，而新型城镇化 PPP 项目建设内容涉及类型及领域较多，因此增

加了项目的融资难度。例如，金融机构挑选建设子项提供贷款，导致社会资本方/项目公司需要向多家金融机构分别申请资金支持或组建银团贷款等，增加了项目的融资难度和同各金融机构的沟通协调成本；因整体项目收益有限，项目再融资时，金融机构会考虑项目的还本付息能力，为保障金融机构本金安全，银行往往会对项目偿债能力指标及融资担保提出更高的要求，这也增加了项目的融资难度和融资成本；项目收益不足时，项目后期的还款主要依靠政府补贴，金融机构对项目进行风险评估时，往往会考虑地方政府的支付能力，若对地方政府的支付能力评估不理想，则可能导致项目无法实现融资落地。

（四）社会资本筛选难度大

新型城镇化 PPP 项目涉及多种建设内容，且投资规模较大，运作模式多为 BOT、ROT+BOT、TOT+BOT 等，故在筛选社会资本时，对社会资本的投融资能力、建设施工能力、运营管理能力等均提出较高要求。

首先，从社会资本投融资能力角度看。新型城镇化 PPP 项目投资规模大，投资体量一般为几十亿元甚至上百亿元。根据《国务院关于加强固定资产投资项目资本金管理的通知》相关要求，新型城镇化 PPP 项目的最低资本金要求为 20%，剩余资金则由社会资本方或项目公司通过银行贷款等方式筹集，由社会资本方向金融机构提供增信或连带担保，但不得要求财政局等政府机构或政府出资代表违规提供融资担保。假设一个 20 亿元的新型城镇化 PPP 项目，按照项目资本金 20%、融资金额 80%考虑，则项目资本金出资 4 亿元，银行融资 16 亿元；假设社会资本方投入资本金的 90%，则为 3.6 亿元，对社会资本方的资本金出资能力，即投资能力要求高，同时因项目融资规模较大，也对社会资本方的融资能力和增信、担保能力提出了更高要求。

其次，从社会资本建设施工能力角度看。根据 2016 年 10 月 13 日财政部《关于在公共服务领域深入推进政府和社会资本合作工作的通知》，对于涉及工程建设、设备采购或服务外包的 PPP 项目，已经依据《政府采购法》选定社会资本合作方的，合作方依法能够自行建设、生产或者提供服务的，

按照《招标投标法实施条例》第九条的规定，合作方可以不再进行招标。故在项目实操过程中，为了提高项目吸引力及社会资本的投资积极性，项目在采购社会资本时，常采用合并招标的方式，即同时采购社会资本和项目施工单位。在这一背景下，社会资本在满足项目投融资要求和运营管理要求外，还需满足项目施工建设所需的生产能力和相关资质要求。此外，新型城镇化 PPP 项目建设内容涉及类型较多，前期工作复杂，不同建设内容涉及的前期审批手续、建设施工标准、施工工艺等均具有差异；同时，项目建设地点较为分散，工程体量大小不一，在没有系统化监管方案的情况下，较小较偏的子项目容易存在“偷工减料”“缺项漏项”等问题。所以，为了实现新型城镇化 PPP 项目的建设目标，确保工程质量和效率，通常对社会资本的建设施工管理能力提出极高的要求。

最后，从社会资本运营管理能力角度看。PPP 模式实施的最终目的是提供高效率、高质量的公共服务，项目建设完成后，由项目公司负责项目运营维护，项目所涉及领域广，提供的公共服务复杂多样，将直接提高社会资本在各类项目运营管理上的能力要求。

（五）项目后期监管难

PPP 模式在推动新型城镇化建设的过程中，前期由政府方主导，政府方负责筹备项目前期工作、论证项目可行性、谋划项目实施方式、筛选社会资本等。项目公司成立后，政府方由执行者转变为监督者，但在项目实际执行中也存在监管难度大的问题，主要体现在以下几个方面。

1. 监督主体不明确

首先，PPP 项目的合作期限一般为 10~40 年，合作期限较长。在整个项目的合作期内，地方政府领导班子更迭，一个项目可能会涉及好几届领导班子，若没有健全的监管机制，很有可能存在新官不理旧账、新班子不了解也不重视项目实施模式的情况；甚至会遇到实施机构职能转变或重组的情况，导致监督主体变更且无法重新明确，无法按时按质对项目实施监管。其次，新型城镇化 PPP 项目建设内容涉及类型众多，例如交通、市政、产业发展，甚至教育和医疗，项目行业主管部门较多，可能存在互相推诿、无法明确主要监管主体的情况。

2. 监管机制不够健全

PPP 项目以项目公司为主体，负责整个项目的建设、运营及维护，政府方虽对项目进行监管，但是缺乏监管手段，在监管机制不够健全的情况下，社会资本方或是项目公司容易产生懈怠心理，发生各种“钻空子”、“混水摸鱼”、违规收费、怠于运营、服务质量差、成本高涨等现象。因缺乏有效的监督机制，项目监管往往存在滞后性，项目运营出现问题时，无法及时纠偏或无强有力的惩罚措施，项目公司犯错成本低，则可能造成项目建设产出或是运营产出皆达不到原项目合同约定的标准，直接导致项目实施效果无法达到预期，严重损害社会利益和公众利益。

3. 监管力度不足

PPP 模式通过政府授权实施机构与项目公司签订《项目合同》，授予项目公司在合作期内的经营权，而 PPP 项目一般均由政府方出资代表持有项目公司股权，则政府方既是项目的监督者，又是项目的参与者，身份的矛盾性使政府方在行使监督职能时可能流于形式，存在监管力度不足的问题。

四　PPP 模式与新型城镇化战略融合发展的建议

（一）创新方式，有效利用土地

1. 合理规划项目用地

明确用地政策，合理规划项目用地；优化城市空间治理，编制省市县三级国土空间规划，统筹划定生态保护红线、永久基本农田、城镇开发边界三条控制线。[①] 各地区坚持“要素跟着项目走”，优化新增建设用

① 李娜：《年底前初步形成全省国土空间开发“一张图”》，《郑州日报》2020 年 4 月 20 日。

地计划指标和城乡建设用地增减挂钩指标分配，[1] 推行增量投放与存量盘活利用相挂钩，因地制宜推进低丘缓坡地等开发利用，保障项目的合理用地需求。推行建设用地多功能复合利用，采用疏解、腾挪、置换、租赁等方式，发展新业态、新场景、新功能，促进城镇建设用地集约高效利用。[2]

2. 盘活存量建设用地

盘活存量建设用地和低效土地。完善城镇存量土地、低效用地再开发机制，完善供地方式，在国家、改造者、土地权利人之间合理分配“三旧”（旧城镇、旧厂房、旧村庄）改造的土地收益。[3] 推进农村土地制度改革，完善土地经营权和宅基地使用权流转机制。推进农村承包地“三权分置”、农村宅基地使用权确权登记颁证，探索农村“三权”依法自愿有偿退出机制。在符合国土空间规划、用途管制和依法取得、村民自愿的前提下，依法把有偿收回的闲置宅基地、废弃的集体公益性建设用地转变为集体经营性建设用地入市，[4] 促进规模化经营管理，有效利用乡村零星分散存量建设用地，规范征地程序，可推动城中村、城边村、村级工业园等区域连片开发，促进城乡融合发展。

在项目推进初期，应充分发挥 PPP 模式特点，在谋划新型城镇化 PPP 项目时，考虑盘活存量建设用地和低效土地，统筹考虑社会资本产业运作优势，找准方向，将土地与产业和基础设施配套，并在项目前期对项目用地进行充分的可行性论证，实现对存量、低效、农村建设用地的充分利用及优化利用。

（二）合理规划建设内容，挖掘项目收益点

推进新型城镇化，核心是以人为本，关键是产城融合。新型城镇化 PPP

---

① 吴越涛、刘春雨：《加快推进县城补短板强弱项研究》，《宏观经济管理》2021 年第 11 期。

② 参见《历史建筑数字化技术标准》，2021 年 10 月 1 日起实施。

③ 参见《国务院关于深入推进新型城镇化建设的若干意见》。

④ 参见中共云南省委、云南省人民政府《关于建立健全城乡融合发展体制机制政策措施的实施意见》。

项目不是单体建设项目的简单捆绑合并，而是将整个区域不同收益水平、不同收益来源的经营性项目、准经营性项目、非经营性项目进行结构化组合的整体开发、产城融合、协同发展，力求达到价值倍增的综合效果。因此，在项目的前期规划、立项等阶段，应注意如下几点。

1. 基于产城融合理念，统筹谋划地区发展

《“十四五”新型城镇化实施方案》明确了“统筹谋划、协同推进，因地制宜、分类施策”的工作原则。新型城镇化 PPP 项目具有建设内容宽泛、子项目类型多样、投资大、周期长、系统性、复杂性等特点，常需要分期开发，无论是在建设内容、规模还是投资额上都有较大的不确定性，因此，需要规划先行。项目规划需注重全局性、战略性布局，根据各地资源禀赋、政策环境、产业特性，找准城市群和大中小城市各自发展定位，制定科学的新型城镇化发展规划。区域总体规划需与“十四五”规划、国家战略性发展规划以及国土空间规划、社会发展规划、人口规划等专项规划有效协同，① 实现土地、资金、人力的协调，合理规划主体功能，促进城镇化与产业融合、高质量发展。

2. 合理谋划项目建设内容，合规、高效推进项目实施

基于目前新型城镇化领域、PPP 领域一系列规范性政策，在谋划建设内容时，需重点关注项目的合规性和落地率，保障项目合法合规、高效实施，防范形成地方政府隐性债务。如商业地产开发、招商引资项目不属于公共服务领域，单纯土地收储和前期开发项目无实质运营内容，不宜采用 PPP 模式实施；② 项目建设内容需符合区域总体规划、国家及地区相关文件规定，如城市更新项目防止大拆大建、城乡融合项目需构建基础设施共建共享机制，防止资源错配、时间错位、功能重叠；建设内容需符合地方资源禀赋、人口特征与产业特性，防止项目照搬照抄、千篇一律。此外，在谋划项目建设内容时，建议与潜在金融机构对接，沟通核心要

① 张琦：《开发性 PPP：新型城镇化高质量发展的新路径》，《湖湘论坛》2020 年第 3 期。

② 彭奕晖、王海涛：《PPP 项目的土地问题》，《中国投资》2018 年第 9 期。

点，匹配银行融资要求，提高项目融资落地可能性。

3. 充分挖掘项目收益性，实现项目自平衡

考虑到在新型城镇化 PPP 项目中，基础设施建设公益性较强，收益性较差，且 PPP 项目限制收益与土地出让收入挂钩，使得很多项目难以实现收支自平衡。建议以产业为基础，对项目建设内容进行“肥瘦搭配”，充分挖掘项目自身潜在的可经营性资源，增加收益点。在产业导入中，需注重产业、人口以及城镇资源的结合，注重产业基础、未来规划及区域间产业协同，打造产业链、产业集群，构建基于市场化的回报机制，达到项目整体的收支平衡，从而保障项目良好的还本付息来源，推动项目融资落地。同时，降低地方财政支出，实现财政资金的更优配置，实现区域经济的高质量发展。

（三）优化采购方式，优选社会资本方

为了选择更适宜新型城镇化 PPP 项目的社会资本方，建议在项目前期工作阶段，进行深入、广泛、有效的市场测试，使项目的设计方案和条件设置更加契合各方需求。此外，在项目资格审查阶段，采购人可以对潜在投资人的建设能力、产业导入及产业发展服务能力提出要求，并作为资格审查条件，使进入招标阶段的社会资本方更加符合项目实际需要。同时，针对子项较多、复杂、投资规模较大的项目，建议“强强联合”，采取组建联合体投资的方式参与 PPP 项目的实施，既可保障项目的良好建设和运营，又可发挥强大的资金优势，保证项目高效落地实施。

另外，鉴于新型城镇化 PPP 项目子项目众多、建设内容范围广，边界条件、技术经济参数较复杂，存在不确定性因素，建议在社会资本方选择过程中，召开标前答疑会及现场踏勘等活动，以使社会资本方更好、更深入地理解项目情况及所需提供的公共服务标准；各方通过标前答疑会及现场踏勘，进一步确定符合项目特点的边界条件和技术经济参数，达成经济效益和社会效益双丰收。在选择评分方法时，优先采用综合评分法，主要从项目需求考虑潜在社会资本的投融资能力、建设施工能力、运营管理能力等，以及

是否符合新型城镇化 PPP 项目的实施需要，以项目运营方案、收费单价、特许经营期限等作为选择特许经营者的重要评定标准，① 既可充分体现公平合理性，又可为项目遴选合适、优秀的社会资本方提供进一步的保障。

（四）完善项目监督机制

政府应明确监督主体及职责，各部门通力合作，将监督任务落到实处；健全监督机制，加大监督力度，根据地方的实际情况制定监管方案，并因地制宜优化监督模式；有关部门要对各地区新型城镇化建设进展情况进行跟踪监测和监督检查，对相关配套政策实施效果进行跟踪分析和总结评估，确保政策举措落地生根。②

积极构建各地区间基于“共商共享”原则的回报机制，在国家、改造者、土地权利人之间合理分配“三旧”改造土地收益的机制，推广“土地租用+雇用+社会保障”“入股+保底收益+分红”等多种利益共享经营方式，通过合理的利益分配方式让监督模式从政府监督变成“政府+各利益方”共同监督，形成“多方参与、共同治理”的新局面，实现政府治理、社会调节和居民自治之间的良性互动，促进新型城镇化可持续发展。

① 参见《关于规范实施政府和社会资本合作新机制的指导意见》。

② 参见《国务院关于加强农村留守儿童关爱保护工作的意见》。

B.6

PPP支持西部欠发达地区经济高质量发展的创新机制研究

傅 晓*

摘 要： 西部地区地处中国腹地，市场经济发展基础薄弱、经济发展水平不均衡，公共财政积累薄弱，经济欠发达的状况并未完全改变，城镇基础设施发展与公众公共服务需求之间的结构性矛盾十分突出，一定程度上不利于区域经济高质量发展。政府和社会资本合作（PPP）是一种治理创新机制，能够有效集成政府和市场资源助推经济高质量发展。本文结合西部地区特征和PPP优势，从政府机构设置、激励机制、项目前期工作和合作指南等方面进行机制探讨，为支持我国西部欠发达地区经济高质量发展提供参考。

关键词： 区域经济 西部欠发达地区 PPP

为了更好地推动西部地区的经济社会发展，国家大力支持企业参与科技研发，鼓励和引导创建高新技术企业，推动人才、技术等创新要素的流动，让企业成为技术创新和成果转化的主体，为西部区域经济社会高质量发展注入新动能。更重要的是，在实现共同繁荣的目标指引下，促进区域协调发展，缩小西部地区与发达地区的差距，是一项艰巨的任务。[①] 我国西部地区

* 傅晓，贵州大学人民武装学院副教授，研究方向为PPP项目管理。

① 蒙昱竹、肖小虹、李璞颖：《中国西部地区区域协调发展的特色道路："有为政府"基础上的"有效市场"战略选择》，《西南金融》2022年第4期。

整体经济和社会发展比较落后，是全国高质量发展的“短板”，因此，加快西部地区的高质量发展，事关全国大局。随着经济发展新常态的到来，供给侧结构性改革的推进，维护经济增长稳定性，缓解地区发展不均衡，实现经济高质量发展，是“十四五”时期的重中之重。[①] 相较于东部和东北地区，中西部地区经济发展尚处于早期阶段，存在发展速度缓慢、基础设施落后、实体经济活力不强、创新能力差等问题，受到政策滞后、效应释放不足等非市场因素的阻碍，资源利用率不高[②]，且由于历史与现实多方面的原因，与高质量发展要求相去甚远。[③] 从财政收支的宏观层面而言，西部欠发达地区财政支出比东部省份更依赖中央政府转移支付，[④] 政府观念、基础设施建设和商业环境相比于东部地区有很大差距，进而对资本到西部地区进行投资没有充足的吸引力而导致西部地区财政资金紧张。

推动西部地区民营经济的发展对于推动当地的总体经济增长至关重要，但缺乏先进的基础设施是制约西部民营企业发展的重要因素，而阻碍西部民营企业发展的最大瓶颈就是缺乏资金。故有必要发挥民营企业拉动市场活力作用，将社会资本引入基础设施建设领域，解决实体经济中的融资成本偏高、融资困难、创新能力低下等问题，从而促进西部地区实体经济高质量发展，[⑤] 为西部欠发达地区提供源源不断的发展动力。自西部大开发战略实施以来，西部地区的民营企业取得了史无前例的成就，但是与东部沿海地区民营企业的发展水平相比，仍然存在明显的差距，而且随着发展的加快，这种差距也越来越明显。2022 年我国西部地区的主要经济情况如表 1 所示，我国西部地区市场经济发展基础薄弱、

① 黄婷：《数字经济、技术进步与西部地区经济增长》，《中国西部》2022 年第 6 期。

② 赖启福等：《农村劳动力要素配置、农业农村现代化与农村经济发展——基于省际面板数据的 PVAR 分析》，《农林经济管理学报》2023 年第 2 期。

③ 王沣、张京祥、罗震东：《西部欠发达地区城镇化困局的特征与机制——基于宁夏南部山区调研的探讨》，《经济地理》2014 年第 9 期。

④ 杨旭、何山河、黎岩：《中国共产党西部大开发重大举措研究》，《贵州民族研究》2022 年第 4 期。

⑤ 杨楠楠、曹建飞：《西部地区金融支持实体经济发展效率研究》，《兵团党校学报》2022 年第 5 期。

经济发展水平不平衡，公共财政积累不足，经济欠发达的状况尚未得到彻底改变，城镇基础设施发展与公共服务需求之间的结构性矛盾凸显。

表 1　2022 年我国西部地区经济发展和 PPP 项目成交情况

省份	产值情况		地方财政收支情况		固定资产投资总额（亿元）	城镇化率（%）	PPP 项目成交情况	
	GDP（亿元）	同比增长（%）	一般预算收入（亿元）	一般预算支出（亿元）			成交数（个）	成交金额（亿元）
重　庆	29129.0	2.6	2103	4892.8	1196.719	70.96	92	5071.3
四　川	56749.8	2.9	1377.1	10820.8	36811.54	58.35	538	11723.3
云　南	28954.2	4.3	1949.32	6699.74	26972.262	51.05	406	11148.5
贵　州	20165	1.2	1886.36	446.33	579556	54.81	496	12138.7
西　藏	2132.64	1.1	2593.8	849.3	2018.435	36.61	2	4.1
陕　西	32772.6	4.3	3311.6	2858.5	27256.314	64.02	254	4340
甘　肃	11201.6	4.5	907.6	4263.5	7694.734	54.19	173	4524.6
青　海	3610.1	2.3	2702.8	1853.8	3856.182	61.51	41	619.7
新　疆	17741.3	3.2	1889.17	5726.08	13003.544	57.89	401	6621.7
宁　夏	5069.57	4	460.1	1583.5	3124.368	66.04	41	837
内蒙古	23159	4.2	2824.4	5885	13463.292	68.6	261	2266.6
广　西	26300.8	2.9	1687.72	5893.89	27108.29	54.98	347	7208.3

资料来源：PPP 项目数据来自明树数据（数据截至 2023 年 3 月 30 日）；其他资料来自国家统计局官网（数据截至 2022 年 12 月 31 日）。

一　PPP 对区域经济高质量发展的作用

依据《关于规范实施政府和社会资本合作新机制的指导意见》，PPP 在改善公共服务、拉动有效投资、拓宽民间投资空间、遏制地方政府隐性债务、提高基础设施和公用事业项目建设运营水平等方面具有重要作用。

（一）对基础设施建设的作用

1. 引入社会资本

社会资本是社会环境要素的集中表现，它能够在促进经济发展过程中发挥举足轻重的作用，在提高政府治理效率和水平、提升政府绩效和技术创新效率、改善金融环境、培养人力资本、推动创新活动等方面，受到了人们的普遍重视。[①] 一般的基础设施建设项目需要投入大量的资金，项目的实施给地方财政带来了繁重的资金压力，PPP 模式进入区域基础设施建设领域，进一步提高了资本运作效率和资金的吸引力，[②] 社会民营资本可以利用自己的独特资源，克服项目建设本身运作周期长、盈利回报慢的问题。PPP 模式下，民营资本投资基础设施建设，既能缓解地方政府短期内的资金压力，又能推动地方基建项目的发展，还能拓宽融资途径、降低融资成本，优化公共财政和政府治理，提升公共基础设施产品和服务的供给效率。

2. 引入市场机制

通过 PPP 模式引入社会资本，提高了项目市场化运作效率。基础设施建设项目由政府主导，在市场上具有一定的垄断性，往往由政府提供资金支持，但随着社会资本的注入，民营企业参与项目的运作打破了政府垄断运作的模式，使项目更具生命力，提高了基础设施的经营效率。政府在与民营企业合作期间，可以借鉴民营企业的项目建设和运作经验，在提高自身项目管理水平的同时，为社会提供更持久的服务。

3. 实现风险分担

基础设施建设周期较长，投资回报期也相对较长，在此期间项目面临很多的风险，导致项目的收益率达不到预期的目标。PPP 模式下，政府可以与民营企业共担风险，利用民营企业在风险管理方面的丰富经验，对项目的风险进行全面的预测与评估，将基建工程风险控制在合理范围内，提高项目资金的使用效率。

4. 转变政府角色

政府的治理目标是实现公共利益与集体行动的协同互动，而社会资本

---

① 谷磊、吕冲冲、杨建君：《社会资本对西部地区创新产出与创业水平影响的研究》，《管理学刊》2019 年第 3 期。

② 原慧：《PPP 融资模式在乡村基础设施建设中的应用》，《会计之友》2018 年第 15 期。

的高效运行恰好充当了结构关联性互补、相得益彰的润滑剂角色，社会资本与政府的管理职能本身就可以在一个共同的研究框架内加以规制。在PPP模式下，由于民营企业的逐利性，工程项目质量和服务受到一定影响，通过政府监管，可以发挥政府的宏观管理职能，控制基础设施建设的质量，平衡民营企业经营上的不足，促使社会资源的合理化配置，提高资金的使用效率，保障基础设施建设的质量与安全及长远发展，实现项目的经济价值。

（二）吸引社会资本有效投资

国家扩大向西开放和内陆沿边的发展，这些都为西部地区的对外开放提供了有利条件。未来，西部县域会在扩大对外开放、夯实基础设施、完善公共服务上有更大的进步。[①] 为了加快西部地区的经济发展和公共基础设施建设，PPP是重要举措。国家对西部地区的大力支持激发了众多社会资本的投资兴趣，在当前供给侧结构性改革中，从提供基础设施与公共服务的方式看，PPP是一个重大创新。

采用PPP模式有助于整合社会资源、充分利用社会现有资本、激发民间投资活力、促进有效投资、引导社会资金流向公共投资领域。加大基础设施领域的开放力度，明确由社会资本投资基础设施建设，或者向公众提供公共服务，实现投资者的投资回收与保障合理的投资收益。这对充分发挥市场对社会资源的配置作用起到了很大的促进作用，对提高公共服务的供给水平和效率有很大的帮助，最大限度地实现公共利益由企业、政府和社会共享。

社会资本具有逐利性，急需寻求良好的投资机会，合理地引入PPP模式，可以在政府和私营部门之间建立一座有效连接的桥梁。一方面，政府可以直接引进民间自由资本；另一方面，政府可以通过私人企业对金融机构进

① 汪彬、陈耀：《经济新常态下西部地区县域经济发展策略研究》，《上海经济研究》2016年第10期。

行间接融资，从而获取资金。这样不仅能有效摆脱项目融资规模庞大、建设周期长的困境[①]，还可以在基础设施建设方面引入社会资本，进而获得一定的投资收益，达到政府社会效益和社会资本经济效益双赢。

（三）政府治理机制创新

PPP 对拓宽公共项目的投资来源起到了积极的作用，可以减轻地方政府的财政支出负担，同时弥补公共投资需求和政府资金供给能力之间的缺口，[②] 加快地方政府职能转变，分散政府投融资风险，促进体制机制创新，提高公共产品供给效率和质量。

（1）PPP 模式的实施需要政府推进简政放权，创造有利于创新、容纳多样性和不确定性的组织和政策环境[③]，实现经营城市向运营城市的转型，从依赖土地财政转变为依赖主体税收。通过社会资本的引入，从传统的国家计划型经济转向以社会资本为主导的市场型经济，从而提升资源配置效率，缓解基础资本的分配不平衡，促进经济持续增长。

（2）通过构建开放型经济体制和创新型政府治理体制，充分发挥市场在资源配置中的决定性作用，营造良好的市场环境，对我国的经济发展至关重要。在欠发达地区集群发展初期，市场发育不完全成熟，相关机制也不健全，仅依靠市场自身不能够解决区域发展不均衡问题。此时，政府应该出台有力的政策手段进行干预调节并积极引导，以改善西部地区发展的先天环境，构建开放型经济体制，提升西部地区经济的市场化水平。目前，西部欠发达地区面对资金短缺、体制缺失、市场发育不健全等问题，需要政府在产业发展、资源生态、财税金融等方面制定相应政策予以支持，[④] 促进西部地区效率型可持续经济市场化发展，实现经济包容性增长。

---

① 罗振军、于丽红、陈军民：《我国田园综合体 PPP 融资模式的运行机制、存在问题及改善策略》，《西南金融》2020 年第 7 期。

② 刘立峰：《PPP 的作用、问题及风险防范》，《宏观经济管理》2015 年第 5 期。

③ 杨俊龙：《PPP 模式的效应、问题及优化对策研究》，《江淮论坛》2017 年第 3 期。

④ 蔡绍洪、施立伟、陆阳：《西部欠发达地区后发赶超的产业组织模式选择及对策》，《商业时代》2014 年第 23 期。

(3) 理顺政府和市场的关系，对政府治理体系进行创新。政府与市场的关系是经济体制改革的核心，对政府治理能力进行现代化改造，是经济现代化的现实要求，也是政治民主化的趋势。从市场角度来说，以市场价值规律为导向，建立统一开放、竞争有序的市场体系，有助于各种生产要素的配置和流动。从政府角度看，应在稳定宏观经济、优化公共服务、维护市场公平、补救市场失灵等方面发挥政府积极作用。[①] 改善公共服务，保证公平竞争，加强市场监管，维护市场秩序，推动可持续发展，增强资源环境发展能力。

二　机制设计

（一）激励机制

以 PPP 项目运营期激励为主，辅以建设期激励。建设期激励额度以投资方式预先投入项目，如果无法在运营期内建立与社会资本投资者业绩挂钩的激励机制，则不利于激励转移支付的实施。反之，公私合营项目的运营期长达 20 余年，政府可以制定一个激励调整周期，在运营期各激励调整周期结束时，对激励额度进行重新调整。因此，应以经营期激励为主、建设期激励为辅的方式，通过合同保证条款的实施，将大部分出让资金安排到经营期内。由于一些公共项目的国有股份必须占到总投资的一定比例，政府可以在建设期内给予一定的补助，分担一部分投资，这也有利于缓解一些投资规模过大的大型公共项目使社会资本出资人不堪重负的局面。

（二）PPP 项目指南设计

“无规矩不成方圆”，政府与市场都是法治规则下的资源配置方式。在

① 段小梅、黄志亮：《新常态下西部经济发展的新机遇、挑战及趋势》，《西部论坛》2015 年第 3 期。

公共项目资源配置领域，政府与社会资本投资人在法治规则下是合作伙伴关系。制定具有指导性和操作性的 PPP 项目指南，成为政府创新公共项目投资实践规则的首要任务。一是明晰 PPP 实践的认识观念，即合作伙伴关系；二是规范 PPP 实践主体与客体权利与义务目标、原则、内容和程序；三是约定 PPP 项目契约关系、经济关系和伙伴关系；四是按特定行业合作项目制定活动范围、计算规则、重要参数、生产要素和技术标准等；五是提供合作双方的法律依据、合作文本和服务标准等规则。

（三）加强 PPP 项目前期工作统筹衔接

一是建立全方位项目库。一方面，通过向公众公开建设项目库，使公众更好地理解政府的投资要求，进而提高信息的透明度和项目的竞争性。建议创建项目库，激励社会资本在 PPP 项目的前期工作阶段就提出非要约的建议（也就是时常所说的民间自提），从而防止在采购阶段因提出非要约投标而引发各类问题。另一方面，采用建设 PPP 项目库和加强项目前期工作的举措，可以最大限度地确保在实施基础设施项目时科学合理地选择最适合自身情况的方式。不论是采用政府投资、企业投资还是政府和社会资本合作，项目在前期阶段都需要做全面的工作准备，当前期工作达到一定的深度，才能科学地做出准确的判断，避免出现为采用 PPP 模式而进行政府和社会资本合作的现象。法国将政府和社会资本合作中心改革为基础设施局，也是出于对基建项目整体规划的考虑。

二是明确项目前期纵深要求。根据实践，在 PPP 项目的前期阶段做好充分准备有利于 PPP 项目取得成功。目前，在实际操作过程中存在一些问题。例如，在 PPP 项目的前期阶段对工作深度要求模糊的情况下，部分项目在基本建设条件未达到要求、内容和标准不清晰，或者对项目产出的要求标准不明确的状况下就开始实行招标采购，以至于很难形成有效的竞争局势，也难以进行科学准确的评价。为了防止 PPP 项目因前期工作不足而导致项目进展缓慢，需要在法律上对 PPP 项目的前期工作进行明确规定。

三是做好新旧管理程序衔接。当PPP项目投资内容与固定资产投资相关联时，需要将现有的投资管理程序与固定资产投资管理程序进行衔接，明确规定可行性研究（着重于财务和经济分析）、性价相符、投资各方可接受的财政能力评估等适用情况，并尽全力防止引入新的审批事项或流程。在此基础上，进一步明确政府决策过程中的内部权限，建立协商机制，优化审批流程，加强部门间协作。

三　结语

严格遵循《关于规范实施政府和社会资本合作新机制的指导意见》相关精神，统筹考虑西部地区基本情况设计PPP项目实施机制。此外，西部地区为中国腹地，市场经济发展基础薄弱，经济发展水平不平衡，公共财政积累不足，经济欠发达的状况尚未得到彻底改变，城镇基础设施发展与公共服务需求之间结构性矛盾凸显。当前，西部地区基础设施建设依然是国有资本在投资主体和融资主体结构中起主导作用，亟须在PPP项目的合作制度和运行机制层面，充分利用好中央赋予西部的政策环境、制度环境和发展环境，改革创新，把国际资本、混合资本和民营资本组织起来，以更开放的观念将它们引入基础设施建设领域，创新PPP运行机制。本文结合西部地区特征和PPP优势，从政府机构设置、激励机制、项目前期工作和合作指南等方面进行探讨，为支持我国西部欠发达地区经济高质量发展提供参考。

B.7

PPP支持文旅产业高质量发展的创新机制研究

宋映忠　黎　云　石　媃*

摘　要： 后疫情时代，文旅产业将是激活消费、推动经济迅速恢复和高质量发展的重要杠杆，如何增强文旅产业投融资信心和消费信心，创新体制机制推动文旅产业高质量发展是摆在我们面前的一项重大课题。本文从我国文旅产业发展现状与格局、面临的主要问题入手，用SWOT分析框架思路，梳理我国文旅产业下一步发展在人口、交通、现代科技、空间需求等方面的优势和机遇，从文旅项目全生命周期、投融建营运一体化入手，研究充分使用政策性金融工具直接融资、通过政府和社会资本合作（PPP）形成投融资主体，对特许经营、资本市场融资证券、REITs基金、EOD、ROD等片区开发营运投融资模式进行思考和探索，促进PPP阳光运行，创新体制机制，推进文旅产业高质量发展。

关键词： PPP　文旅产业　高质量发展

* 宋映忠，中投泽世（北京）国际咨询有限公司董事长，高级经济师，中国工程咨询协会投融资专业委员会副主任委员，中国工程咨询协会专家库专家，中国技术经济学会投融资分会高级会员，四川省农业经济学会第八届理事会常务理事，攀枝花学院土木与建筑工程学院外聘教授、经管学院行业导师，研究方向为宏观经济政策、区域经济发展、项目投融资；黎云，中投泽世（北京）国际咨询有限公司总经理，国家注册房地产估价师，工程咨询项目实操专家，研究方向为投融资；石媃，中投泽世（北京）国际咨询有限公司总经理助理，国家注册咨询工程师（投资），工程咨询项目实操专家，研究方向为投融资。

后疫情时代，文旅产业[①]可持续高质量发展对我国经济恢复与发展起着重要作用。进入新的历史发展时期，在以习近平同志为核心的党中央领导下，经过十年的艰苦奋斗，文旅产业立足新发展阶段，贯彻新发展理念，坚定文化自信，以文化创意、科技创新、创新投融资模式，特别是 PPP 等，促进了我国文旅产业的健康发展，提升了产业链现代化水平和创新链效能，不断健全现代文化产业体系和市场体系，文旅产业已经成为经济增长的新动力、新引擎。为充分利用PPP，支持我国文旅产业高质量可持续发展，现就我国文旅产业发展趋势、PPP 支持文旅产业发展存在的问题等进行探索，并提出创新建议。

一　高质量发展背景下我国文旅产业发展的趋势分析

（一）高质量发展背景下我国文旅产业发展态势

1. 进入新发展阶段，旅游业面临高质量发展的新要求

当前，人民群众旅游消费需求正从低层次向高品质和多样化转变，由注重观光向兼顾观光与休闲度假转变。大众旅游出行和消费偏好发生深刻变化，线上线下旅游产品和服务加速融合。大众旅游时代，旅游业发展成果要由百姓共享，旅游业要充分发挥为民、富民、利民、乐民的积极作用，成为具有显著时代特征的幸福产业。

构建新发展格局对旅游业提出了扩大内需的重要任务。加快构建以国内大循环为主体、国内国际双循环相互促进的新发展格局，需要充分利用旅游业涉及面广、带动力强、开放度高的优势，切实加大改革开放力度，为加快释放内需潜力、形成强大国内市场、畅通国民经济循环发挥旅游业作用。

① 包括文化及相关产业和旅游及相关产业，其所指含义和范围分别参照《文化及相关产业分类（2018）》《国家旅游及相关产业统计分类（2018）》。

实施创新驱动发展战略对旅游业提出了创新发展的新要求。将创新理念贯穿于旅游信息获取、供应商选择、消费场景营造、便利支付以及社交分享等旅游全链条。同时，要充分运用数字化、网络化、智能化科技创新成果，升级传统旅游业态，创新产品和服务方式，推动旅游业从资源驱动向创新驱动转变。

建设文化强国需要旅游业更加主动发挥作用。推进文化强国建设，要求坚持以文塑旅、以旅彰文，推进文化和旅游融合发展。同时，要充分发挥旅游业在传播中国文化、展示现代化建设成就、培育社会主义核心价值观方面的重要作用。

强化系统观念对旅游业提出了统筹发展和安全的新任务。加强前瞻性思考、全局性谋划、战略性布局、整体性推进，发挥好中央、地方和各方面积极性，实现发展质量、结构、规模、速度、效益、安全相统一，注重防范和化解风险，守住安全生产底线、生态安全底线、意识形态安全底线。

2. 产业规模持续扩大，经济发展贡献度不断增强

2012~2021 年，我国规模以上文化企业数量从 3.6 万家增长到了 6.9 万家，年营业收入从 5.6 万亿元增长到 11.91 万亿元。截至 2021 年末，全国共有旅行社约 4.2 万家，A 级景区 1.4 万个，星级饭店 8700 多家，文化产业和旅游产业对国民经济的贡献不断增强。①

3. 产品体系不断创新，产业融合不断增强

人工智能、大数据、5G、云计算、AR/VR、超高清等现代信息、数字技术在文化和旅游行业广泛应用，促进了文旅产业体系不断创新，文化和旅游业态融合、产品融合、市场融合，旅游演艺、红色旅游、乡村旅游、文化遗产旅游蓬勃兴起。根据《国务院办公厅关于进一步激发文化和旅游消费潜力的意见》和文化和旅游部、国家发展改革委、财政部《关于开展文化

① 《文旅部：截至 2021 年末全国共有星级饭店 8771 家——“中国这十年”系列主题新闻发布》，中国新闻网，2022 年 8 月 24 日，https：//m. chinanews. com/wap/detail/chs/sp/9835544. shtml。

和旅游消费试点示范工作的通知》等相关文件，全国建设 15 个国家文化和旅游消费示范城市，115 个国家文化和旅游消费试点城市，243 个国家级夜间文化和旅游消费集聚区。

4. 投资主体持续多元化，文旅产业投资体系逐步完善

文旅产业投资由单一的政府投资向多元化的社会投资转变，逐步形成政府主导、市场化运作、国有企业为主体、多种投资主体共同发展的市场化投资体系。截至 2022 年末，全国规模以上文化及相关产业企业实现营业收入 12. 18 万亿元，按可比口径计算，比上年增长 2. 27%，并实现连续四年增长（见图 1）。

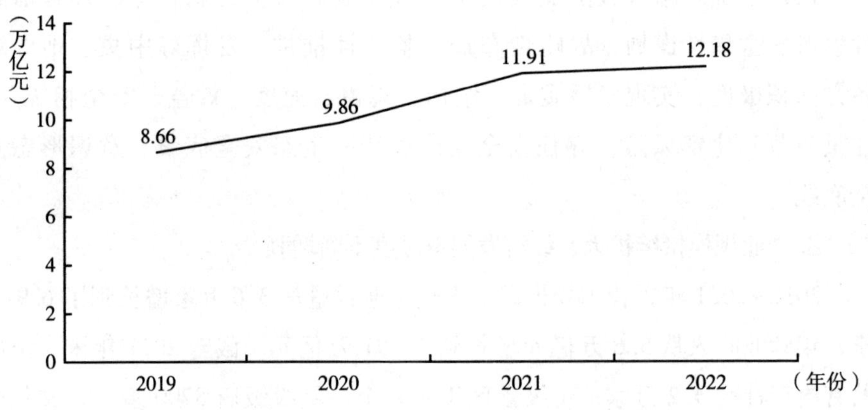

图 1　2019~2022 年我国规模以上文化及相关产业营业收入

资料来源：国家统计局。

5. 融资模式不断创新，融资渠道不断增加

随着文旅产业投资规模持续扩大，资金缺口越来越大，融资模式不断创新。一是政府投资力度不断加大，通过地方政府专项债券、项目资本金注入、项目专项补贴、项目贷款贴息等多种方式加大投入；二是不断创新金融工具，政策性、开发性金融支持力度持续加大；三是发挥 PPP 的作用，鼓励社会资本对文旅产业的投入；四是整合地方资源，通过片区开发、特许经营、REITs 基金等方式，拓宽融资渠道。

6. 文旅融合，初步形成了以国内文旅产业为主体的发展格局

我国文旅产业贯彻落实新发展理念，坚持文化和旅游融合发展，坚持以文塑旅、以旅彰文，在旅游中融入文化，让游客更加深入地了解旅游所在地的历史、文化和人文风情，从而留下更好的旅游记忆，为文化传承提供新的渠道和载体，促进文化的传递和传承。凭借 14 亿人口的优势，我国初步形成了以国内文化旅游为主体，推动文旅产业高质量发展的新格局。

（二）我国文旅产业未来发展的优势与潜力

我国文旅产业发展处于重要战略机遇期，面临百年未有之大变局，机遇与挑战并存。从国际看，人类命运共同体理念深入人心，同时国际环境日趋复杂，不稳定性、不确定性明显增加。文化和旅游既要在展示国家形象、促进对外交往、增进合作共赢等方面发挥作用，也要防范逆全球化影响。从国内看，发展面临一系列新要求，必须准确把握新发展阶段，深入贯彻新发展理念，加快构建新发展格局。加快转变文化和旅游发展方式，促进提档升级、提质增效，实现文化赋能、旅游带动，实现发展质量、结构、规模、速度、效益、安全相统一。构建文旅新发展格局，通过文旅融合发展，既拉动内需、繁荣市场、扩大就业、畅通国内大循环，也促进国内国际双循环，形成国内大循环为主体、国内国际双循环相互促进的新发展格局。

1. 我国文旅产业发展空间不断扩大

新发展阶段，随着我国物质生活水平不断提高，人民的文化和旅游等需求越来越高。文旅产业新发展空间扩大，旅游消费需求包括：一是从低层次向高品质和多样化转变；二是从单纯观光向休闲康养度假兼顾观光转变；三是从简单的线下旅游出行、大众旅游出行向线上线下旅游产品和服务加速融合转变。

2. 国家对文旅产业发展的政策支持力度持续加大

加快构建以国内大循环为主体、国内国际双循环相互促进的新发展格局，需要充分利用旅游业涉及面广、带动力强、开放度高的优势，将其打造成为促进国民经济增长的重要引擎。因此，国家以财政、货币的“双支柱

政策”为牵引，形成文旅产业投资、消费、市场全产业链的政策体系，加强对文旅产业的财政、金融等资金支持，切实加大改革开放力度，更好发挥旅游业作用，为加快释放内需潜力、形成强大国内市场、畅通国民经济循环贡献更大力量。

3. 我国文旅产业发展已经奠定坚实基础

交通旅游基础设施日趋完善。截至 2022 年，我国综合交通运输网络总里程超 600 万公里，其中高铁 4. 2 万公里，位居世界第一；公路通车里程 535 万公里，其中高速公路 17. 7 万公里；港口拥有生产性码头泊位 2. 1 万个，全国内河航道通航里程 12. 8 万公里；民用颁证机场达 254 个；共有 53 个城市开通运营城市轨道交通，运营总里程 9584 公里；实现具备条件的乡镇和建制村全部通硬化路、通客车。截至 2022 年末，我国铁路营业里程达 15. 50 万公里，比 2011 年增长了 6. 18 万公里，增长了 66. 31%，其中电气化铁路营业里程达 11. 58 万公里，比 2011 年增长了 8. 15 万公里，增长了 237. 6%(见图 2)。①

图 2　2011～2022 年我国铁路及电气化铁路营业里程

资料来源：国家统计局。

① 《截至 2022 年底综合交通运输网络总里程超 600 万公里（新数据　新看点）》，人民日报，2023 年 2 月 27 日，http：//paper. people. com. cn/rmrb/html/2023-02/27/nw. D110000renmrb_ 20230227_ 4-01. htm。

旅游景点、文物保护单位逐渐恢复完好。地震、洪涝灾害等造成的旅游交通道路、景点景区、文物保护区、历史文化街区等损坏已经得到全面修葺恢复。如四川九寨沟景区、海螺沟景区等，均按照国家相关景区景点恢复重建规划要求，一是对受损景区恢复重建，修复受损景区与交通干线的连接路、停车场、旅游厕所等基础设施及配套服务设施，完善监测预警、紧急搜救、应急医疗救治等旅游安全应急救援设施；二是推动具备开放条件的文物保护单位恢复开放，加快博物馆馆舍修复，及时修复受损的基础设施和展示设施，优化馆藏文物存储环境与存储能力；三是对历史文化名城、历史文化名镇名村、各历史文化街区、历史地段和历史建筑等历史文化资源进行抢救修复。

4. 现代高新科技为文旅产业持续赋能

在 5G、大数据、云计算、人工智能、元宇宙等新技术的带动下，旅游领域数字化、网络化、智能化将进一步深入推进，培育发展更多新业态、新模式。一是拓展了文旅产业发展空间，以“互联网+旅游”为代表的旅游新业态快速发展，进一步推动了生产方式、服务方式、管理模式的创新，也丰富了产品业态，进一步拓展了旅游消费空间；二是推进了跨界融合，通过“互联网+旅游”，再通过“旅游+人工智能+大数据+云计算+X”，除各类景区、度假区提升 5G 网络覆盖水平，推动停车场、游客服务中心、景区引导标识系统的数字化与智能化改造升级外，还丰富和创新旅游体验方式，催化旅游业态创新，促进线上线下、跨界融合发展，完善和延长文旅产业链。

5. 人口大国优势依然为文旅产业夯实基础

根据《中华人民共和国 2022 年国民经济和社会发展统计公报》，截至 2022 年末全国人口 141175 万人，虽然首次出现了人口负增长，但依然是全球人口第一大国，也是旅游大国。随着物质生活水平的提高，中国人旅游、休闲、康养的习惯逐渐养成并日趋成熟。2019 年，国内旅游人数达 60.1 亿人次，按照人均消费 950 元计算，可创造旅游收入 5.7 万亿元。中国人不仅在国内旅游，出境旅游人数也居全球前列。2019 年，我国出境旅游人数高达 1.69 亿人次，比 2011 年增加 9895 万人次，增长 140.85%（见图 3）。

图 3　2011~2019 年我国出境旅游人数

资料来源：国家统计局。

二　PPP 支持文旅产业高质量发展的现状及问题

（一）PPP 支持文旅产业概况

2014 年以来，PPP 在支持国家经济建设中发挥了重要作用，截至 2022 年 8 月，累计入库项目 10306 个、投资额 16.4 万亿元；累计签约项目 8374 个、投资额 13.6 万亿元，分别占入库项目数、投资额的 81.3%、82.9%；累计开工建设项目 6612 个、投资额 10.8 万亿元，分别占入库项目数、投资额的 64.2%、65.9%；累计开工建设项目数较 2022 年 7 月末增加 357 个。

PPP 在支持文旅产业发展方面，充分体现了政府主导、市场化运作原则，由政府充分发挥引领作用、企业充分发挥市场主体进行投资、融资、建设、营运的重要作用，解决了地方政府资金投入不足和长期以来制约旅游行业市场化转型升级的投资、融资、建设、营运一体化问题。

1. 文旅产业 PPP 项目数量及变化趋势

从 2016~2019 年 PPP 项目统计数据看，文旅产业管理库项目数量总体呈下降趋势（见图 4），大部分文旅产业项目进入建设中后期和竣工期，逐步进入营运期。

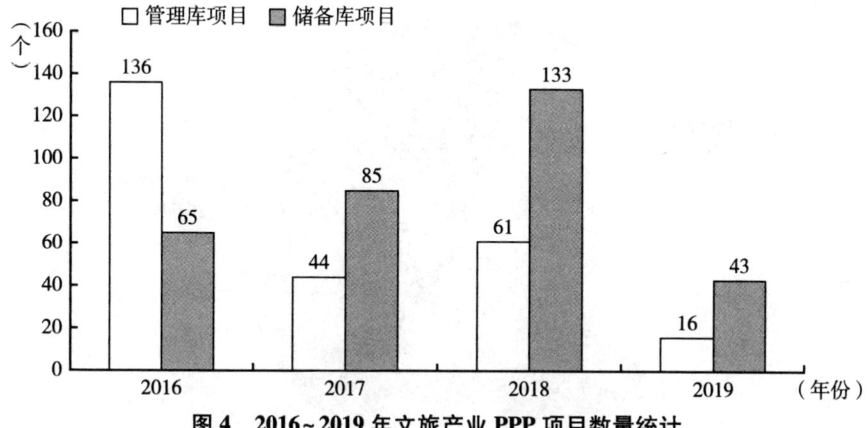

图 4　2016~2019 年文旅产业 PPP 项目数量统计

资料来源：前瞻产业研究院。

2. 文旅产业 PPP 项目主要业态分布

文旅产业 PPP 项目主要有旅游配套设施、文化旅游、生态旅游、观光旅游、农业旅游和其他等几种细分业态。从 2016~2019 年文旅产业 PPP 项目分布来看，文旅产业 PPP 项目主要集中在文化旅游、生态旅游和旅游配套设施等业态，其中文化旅游项目最多，达 177 个，占 30.36%，投资金额达 2494.78 亿元；其次是生态旅游，项目数为 150 个，占 25.73%，投资金额为 1992.45 亿元；排名第三的是旅游配套设施项目，数量为 146 个，占 25.04%，投资金额为 1619.52 亿元（见图 5）。

3. 文旅产业 PPP 项目主要回报机制

文旅产业 PPP 项目有可行性缺口补助、使用者付费和政府付费三种回报机制，公开数据资料显示，2016~2019 年文旅产业 PPP 项目中，可行性缺口补助项目共有 357 个，占项目总数的 61.23%，使用者付费项目共 170 个，占项目总数的 29.16%，政府付费的项目数量最少，仅占项目总数的 9.61%。可以看出，主要回报机制是可行性缺口补助（见图 6）。

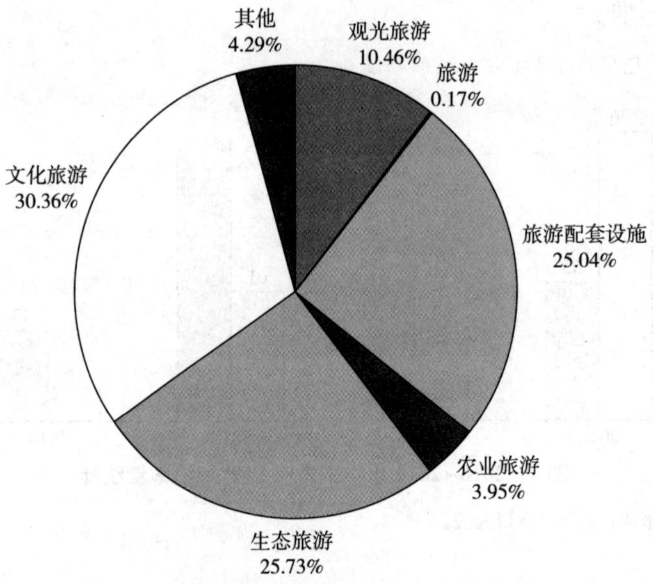

图 5 2016～2019 年文旅产业 PPP 项目业态分布

资料来源：前瞻产业研究院。

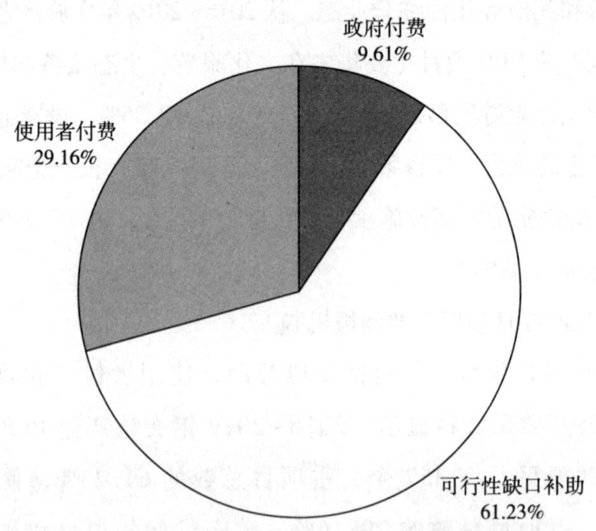

图 6 2016～2019 年文旅产业 PPP 项目回报机制分布

资料来源：前瞻产业研究院。

（二）文旅产业运用 PPP 模式存在的问题

（1）财政承受能力论证不实，预估不足。目前，国家要求地方政府每年度用于全部 PPP 项目的支出责任资金不能超过公共预算总额的 10%。一些地方政府为了上项目，对财政承受能力论证不实，导致出现超过公共预算支出责任 10%的底线风险。

（2）文旅产业 PPP 项目对前期论证不充分。2014~2017 年政府方为积极响应财政部和国家发展改革委要求，加速批量上报文旅类项目列入 PPP 管理项目库。文旅产业 PPP 项目多是回报周期长、收益不稳定，未得到充分论证，重数量、轻质量。

（3）文旅产业 PPP 项目投融资结构、回报机制的设计不合理。一是当前文旅产业 PPP 项目的市场预测不充分，导致项目的现金流预测误差较大。二是 PPP 项目的物有所值评价和财政承受能力论证工作不充分，导致项目投融资结构、回报机制设计不合理。三是运作模式以 BOT 为主，未能充分利用存量资产优化投融资结构和回报机制。

（4）文旅产业 PPP 项目中标社会资本方运营能力弱。多数项目的中标社会资本方为资金方和施工方联合体，具备文旅产业运营能力的较少，实施项目重施工环节利润，轻旅游运营，导致文旅产业 PPP 项目建成后未能达到预期目的。

（5）旅游市场的多元化需求与旅游产品同质化较严重。一是全国文旅产业 PPP 项目同质化现象严重，难以产生爆点效应。二是旅游产品大多具有季节性，未能深度开发，旅游时长多为 3~6 个月。

（6）旅游市场暴涨的需求与旅游基础设施和公共服务配套不匹配。中西部旅游项目较多，交通等基础设施的不完善、旅游基础设施和公共服务的配套不匹配，游客抵达旅游地的便利性不足，形成旅游目的地的条件不充分。

三　创新文旅产业 PPP 项目投融资模式建议

文旅产业 PPP 项目难以推进的主要因素之一是投融资模式和投融资落

地问题。为坚持以文塑旅、以旅彰文，推进文化和旅游深度融合发展，完善文化和旅游融合发展体制机制，国家出台了一系列支持文件。2022 年 12 月，文化和旅游部、自然资源部、住房和城乡建设部联合印发了《关于开展国家文化产业和旅游产业融合发展示范区建设工作的通知》，要求加大金融支持力度。会同合作金融机构，协助融合发展示范区及建设单位优化投融资服务，做好项目策划、投融资模式研究、投融资方案设计、风险防控等工作。将符合条件的文化和旅游项目纳入全国文化和旅游投融资项目库，引导鼓励各类金融机构按市场化原则对项目加大金融支持力度、优化金融服务。

根据国家对文旅产业的经济金融政策，结合我国文旅产业现状和面临的问题，现从以下几个方面，对 PPP 支持文旅产业高质量发展机制创新进行思索和探讨，仅供学习参考。

（1）文旅产业 PPP 项目投融资主体研究。文旅产业 PPP 项目投融资主体主要有三种：一是政府作为投资主体。政府通过财政预算安排，对纯公益性项目采取全额投资的方式，由其职能部门作为投资主体进行投资。根据《政府投资条例》，政府投资是指政府采用直接投资、资本金注入、投资补助、贷款贴息等方式，“使用预算安排的资金进行固定资产投资建设活动，包括新建、扩建、改建、技术改造等”。二是社会投资者作为投资主体。主要指投资者以取得某种投资收益为目的所进行的自主投资，主体是企业或者自然人。三是政府和社会投资人合作，即政府和社会资本合作，合作者成立 SPV 公司作为投资主体。

（2）文旅产业 PPP 项目直接融资。充分利用好政策性金融和开发性金融工具以及商业银行金融政策，推动文化和旅游资源与金融资本有效对接，通过专业咨询机构提前介入，本着“资金跟着项目走”的原则，一是做好项目前期谋划工作，充分梳理资源禀赋，合理配置资源，对标国家政策，做好文旅产业 PPP 项目的前期谋划和包装，让文旅产业 PPP 项目满足需求可靠性（Demand Reliability）、工程可行性（Engineering Feasibility）、运营有效性（Operational Efficiency）、财务合理性（Financial Rationality）、影响持续性（Impact Sustainability）、风险可控性（Risk Controllability）的“六性”

要求。二是组织好投融资主体，完善法人治理结构，加强投融资主体对文旅产业 PPP 项目全生命周期的投资、融资、建设、营运、财务、技术人才等团队建设，创造投融资主体的准入条件，从而获得金融机构对文旅产业 PPP 项目的中长期贷款，进行直接融资。

（3）文旅产业 PPP 项目资本市场融资。对已经建成、在建工程乃至从项目立项开始，就进行项目全生命周期的融资策划，满足投资建设期和项目营运期长短结合的资金需求。通过对项目和投资主体的优化，提升项目和主体信用评级，并进行 ESG 评价等一系列工作，实现 IPO 上市融资。

（4）对存量文旅设施和产品推行并购重组，采用 PPP 模式融资。推进 PPP 阳光运行，规范和引导社会资本进入，通过 PPP 的 TOT、ROT 等交易模式，发挥政府的市场主导作用，激发社会资本的活力。

（5）积极稳妥推进基础设施领域不动产投资信托基金（REITs）模式，对已经建成的文旅项目及配套旅游基础设施、文化设施，包括展览馆、博物馆、文化馆、图书馆等文化基础设施，通过未来收益现金流和收益打捆，进行文旅产业领域的不动产投资信托基金（REITs）模式融资。

（6）创造条件推行“特许经营”收益权融资模式。尝试和研究将文旅产业领域符合条件的项目，按照《基础设施和公用事业特许经营管理办法》，通过特许经营模式，将最长期限不超过 30 年的特许经营收益权作为融资工具，进行特许经营权质押融资。

（7）通过选择片区开发营运模式，开展多种组合模式的融资。在文旅产业 PPP 项目中，探索结合以生态保护和环境治理为主导的土地、产业、生活等系统片区综合开发营运模式（EOD 模式）以及以综合资源为导向的片区开发营运模式（ROD 模式）。将片区土地、环境、产业、人才、基础设施等资源进行优化组合、优劣搭配，组合有收益的与没有收益的项目，达到片区投资收益自求平衡，开展直接、间接的各种组合融资。

（8）地方政府专项债券融资。将文旅产业 PPP 项目，特别是文旅配套基础设施建设项目，纳入地方政府专项债券支持范围。根据国家发展改革委和财政部确定的地方政府专项债支持的 11 个领域，社会事业大类中明确了文化旅游基础设施、养老设施等可以纳入专项债券支持范围。结合生态环境建设与保护需要，可以在符合条件的文旅产业项目中采用地方政府专项债券融资模式。

四　PPP 支持文旅产业发展的项目案例

（一）四川省巴中市恩阳古镇旅游综合建设项目

（1）该项目总投资 8.94 亿元。资本金为总投资的 30%，即 2.68 亿元，项目公司融资 6.26 亿元。

（2）旅游建设内容包括：文化产业街、万寿宫、禹王宫、三圣宫、起凤廊桥、古镇北入口片区、古镇配套基础设施及风貌改造等。

（3）运作方式为 PPP，交易结构为建设—经营—转让 BOT（Build-Operate-Transfer），回报机制为可行性缺口补助，实施机构为巴中市恩阳区文化广播电视和旅游局。

（4）旅游文化产业：恩阳古镇地处古巴人聚居区，有近 1500 年的悠久历史，有古朴浓厚的民居文化、巴人遗风。巴中还是全国第二大苏区，被称为“红军之乡”，有红四方面军在此战斗、生活的遗址。项目在建设中充分保留原有文物遗址，让厚重的红军文化继续在恩阳古镇传承；将旅游资源与生态农业、休闲旅游与健康养老有机结合，通过实施恩阳古镇旅游项目，推动全市文化旅游融合发展。

（二）四川省绵阳市“两弹一星”红色经典景区品质提升工程——红色旅游研学营地建设项目（第一期）

（1）项目总投资约 3 亿元，资本金 7000 万元。

（2）主要建设内容：将“两弹一星”废弃遗址的厂房、办公场所进行改扩建作为参观、旅游、研学基地。

（3）运作模式：政府主导，市场化运作，政府财政资金注资，组建国有文旅投融建营一体化主体公司作为投资、融资、建设和营运主体公司，交易结构为 BOO 模式，即建设—拥有—经营（Building-Owning-Operation）。

（4）旅游产业：四川省梓潼县长卿山“两弹城”闲置 27 年的旧址，大部分建筑依然完好，梓潼县拟在此改扩建，将干部学院与红色教育培训、中小学生爱国主义教育基地以及红色旅游研学营地有机结合，开创以“两弹一星”为背景的红色旅游产业模式。寻觅“两弹一星”之神韵，追忆革命初心的足迹，发掘出了梓潼县除七曲山大庙之外的另一主题旅游景点“两弹城”，形成了以两大旅游景点为主线的历史文化、人文文化、红色文化和自然风光交相辉映的全域旅游产业链。项目第一期获得中国农业发展银行 2.3 亿元中长期贷款资金支持，到 2022 年已经先后获得四期共 20 亿元政策性银行资金支持。该项目将红色旅游与历史文化、自然风光和风土人情有机结合，以全域旅游作为一个农业县的新经济增长点，以旅游产业作为县域经济高质量发展的有力抓手，打造了示范样板。

参考文献

《2022 年中国规模以上文化企业营业收入超 12 万亿元》，“中国新闻网”百家号，2023 年 1 月 30 日，https：//baijiahao. baidu. com/s？ id = 1756426127390551116&wfr = spider&for = pc。

《满足人民文化需求　增强人民精神力量——“中国这十年”系列主题新闻发布会聚焦推动新时代文化和旅游高质量发展》，“中国青年网”百家号，2022 年 8 月 25 日，https：//baijiahao. baidu. com/s？ id = 1742057380223705331&wfr = spider&for = pc。

《【PPP 项目良好实践分享——促进旅游服务业繁荣发展】四川省巴中市恩阳古镇旅游综合建设项目》，汕尾市财政局网站，2023 年 7 月 28 日，https：//www. shanwei. gov. cn/swczj/zhuanti/czyjshsgjf/czppp/cgjd/content/post_ 986127. html。

宋映忠、苏钰蛟、石嫘：《四川省绵阳市“两弹一星”红色经典景区品质提升工程——红色旅游研学营地建设项目（第一期）》可行性研究报告，2018 年 12 月。

B.8
高质量发展背景下 PPP 创新支持高等职业教育事业发展研究

中央财经大学政信研究院　赤峰学院联合课题组 *

摘　要： 高等职业教育高质量发展是经济社会高质量发展的题中应有之义。本文从 PPP 支持高等职业教育高质量发展的内涵及必要性分析入手，立足我国职教领域 PPP 应用实践，剖析高等职业教育推广 PPP 所面临的顶层设计不到位、教育理念冲突、使用者付费机制不健全等问题，继而提出以改革现行高等职业教育学费作为财政收入的模式以及拓展社会资本回报机制、简化公办高职院校利用资产对外投资的报批程序作为政策突破口，通过国家和部门层面健全 PPP 支撑高等职业教育高质量发展的法规体系、多维度形成 PPP 与高等职业教育协调发展的组合式政策体系、优化升级 PPP 高等职业教育内部治理结构以及推进“IIE+PPP”模式在高等职业教育领域的深度应用，形成 PPP 推动高等职业教育高质量发展的系统路径。

关键词： 高等职业教育　IIE　PPP

一　PPP 支持高等职业教育高质量发展的内涵及必要性

2020 年 5 月，中共中央、国务院印发《关于新时代推进西部大开发形

---

* 课题组成员：安秀梅，中央财经大学政信研究院院长，教授，博士生导师，研究方向为财税理论与政策、政府治理、政府投融资、信用管理、绩效管理等；张笑蕾，赤峰学院经济与管理学院院长，研究方向为会计审计理论与实务、数字经济。

成新格局的指导意见》，正式提出教育高质量发展要求。2021 年 10 月，中共中央办公厅、国务院办公厅印发《关于推动现代职业教育高质量发展的意见》，全面系统部署推进我国现代职业教育高质量发展工作。2022 年 12 月中共中央办公厅、国务院办公厅印发《关于深化现代职业教育体系建设改革的意见》，对未来职业教育建设的重点工作、改革方向、战略任务进行系统部署，再次吹响推动职业教育高质量发展的号角。

（一）新时代高等职业教育高质量发展的内涵和要求

1. 新时代高等职业教育高质量发展的内涵

"高等职业教育高质量发展"是"高等职业教育""高质量""发展"三个词组成的一个复合概念，"高等职业教育"指定发展对象，限定发展的基本范围，是发展的共性体现；"质量"是发展的核心和要求体现，而"高质量"则是对发展方式的标准规定；"发展"则是实现高质量的现实手段。结合党的二十大报告及《关于深化现代职业教育体系建设改革的意见》等重要文件，可将"高等职业教育高质量发展"理解为：着眼于全面贯彻党的教育方针，落实立德树人根本任务，以新发展理念为统领，遵循高等职业教育规律和人才成长规律，扎根中国大地，以满足经济社会发展和人民群众对高质量高等职业教育的迫切需求为导向，以加快内涵式发展为根本路径，以深化各领域改革为关键，以建设中国特色高等职业教育体系为核心，着力优化类型定位，加快形成与新发展格局相适应的高水平发展新业态，加快实现高等职业教育现代化，培养和造就更多的全面发展的高素质技术技能人才，为建设教育强国、人力资源强国和技能型社会提供充足有力的人才保障和技术技能支撑。

2. 新时代高等职业教育高质量发展的新要求

（1）加速技术创新，打造行业产教融合共同体

深入贯彻党的二十大精神，把推动现代职业教育高质量发展摆在更加突出的位置，以深化产教融合为重点，以推动职普融通为关键，以科教融汇为新方向，有序有效推进现代职业教育体系建设改革。数字技术正成为驱动社

会组织及企业组织进行模式创新与组织生态系统重构的重要力量，并且深刻改变了对企业岗位的技术技能需求。因此，我们需要通过高质量高等职业教育来积极响应数字技术及学习方式变革对劳动力数字技能及劳动力再技能化的诉求，从而培养数字化时代所需要的、具备数字化技能与素养的人才。

（2）加强高等职业教育软实力建设，推动优质教育资源共建共享

从学生成才通道层面来说，应以中等职业学校为基础、高等职业专科为主体、职业本科为牵引，建设一批符合经济社会发展和技术技能人才培养需要的高水平职业学校和专业。从教师队伍层面来说，应加强师德师风建设，借助校企合作、产教融合，共建“双师型”教师队伍。从学校层面来说，应优先在多个领域组织专家以及优秀学者教师打造优质核心课程、团队、师资项目等，推动教育教学实践与时俱进；充分发挥“国家智慧教育公共服务平台”作用，推动优质教育资源共享以及教育、评价方式变革。

（3）以区域为中心，探索现代职教体系建设新模式

一是积极打造市域产教联合体，各地应以产业园区为基础，打造兼具人才培养、创新创业、促进产业经济高质量发展功能的市域产教联合体。二是探索省域现代职教体系建设新模式，国家主导推动、地方创新实施，选择有迫切需要、条件基础和改革探索意愿的省（区、市），建立现代职业教育体系建设部省协同推进机制，在职业学校关键能力建设、产教融合、职普融通、投入机制、制度创新、国际交流合作等方面改革突破，探索省域现代职教体系建设新经验新范式。

（二）PPP 支持高等职业教育高质量发展的必要性分析

1. 引入 PPP 有助于改善高等职业教育的相对弱势地位

职业教育在我国教育体系中长期处于弱势地位。一方面，财政经费对职业教育的投入与同期的普通教育和高等教育相比比例较低且呈现逐年下降趋势，同时社会对职业教育认可度也普遍较低。而 PPP 不仅能有效缓解高等职业教育建设资金压力，还能大幅增强高等职业教育软实力，为社会培养高素质技术技能人才，为高等职业教育的高质量发展注入新的活力，为高等职

业教育的地位提升提供契机。

2. IIE+PPP① 能有效满足产业结构转型对技能人才的需要

从我国结构性失业所呈现的情况来看，缺乏专业技能型人才的问题突出，而高等职业教育学校是此类人才的主要培养基地。面对产业转型升级对高素质技能型人才的现实需求，高等职业教育必须转变观念，主动适应产业转型升级的趋势，通过 IIE+PPP 进一步推动技能人才培养体系紧跟产业转型升级步伐，推动“双师型”教师队伍建设与产业转型对接，搭建校企资源合作平台，助力高等职业教育与产业转型升级的协同发展。

3. PPP 符合新时代高等职业教育的建设发展路线

2022 年 4 月修订的《中华人民共和国职业教育法》及 2022 年 12 月印发的《关于深化现代职业教育体系建设改革的意见》多次强调发展多种层次和形式的职业教育，推进多元办学体制改革。PPP 在融资与管理上的优势，能够更好地响应国家对于新时代高等职业教育发展的要求。融资方面，PPP 能够服务政府职能转换，减轻财政负担，调动多方资金助力高等职业教育建设。管理层面，PPP 能够在合理分配风险的基础上，发挥政府与社会资本双方在高等职业教育办学过程中的优势，实现共建共享共治的良性格局。

二　中国高等职业教育领域 PPP 应用的成效与挑战

（一）职业教育类 PPP 项目基本情况

根据公开数据，截至 2022 年 11 月 30 日，有效的中、高等职业教育 PPP 项目共计 87 个，投资约 527 亿元。如图 1 所示，根据项目发起类型，可以分为政府发起和社会资本发起，其中政府发起项目 86 个，占比 99%；

① IIE 即 Integration between Industry and Education，PPP 即 Public—Private—Partnership；前者表明合作内容的组织方式，后者表明两个主体的合作方式。IIE 中，I（Integration）表示融合发展，政府发挥监督和主导作用；I（Industry）表示产业、企业等主体；E（Education）代表学校、教育机构、科研机构等主体。

社会资本发起项目1个，占比1%。如图2所示，目前处于采购阶段的项目有15个，占比17%；处于执行阶段的项目有72个，占比83%。

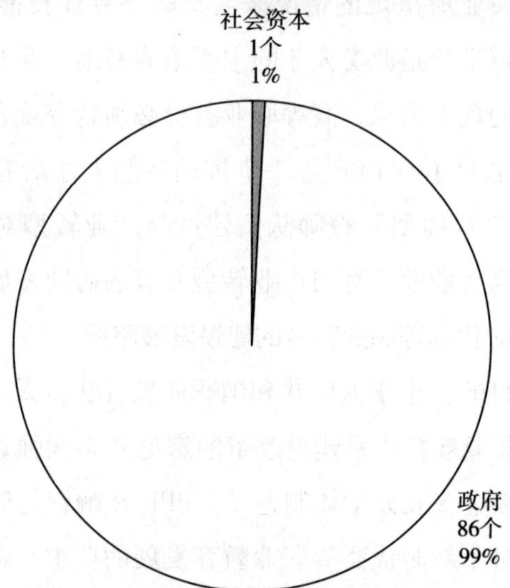

图1　职业教育类PPP项目发起类型分布

资料来源：根据公开资料整理。

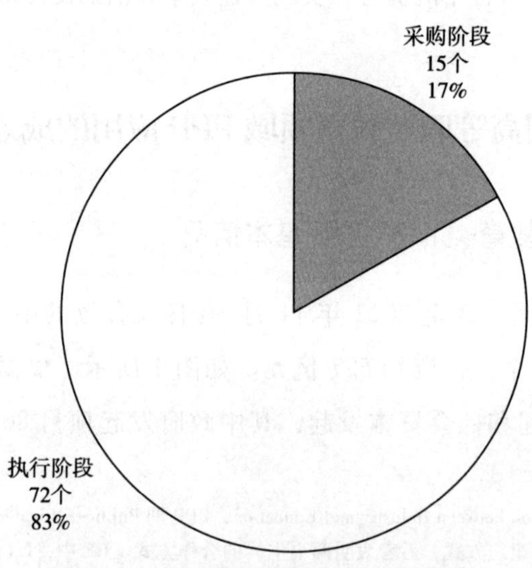

图2　职业教育类PPP项目所处阶段

资料来源：根据公开资料整理。

如图 3 所示，职业教育类 PPP 项目中新建项目 80 个，占比 92%；存量项目 4 个，占比 5%；存量+新建项目 3 个，占比 3%。

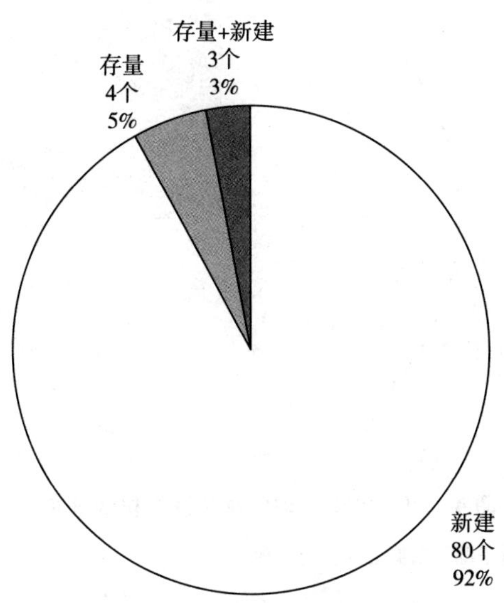

图 3　职业教育类 PPP 项目类型分布

资料来源：根据公开资料整理。

如图 4 所示，根据回报机制，可分为政府付费项目、使用者付费项目以及可行性缺口补助项目。其中，政府付费项目 17 个，占比 20%；可行性缺口补助项目 64 个，占比 74%；使用者付费项目 6 个，占比 6%。

如图 5 所示，合作期限为 10（含）~15 年的项目共计 26 个，占比 30%；合作期限为 15（含）~20 年的项目共计 35 个，占比 40%；合作期限为 20（含）~25 年的项目为 19 个，占比 22%；合作期限为 25（含）~30 年的项目 7 个，占比 8%。

如图 6 所示，从项目运作方式来看，采取 BOT 方式的项目 78 个，占比 90%；采用 TOT 方式的项目 3 个，占比 4%；采用 TOT+BOT 方式的项目 2 个，占比 2%；采用 BOO 方式的项目 1 个，占比 1%；采用 ROT 方式的项目 1 个，占比 1%；采取其他方式的项目 2 个，占比 2%。

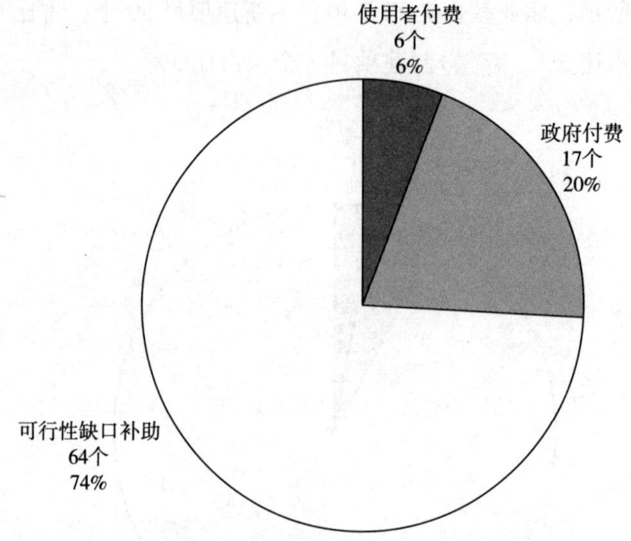

图 4　职业教育类 PPP 项目回报机制分布

资料来源：根据公开资料整理。

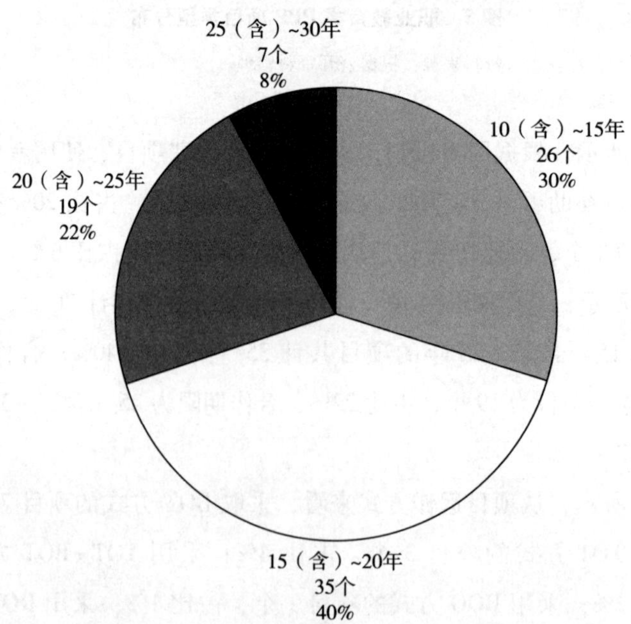

图 5　职业教育类 PPP 项目合作期限分布

资料来源：根据公开资料整理。

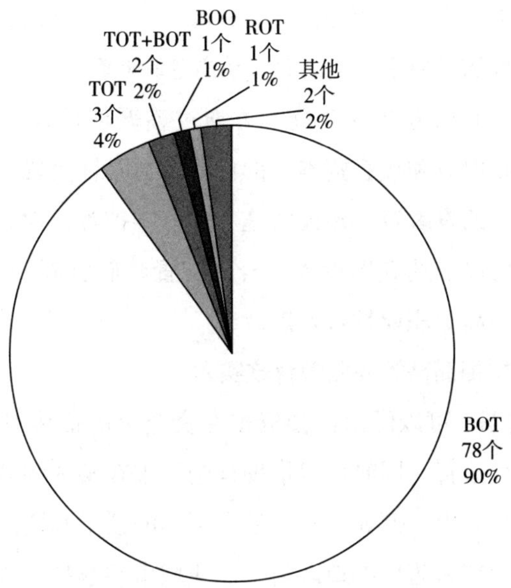

图 6　职业教育类 PPP 项目运作方式分布

资料来源：根据公开资料整理。

（二）职业教育领域 PPP 应用实践成效

截至 2022 年 11 月 30 日，有效的中、高等职业教育 PPP 项目共计 87 个，占教育类 PPP 项目的比例为 15.70%，占管理库项目的比例为 0.84%，与农业类 PPP 项目数量持平，高于社会保障类 PPP 项目；投资额约 527 亿元，占教育类 PPP 项目投资额的比例为 15.74%，占管理库项目投资额的比例为 0.31%，高于社会保障类 PPP 项目。因此，相对来说 PPP 推动职业教育发展是显著和有成效的，主要因为 PPP 具有以下优势。

1. PPP 有效缓解教育建设资金压力，降低项目整体成本

资金不足是高等职业院校新校区建设过程中遇到的重大难题之一，PPP 将社会资本引入高等职业院校新校区建设项目，可以有效解决这一问题。PPP 模式下，项目投融资、建设、运营维护由社会资本统一完成，因此社会资本不会仅考虑建设阶段，而是会全盘考虑项目全生命周期，通过合理降

低建设和运营成本、有效使用资金等方式降低全生命周期成本。

2. PPP 合理配置政府资源，高效推动高等职业教育发展

PPP 模式下，政府方和社会资本方通过签署项目合同的方式合作，能够最大限度发挥政府方和社会资本方的优势。通常社会资本方会设立项目公司，负责具体项目的投融资、建设实施、运营维护等，而政府方主要进行项目监管，该模式可以节约政府投入，合理配置政府资源，包括资金、人力、物力等，高效推动高等职业教育发展。

3. PPP 能大幅提高高等职业教育软实力

在 PPP 模式下，可以借助社会资本在资金上的优势对高等职业教育的各类硬件资源进行改善，同时可以借助社会资本在某些领域的专业性来提升高等职业教育的软实力。例如，借助社会资本的技术和资源优势实现全面互联网线上教学，让较为落后的地区与一二线城市共享教学资源，为高等职业院校的教师提供更多下沉的实践机会等。

（三）高等职业教育领域推广 PPP 亟须解决的主要问题

1. 高等职业教育领域应用 PPP 的顶层设计不到位

以 PPP 模式助力高等职业教育高质量发展，最为突出的问题就是顶层设计不足。从当前项目案例来看，制约高等职业教育领域 PPP 项目发展的一个因素就是高等职业教育与 PPP 在实践过程中没有形成能够聚焦高等职业教育行业本身、精准指导地方各级政府有效发挥 PPP 优势、助力高等职业教育高质量发展的法律框架和政策法规体系，致使社会资本方因顶层设计不足不清不明，缺乏政策与法律保障，只能徘徊不前或望而却步。

2. PPP 与传统高等职业教育理念的冲突

首先，办学性质问题。通过 PPP 向社会资本融资，改变了以政府财政拨款作为资金来源的公办性质，同时社会资本还负责设计、建设、运营和维护等项目的具体环节，并最终交付公共产品和服务。另外，PPP 兼顾社会资本成本可收回以及追求利润的本质，因此，不自主地附带了民办性质。其次，经营理念的冲突。PPP 模式下，社会资本是需要“追逐利益的”，甚至

是“追求利润最大化的”，不会像政府那样以公共服务的最优化作为唯一追求。因此，必然会产生政府公共目标和社会资本营利性追求之间的价值冲突。最后，管辖权矛盾。我国现行的高等职业教育管理体制大致分三种形式：一是党委领导下的校长负责制；二是董事会领导下的校长负责制；三是合作办学模式，校长分别向党委和董事会负责。PPP 模式下，“谁来管、管多少”将会成为焦点问题。

3. 高等职业教育领域使用者付费机制需要进一步健全

目前大部分高等职业教育 PPP 项目的经营内容还停留在学生公寓、食堂、物业等层面，整体付费设计比较固化，多元化和创新性不足。而社会资本参与高等职业教育希望能够充分发挥自身各方面优势，包括希望参与更加合理、完善、充实的使用者付费内容的运营。而要设计合理的使用者付费内容，解决 PPP 模式下高等职业教育学校的性质问题是关键。在此基础上，设计完善的 PPP 项目收益分配机制，将会成为影响社会资本进入高等职业教育领域的决定性因素，但目前对于这一问题并没有明确答案。

三　推动中国高等职业教育高质量发展的新型 PPP 设计

（一）高等职业教育 PPP 应用的意愿识别与选择

1. 政府层面

PPP 模式下社会资本的参与可以引入市场竞争机制，同时政府的全程参与和监管作用仍能发挥，既保留了政府作为公共组织对高等职业教育价值的追求，又在高等职业教育规划落实上通过与社会资本方的合作解决高等职业教育与市场和产业匹配度不高、资金短缺等问题。因此，政府有意愿在高等职业教育领域引入社会资本。

2. 学校层面

在高等职业教育 PPP 项目中，社会资本方的参与不仅可以提升高等职业学校自身的基础设施建设水平和教育质量，还能解决学生就业问题，学校是欢迎的。但是，高等职业教育发展资金主要来自政府，学校需要接受政府管理和监督。同时，由于自身能力欠缺和对政府的过度依赖，学校在整个教育服务购买过程中不能主动有效地参与协商和谈判，与社会资本方的合作成为政府的单向合作行为，不免促使双方形成强势主导和弱势参与的非对称关系。

3. 社会资本方层面

社会资本方在考虑项目风险和政府因素后具有参与 PPP 项目的意愿。因为，政府可以帮助社会资本方降低交易成本，有利的法规、税收减免和法律保护，可以增加其竞争优势。但是，学校审批手续烦琐、准入标准高，部分 PPP 项目的审批时限过长，在一定程度上影响了社会资本方进入高等职业教育领域的积极性。此外，高等职业教育领域 PPP 项目退出机制及利益分配机制不健全，极大地制约了社会资本方进入高等职业教育领域。

（二）高等职业教育 PPP 应用边界的厘定及可能的拓展

1. 高等职业教育 PPP 应用边界的厘定

政府在高等职业教育 PPP 中承担三种职能：一是公众利益的代表，须保证教育服务的数量和质量符合标准；二是 PPP 的参与主体，须承担法规政策和 PPP 规则程序的制定、违规行为的纠正等职责；三是教育服务的采购者，政府主要承担确定采购标的、选择合格社会资本方、签订与履行合约等职责。

学校在高等职业教育 PPP 中主要扮演合作者的角色：一是与政府合作，在教育服务购买过程中与政府进行协商和谈判；二是与社会资本方合作，凭有形资产及无形资产，共建合作机制、治理机制、运行机制、管理机制、绩效考评机制等。社会资本方主要借助 PPP 项目充分发挥自身资源优势，在承担一定风险的同时获取相应利润，本质上追求经济效益。社会资本方在 PPP 项目中扮演项目融资者、设计建设者、运营维护者、风险承担者等多种角色。

2. 高等职业教育 PPP 应用的可能拓展

依照前述边界厘定不难发现，在当前高等职业教育 PPP 项目中，学校与社会资本方合作不够深入，社会资本方的作用没有完全发挥。多数高等职业教育 PPP 项目只是用来解决融资问题，社会资本方只能参与非核心内容运营，核心内容的运营参与不足（见表 1）。

表 1　高等职业院校运营内容分类

项目	类别	内容
核心内容	招生类	订单班模式、冠名班、定向培养等
	课程及专业软件类	教学计划、教材开发、教学任务、培养方案、题库、专业建设等
	课程及专业硬件类	实训基地、实验室、模拟设备等
	师资类	“双师型”教师、教师社会实践等
	实训类	实习实训、顶岗实习等
非核心内容	后勤类	物业、安保、餐饮、超市等
	基础设施类	宿舍建设、教学楼建设、体育场建设等

资料来源：作者整理。

（三）推动高等职业教育高质量发展的新型 PPP 模式设计

目前，高等职业教育基础设施类 PPP 项目以 TOT 模式和 BOT 模式为主，并且具有相对成熟的应用经验，因此本部分重点探讨产教融合类 PPP 项目，引入“IIE+PPP”模式。

2019 年 7 月，中央全面深化改革委员会第九次会议审议通过《国家产教融合建设试点实施方案》。国家试行产教融合，初衷是回应人才供需结构失调引发的产业人才紧缺问题。因此，高等职业教育 PPP 要将重视“物有所值”的经济效益和关注“学生就业为本”的社会效益有机结合。为此，本文提出“IIE+PPP”模式。“IIE+PPP”有利于汇集政府和社会各方的资源，优化学校办学模式；有利于增强企业社会责任感，促进人才培养模式创新；

有利于产学研协作发展，增进产业链同教育链的深度交融，从而推动人才链、创新链、产业链、资金链、政策链“五链”融合贯通、相互带动。“IIE+PPP”模式的主要类型和运作程序如下。

1. 城教融合模式

政府以国家级园区（如高新区、工业园区、农业园区等）为载体，结合区域特点、产业定位和行业特征，利用区位、资源及政策、资金等优势，协调和支持社会资本方深度参与学校办学，集聚教学实训、企业生产、学生就业及技术服务等功能。学校则根据市场、产业需求，灵活设置专业，确保学生所学不与所用脱节，形成“供需一体、资源互享、共建共治”的城产教科创融合共同体生态，促进“产业、行业、企业、职业、就业”的“五业联动”及地校共建。

2. 企教融合模式

学校以企业的生产过程、技术工艺、管理运营服务为教学和科研对象，形成由“学校—政府—企业—行业”等多主体共建共享，集人才培养、技术研发、产业服务于一体的应用型办学模式。该模式下学校与企业在管理、师资层面交叉兼职、任职，实现人才培养、课程设计、招生就业、实习实训基地、员工培训、技能鉴定等实体资源双向流动，实现学校技术成果与企业产品技术的结合和相互转化。该模式的收入包含两类，一类为学生缴纳的学费（使用者付费），一类为培训与研发资源、科研成果转化的销售收入。

四　科学应用PPP推动高等职业教育高质量发展的创新路径选择

（一）政策突破口

1. 改革现行高等职业教育学费作为财政收入的模式

高等职业院校作为独立法人实体，收取学费的行为同各政府职能部门为财政代收费的行为有本质不同，因此，将高等职业院校的学费收入纳入国库及各级财政，形同剥离高等职业院校的权责，混淆学校同各政府部门的职能，高等职业院校将可能因此丧失积极性。政府应适当扩大学校的自主经营权，将与学校经营密切相关的、属于高等职业院校自主办学范围的权限交还给高等职业院校。

2. 拓展高等职业教育 PPP 社会资本回报机制

在高等职业教育 PPP 项目回报机制中，社会资本方收入来源主要是后勤设施的运营，包括餐厅、宿舍、超市、物业等，收费来源单一，难以覆盖自身投资，导致收支失衡。此外，公办学校受制于收费项目被严格把控及学费被纳入财政收入，不能分配给社会资本方，这些均会降低社会资本方参与高等职业教育 PPP 项目的积极性。因此，应围绕使用者付费机制，协商明确收费渠道和方式，扩展社会资本方的可收费项目，可考虑赋予高等职业院校一定的自主权，允许社会资本方享有部分学费收入的分配权。

3. 简化公办高等职业院校利用资产对外投资的报批程序

《事业单位国有资产管理暂行办法》已经明确："事业单位利用国有资产对外投资、出租、出借和担保等应当进行必要的可行性论证，并提出申请，经主管部门审核同意后，报同级财政部门审批。"公办高等职业院校引入 PPP 项目必然涉及出资、投资行为，例如在实训基地建设中提供场地或出资合作等，但财政部门对事业单位利用国有资产进行投资有严格要求，这会对高等职业院校与社会资本方合作产生一定阻碍，需要进行政策突破，赋予灵活性，简化公办高等职业院校利用国有资产进行投资的手续。

（二）创新 PPP 应用的政策建议

1. 加强立法保障，健全 PPP 支撑高等职业教育高质量发展的法规体系

（1）国家层面

当前，全国性规范 PPP 的法律还没有颁布，要建立完整的专属 PPP 的法律框架，当务之急是尽快在《中华人民共和国政府和社会资本合作法（征求意见稿）》的基础上修改并进一步形成《中华人民共和国政府和社会资本合作法》，着重对 PPP 推广应用过程中的公私地位、办学性质、参与广度和深度等最本质的问题进行正式解答。

（2）部门层面

PPP 的复杂性和专业性决定要持续推动 PPP 在各领域的深度应用，就必须尽快在部门层面制定专门指导高等职业教育领域 PPP 实践的部门规章和操作规范。财政部可暂时以《中华人民共和国政府和社会资本合作法（征求意见稿）》征求的意见为参考，以 2022 年新修订的《中华人民共和国职业教育法》为准绳，以深入推进高等职业教育产教融合和高质量发展为目的，制定专门指导高等职业教育领域 PPP 实践的部门规章和操作规范。

2. 加强政策指导，形成 PPP 与高等职业教育协调发展的组合式政策体系

（1）完善 PPP 中社会资本方的进入退出机制

PPP 要建立“能进能出”的进入退出机制需要解决两个主要问题。一是解决社会资本“进得去”“愿意进”问题；二是解决社会资本“出得来”问题，以切实激发民间投资活力。进入高等职业教育 PPP 项目基本不存在垄断性门槛问题，因此门槛并非重点，吸引力问题才是进入机制的关键。增强高等职业教育 PPP 项目的吸引力，一是要完善社会资本方利益保障机制，为社会资本方提供足够利润空间，同时，明确收费渠道和方式，保证项目经营成本的覆盖率，避免新增地方财政未来支出责任；二是要完善退出机制，“愿意进”必然联动“出得去”，因此可以从退出机制逆向考量进入机制。社会资本的退出机制如表 2 所示。当前，PPP 完善退出机制并不在于创新方法，而在于对现有方式的规范，应加强政策法规对社会资本的退出引导作用，借助 PPP 中的合同体系，优化预设、协商约定可能的各类退出情形。

表 2　政府和社会资本合作退出机制比较

退出机制	优点	缺点
到期移交	成功概率高,较为便捷	在移交标准及内容商定上会产生困难
股权转让	门槛不高,相关制度较为成熟	“锁定期”增加退出的难度
公开上市	可实现低成本、高收益的退出	对上市公司资质要求高、所需周期长
发行债券	对发行人资质和条件要求不高	对项目未来盈利前景要求较高,且容易产生地方债
资产证券化	能盘活存量资产,加快资金周转	项目的周期与证券周期不匹配,且对项目的现金流、收益率要求较高

资料来源：作者整理。

（2）加强高等职业教育 PPP 项目融资支持

一方面，要增强社会资本方融资能力。政府应引导银行等金融机构政策性调整信用贷款体系，赋予民营企业与国有企业参与高等职业教育 PPP 项目的平等地位。另一方面，在避免形成新的政府财政责任基础上，加强地方 PPP 项目融资平台创新建设。例如，建立“PPP+P2G”平台，将 PPP 与互联网金融模式中的 P2G 结合，有效缓解 PPP 项目融资问题，还能引导民众参与高等职业教育事业建设，分享投资收益。

3. 优化升级高等职业教育 PPP 项目内部治理结构

（1）集中领导：坚持党委领导下的校长负责制

《中华人民共和国高等教育法》、《国务院关于加快发展现代职业教育的决定》以及新修订的《中华人民共和国职业教育法》都明确要求坚持和完善党委领导下的校长负责制。高等职业院校的党委及各级党组织是高等职业院校内部治理的核心主体，是高等职业院校政治权力的集中体现，坚持党委领导下的校长负责制就要始终坚持以党委会的形式对学校实行政治领导、组织领导和思想领导。校长负责制指校长具有学校行政决策权、指挥权、人事权和财务权，校长是高等职业院校的法定代表人和行政负责人，在组织学校行政活动、完善学校行政管理制度和健全学校领导机构核心机制等方面承担主要职责。

（2）多元共治：建立健全“政行企校”理事会

“政行企校”理事会是政府、行业、企业、学校多方汇聚，共同参与学校治理的有效组织形式，是现代职业基本类型特征和多元主体治理模式融合的体现。政府负责高等职业教育政策的顶层设计和教育资源的统筹协调；行业部门充分发挥其在政策咨询、人才需求、教学指导、质量评价等方面的作用；企业积极参与，在高等职业院校的发展中积极作为；学校以提升职业教育育人质量和满足市场、服务社会为理念，提高专业设计、人才培养与市场和产业的契合度。

（3）教授治学：重点落实学术委员会学术权力

在高等职业教育高质量发展和高水平建设阶段，必须重视学术委员会[①]建设，从而更好推动高等职业院校教科研工作高质量发展，构建以学术委员会为核心的学术权力体系，推进教授治学，发挥教授在人才培养、科学研究中的学术决策作用。要充分利用学术委员会学术影响力优化专业结构设置，改革专业课程体系，完善专业教学设计和科研成果产出体系，助力学校教科研工作迈上高质量发展的新台阶。

4. 持续推进“IIE+PPP”模式在高职教育领域的深度应用

一是在“IIE+PPP”模式下，学校借助企业冠名班、订单班、学徒班等形式实行定向、定岗培养，建立以市场需求为导向的人才培养体系。二是校企协定师资培养工作机制，鼓励教师到企业定岗、轮岗，或者直接将企业专家和技术能手引入学校课堂教学，或者用于“双师型”教师的培养。三是在“IIE+PPP”模式下，政府、学校、企业通过资源共享，共建教学信息化平台，将企业项目引入课题研究，实现理论知识信息化、实训操作模拟化、岗位需求技能化，打破职业教育学历证书与职业技能证书的现实分割壁垒。

① 《中华人民共和国高等教育法》第四十二条规定：高等学校设立学术委员会，履行下列职责：（一）审议学科建设、专业设置，教学、科学研究计划方案；（二）评定教学、科学研究成果；（三）调查、处理学术纠纷；（四）调查、认定学术不端行为；（五）按照章程审议、决定有关学术发展、学术评价、学术规范的其他事项。

B.9
PPP 项目 ESG 标准和指标体系应用研究

徐向东　沙明辉*

摘　要： 环境社会治理（ESG）理念在倡导注重财务绩效的同时关注环境—社会—治理绩效，该理念同 PPP 项目提升公共服务质效的内在本质具有高度契合性。本文通过参考国际和国内 ESG 标准指标的良好惯例，尝试提出 PPP 项目通用及共性的 ESG 标准和指标体系，同时对 PPP 项目进行 ESG 评价以及应用提出创新性建议和意见，即将 ESG 标准和指标体系深度融入现有 PPP 项目绩效管理机制，以促进 PPP 项目应用 ESG 理念，同时可参照 PPP 项目信息公开要求进一步推进 ESG 信息披露。

关键词： 绩效管理　ESG　PPP

2020 年 3 月，财政部印发《政府和社会资本合作（PPP）项目绩效管理操作指引》（以下简称“财金〔2020〕13 号文”），首次在 PPP 项目绩效管理中引入 ESG 理念，提出“绩效目标应符合区域经济、社会与行业发展规划，与当地财政收支状况相适应，以结果为导向，反映项目应当提供的公共服务，体现环境—社会—公司治理责任（ESG）理念”。

2022 年 11 月，财政部印发《关于进一步推动政府和社会资本合作

* 徐向东，北京财指南咨询有限公司总经理，研究方向为 ESG 碳达峰；沙明辉，北京财指南咨询有限公司高级项目总监，研究方向为 ESG 碳达峰。

(PPP) 规范发展、阳光运行的通知》（以下简称“财金〔2022〕119 号文”），首次提出在项目前期论证阶段探索开展ESG 评价，提出“项目实施机构应会同有关方面依法依规做好项目规划、立项、用地、环评等前期工作，科学编制项目实施方案，合理设置项目风险分担机制和投资回报机制，探索开展绿色治理（ESG）评价，充分挖掘项目潜在经济效益、社会效益、环境效益，算好整体账和长远账，持续增强项目决策的科学性、严谨性、规范性”。

首先，本文分析了国际和国内 ESG 的现实状况，并提出项目 ESG 的概念。其次，参考国际和国内 ESG 标准指标的良好惯例，尝试提出 PPP 项目通用和共性的 ESG 标准和指标体系。最后，对 PPP 项目进行 ESG 评价以及应用提出创新性的建议和意见，以促进 ESG 理念在 PPP 项目中的应用。

一　项目 ESG 概述

2004 年，来自 9 个国家的 18 家金融机构应时任联合国秘书长安南邀请，共同完成了一份报告《有心者胜：连接金融市场与变化中的世界》。该报告首次提及 ESG 问题，并将 ESG 因素引入金融分析、资产管理和证券交易。①

2006 年，在安南牵头下制定的负责任投资原则（PRI）发布。PRI 将负责任投资定义为：将环境、社会、治理因素纳入投资决策和积极所有权（Active Ownership）的投资策略和实践。② 可以说，PRI 倡导将 ESG 因素纳入投资决策考量，对 ESG 概念发展和领域设定起到了关键性作用。

同年，高盛集团率先发布 ESG 研究报告，将环境、社会、治理三个要素整合到一起，标志着 ESG 概念正式形成。此后，多个国际组织、投资机构等市场主体不断深化 ESG 概念，并逐步形成一套完整的 ESG 理念。与此

---

① *Who Cares Wins: Connecting Financial Markets to a Changing World*, https://www.unepfi.org/fileadmin/events/2004/stocks/who_cares_wins_global_compact_2004.pdf.

② PRI, “What is the PRI? About the PRI”, https://www.unpri.org/about-us/about-the-pri.

同时，国际投资机构也陆续推出 ESG 投资产品，ESG 理念与产品不断丰富与完善。

目前，国际上尚未形成关于 ESG 的统一权威定义。本文认为，ESG 理念是可持续发展相关理念的集大成者，具有高度包容性。其他诸多理念，如企业环境责任、企业社会责任、公司治理、社会责任投资、影响力投资、企业公民、绿色金融、转型金融等，都可以纳入 ESG 理念的范畴。

国际上有关 ESG 的核心观点认为，企业活动和金融行为不应仅追求财务指标，ESG 区别于传统财务指标，从环境、社会、治理角度评估可持续性及对社会价值观的影响。

从国际上看，ESG 内涵包括 ESG 信息披露、ESG 评价（评级）、ESG 投资三部分内容。其中，ESG 投资指的是在投资决策过程中，纳入 ESG 因素，包括 PRI 原则在投资领域的具体应用等。

（一）国内 ESG 的推动

“ESG”一词首次出现于我国，是在中国证券投资基金业协会于 2018 年 11 月发布的政策文件《绿色投资指引（试行）》中。[①] 该指引明确了以环境、社会和治理为核心的 ESG/负责任投资，不仅是资产管理行业的新兴投资战略，也是实施绿色发展理念和构建基金行业绿色金融体系的关键工具。

2019 年 12 月，中国银行保险监督管理委员会发布了《关于推动银行业和保险业高质量发展的指导意见》（银保监发〔2019〕52 号）。[②] 该指导意见明确提出，“银行业金融机构要建立健全环境与社会风险管理体系，将环境、社会、治理要求纳入授信全流程，强化环境、社会、治理信息披露和与利益相关者的交流互动”。

2020 年 9 月，深圳证券交易所发布《深圳证券交易所上市公司信息披露

---

① 《绿色投资指引（试行）》，https：//www. ciecc. com. cn/module/download/downfile. jsp？classid = 0&filename = a7e9aac3038c4232b61d4c33df0a8fea. pdf。

② 《中国银保监会关于推动银行业和保险业高质量发展的指导意见》，中国政府网，2019 年 12 月 30 日，https：//www. gov. cn/zhengce/zhengceku/2020-03/26/content_ 5495757. htm。

工作考核办法》，明确将评估上市公司主动披露 ESG 履行情况，报告内容应充实、完整。①

2022 年 5 月，国务院国有资产监督管理委员会发布了《提高央企控股上市公司质量工作方案》，明确要求“中央企业集团公司要统筹推动上市公司完整、准确、全面贯彻新发展理念，进一步完善环境、社会责任和公司治理（ESG）工作机制，提升 ESG 绩效，在资本市场中发挥带头示范作用”，同时要求“立足国有企业实际，积极参与构建具有中国特色的 ESG 信息披露规则、ESG 绩效评级和 ESG 投资指引，为中国 ESG 发展贡献力量”。②

2022 年 6 月，中国银行保险监督管理委员会发布了《银行业保险业绿色金融指引》，强调银行保险机构应当加强授信尽职调查，以有效识别、监测和预防其业务活动中的 ESG 风险，将环境、社会、治理要求纳入管理流程和全面风险管理体系。③

2023 年 2 月，深交所发布新修订的《深圳证券交易所上市公司自律监管指引第 3 号——行业信息披露》，结合行业特点，细化重污染行业的重大环境污染事故信息披露要求，以及发生安全事故可能性较高、事故影响程度较大行业的重大安全事故披露要求，进一步推动上市公司承担社会责任。④

根据前述《提高央企控股上市公司质量工作方案》，国务院国有资产监督管理委员会办公厅于 2023 年 7 月发布《关于转发〈央企控股上市公司 ESG 专项报告编制研究〉的通知》，为央企控股上市公司 ESG 信息披露提供参考，助力实现 ESG 专项报告的全覆盖，推动国内 ESG 自上而下的发展，

---

① 《深圳证券交易所上市公司信息披露工作考核办法》，https：//docs. static. szse. cn/www/disclosure/notice/W020200904601522381848. pdf。

② 《提高央企控股上市公司质量工作方案》，中国政府网，2022 年 5 月 27 日，https：//www. gov. cn/xinwen/2022-05/27/content_ 5692621. htm。

③ 《中国银保监会关于印发银行业保险业绿色金融指引的通知》，中国政府网，2022 年 6 月 1 日，https：//www. gov. cn/zhengce/zhengceku/2022-06/03/content_ 5693849. htm？ eqid = b9049e64000740fa00000026465a16c。

④ 《深圳证券交易所上市公司自律监管指引第 3 号——行业信息披露》，https：//docs. static. szse. cn/www/lawrules/rule/stock/supervision/W020230216316703011242. pdf。

为中央企业探索建立健全 ESG 体系迈出了重要的一步。①

随着全球对气候问题的认识不断提高，我国提出在 2030 年前实现碳达峰和 2060 年前实现碳中和，从而增加中国国家自主贡献，使 ESG 理念在我国获得广泛关注。我国 ESG 政策发展也可以从上市公司 ESG 政策发展、"一带一路"绿色发展、金融机构绿色金融发展三个维度进行细化解读，具体内容参见《项目 ESG 评价初探》。②

（二）项目 ESG 的提出

搜索国内和国际 ESG 研究文献，不难发现大部分 ESG 研究分析集中在公司或主权国家层面。

在公司层面，环境指标衡量公司活动对环境的直接或间接影响，如废物管理、二氧化碳排放水平和能源效率程度；社会指标衡量公司活动对客户、员工、当地社区和社会的直接或间接影响；治理指标则侧重于衡量公司的管理和控制，以及日常业务的开展，包括公司活动、运营和遵守法律法规的透明度等。

在主权国家层面，ESG 评估使用国家层面的指标。环境指标可以包括能源、气候、资源政策和气候变化风险；社会指标通常会考虑不平等、就业、人力资本和创新、健康和社会福利等因素；而反腐败、政府效率、政治稳定、法治、发言权和问责制等则构成治理指标。③

我国 ESG 相关政策文件则率先提出了对特定项目进行 ESG 评价，除前文所提及的财金〔2020〕13 号文、财金〔2022〕119 号文之外，重要的政策性文件如下。

2021 年 12 月，国家发展改革委发布的《关于进一步推进投资项目审批制度改革的若干意见》（发改投资〔2021〕1813 号）提出："要立足我国国情，并体

---

① 《国务院国资委：规范央企控股上市公司 ESG 专项报告编制》，"新华社客户端"百家号，2023 年 8 月 7 日，https：//baijiahao. baidu. com/s？ id=1773530878110290579&wfr=spider&for=pc。

② 徐向东：《项目 ESG 评价初探》，《项目管理评论》2022 年第 5 期。

③ 世界银行：《主权 ESG 数据框架》，https：//datatopics. worldbank. org/esg/framework，2022。

现投资高质量发展要求，研究借鉴将‘环境、社会和治理’（ESG）等国际先进理念融入可行性研究框架体系，从源头上提高投资项目前期工作质量。”

2022 年 10 月，国家发展改革委发布《关于进一步完善政策环境加大力度支持民间投资发展的意见》（发改投资〔2022〕1652 号），明确提出探索开展投资项目环境、社会和治理（ESG）评价，引导民间投资更加注重环境影响优化、社会责任担当、治理机制完善，帮助民营企业更好地预判、防范和管控投资项目可能产生的环境、社会、治理风险，规范投资行为，提高投资质量。

2022 年 12 月，国家发展改革委发布了《企业投资项目可行性研究报告编写参考大纲（征求意见稿）》和《政府投资项目可行性研究报告编写通用大纲（征求意见稿）》。两个大纲征求意见稿均提出评价项目环境—社会—治理（ESG）责任投资效果，提出项目是否可行的研究结论。2023 年 3 月正式发布的大纲虽没有提及项目 ESG 评价，但是充分汲取了 ESG 等理念，补充完善可行性研究相关内容，以促进实现投资项目高质量发展。

从实践来看，国内已有项目 ESG 评价案例。例如，2022 年笔者从事的某农业综合项目咨询服务中，按照 ESG 基本理念和原则，设置项目 ESG 三级递进指标，建立全生命周期 ESG 管理机制，并创造性地将 ESG 评价结果与金融机构贷款条件挂钩，以有效地激励、促进农业项目高质量、可持续、绿色发展。①

本文认为，项目 ESG 评价实质上属于 ESG 投资的相关内容。在我国，投资更多体现在一个具体、实际的项目层面，在这个层面引入项目 ESG 机制，可以认为是 ESG 投资结合我国具体国情的实际应用。

二　PPP 项目 ESG 标准和指标体系设置

参考国际 ESG 披露标准、国内 ESG 相关研究文献等，总结 PPP 项目咨

① 《亚行将助推中国广西可持续乡村发展》，亚洲开发银行网站，2023 年 11 月 13 日，https://www.adb.org/zh/news/adb-enhance-sustainable-rural-development-guangxi-prc。

询服务的经验，本文创造性地提出我国 PPP 项目通用及共性的 ESG 三级标准和指标体系。

（一）参照依据

1. 国际 ESG 标准

2006 年以来，国际上已经开发大量的标准和工具来帮助管理和披露 ESG 实践以及评估 ESG 绩效。本文参考了国际上重要的 ESG 标准和工具，主要如下。

（1）全球报告倡议组织（GRI）可持续发展报告标准。这是一项开创性的标准，帮助构建非财务数据和信息披露。① 如今，世界上 90%以上的大型公司的 ESG 报告都使用 GRI 标准。

（2）ISO 26000 标准，旨在帮助组织促进可持续发展。②

（3）可持续发展会计准则委员会（SASB）。为鼓励高质量披露重大非财务信息，SASB 制定了证券交易委员会备案的各种相关行业标准。SASB 标准包含 77 个不同行业的可持续性准则，内容包括披露主题、财务指标、技术协议和履行指标等。③

（4）碳披露计划（CDP）。针对投资者、公司、城市、国家和地区的全球披露系统，以管理其环境影响。④

（5）气候相关财务信息披露工作组（TCFD）。由金融稳定理事会（FSB）成立，其为更有效的气候相关披露制定方案，以促进更可靠的投资、信贷和保险承保决策，进而促进更有效的投资，以便利益相关者更好地了解金融领域碳相关资产的集中程度以及金融系统所面临的气候相关风险。⑤

2. 参考国内 ESG 研究文献

本文也参考了国内一些重要的 ESG 研究文献，主要如下。

---

① GRI，GRI-Standards（globalreporting. org），Amsterdam，2022，https：//www. globalreporting. org/standards/download-the-standards/.

② 《社会责任指南》（ISO 26000：2010），https：//www. iso. org/standard/42546. html。

③ SASB，Standards Overview-SASB，2022，https：//sasb. ifrs. org/standards/.

④ CDP，Home-CDP，2022，https：//www. cdp. net/en/.

⑤ TCFD，2022，https：//www. fsb-tcfd. org/.

（1）中国企业评价协会发布的《中国企业社会责任评价准则》，该标准提供了企业社会责任（CSR）的评分指数。

（2）《中国企业境外投资 ESG 信息披露指南（2022）》，该指南总结了 19 个实质性主题、36 个问题和 99 个披露指标（包括 65 个定性指标和 34 个量化指标），以供对外投资企业 ESG 信息披露参考。

（3）《中国的 ESG 数据披露——关键 ESG 指标建议》。该技术报告建议了中国强制性 ESG 披露框架的指标，并与可持续发展目标（SDG）、现有法规和市场实践相结合。

（4）其他国内参考文献。一是中国生物多样性保护与绿色发展基金会等发布的《中国责任投资原则》和《ESG 评价标准》。二是《中国上市公司 ESG 评价体系研究报告》和《2019 年中国上市公司 ESG 评价体系研究报告》，中国财经出版社出版。三是中国企业改革与发展研究会等发布的《企业 ESG 披露指南》和《企业 ESG 报告编制指南》。四是《中国 ESG 发展报告 2021》《ESG 理论与实践》《ESG 披露标准体系研究》《国内外 ESG 评价与评级比较研究》，经济管理出版社出版。五是商道纵横公司发布的《环境、社会及公司治理报告操作手册》《房地产行业环境、社会与公司治理报告操作手册》。六是中国质量万里行促进会（CAQP）发布的《企业 ESG 评价通则》和《企业 ESG 信息披露通则》。

3. 参考 PPP 项目案例

参考 PPP 项目咨询服务实践中，将 ESG 作为一项重要指标参与绩效监控和绩效评价的案例。总结这些 PPP 项目的经验和教训，作为建立 PPP 项目 ESG 通用及共性标准和指标体系的参考。

（二）PPP 项目 ESG 标准和指标体系设置建议

在前述工作的基础上，本文建议 PPP 项目应设置如下通用及共性的 ESG 标准和指标体系。

ESG 标准和指标体系设置三个一级指标，分别是环境类、社会类和治理类。其中，环境类包括资源消耗、污染防治和气候变化三个二级指标，社

会类包括员工权益、产品责任、供应链管理和社会响应四个二级指标，治理类包括治理结构、治理机制、治理效能三个二级指标，同时对应设置了三级指标（见表 1）。

表 1　PPP 项目 ESG 标准和指标体系设置建议

一级指标	二级指标	三级指标
环境类	资源消耗	水资源;物料;能源;其他自然资源
	污染防治	废水;废气;固体废物;其他污染物
	气候变化	温室气体排放;减排管理
社会类	员工权益	员工招聘与就业;员工保障;员工健康与安全;员工发展
	产品责任	生产规范;产品安全与质量;客户服务与权益
	供应链管理	供应商管理;供应链环节管理
	社会响应	社区关系管理;公民责任
治理类	治理结构	股东(大)会;董事会;监事会;高级管理层;其他治理机构
	治理机制	合规管理;风险管理;监督管理;信息披露;高管激励;商业道德
	治理效能	战略与文化;创新发展;可持续发展

资料来源：作者整理。

当然，由于不同行业的 PPP 项目在实施目的和目标上差异巨大，因此在 ESG 标准和指标体系的设置上也应各有不同。如何结合项目行业、领域、服务内容等特点，有针对性地设计适合我国 PPP 项目、项目公司、社会资本要求的 ESG 标准和指标体系将是一个挑战。

三　PPP 项目 ESG 标准和指标体系具体应用

（一）ESG 标准和指标体系与绩效管理的关系

1. PPP 项目绩效管理

2014 年 9 月，财政部发布《关于推广运用政府和社会资本合作模式有关问题的通知》（财金〔2014〕76 号），明确提出 PPP 绩效评价要求："对项目的绩效目标实现程度、运营管理、资金使用、公共服务质量、公众满意度等进行绩效评价。"其他如《中共中央　国务院关于全面实施预算绩效管理的意见》《项目支出绩效评价管理办法》等均明确 PPP 项目涉及一般公共预算等财政资金应纳入全面实施绩效管理体系。

财金〔2020〕13 号文则进一步明确了 PPP 项目绩效管理应包括在 PPP 项目全生命周期开展的绩效目标和指标管理、绩效监控、绩效评价及结果应用等项目管理活动。各参与方应当按照科学规范、公开透明、物有所值、风险分担、诚信履约、按效付费等原则开展 PPP 项目全生命周期绩效管理。为了保证 PPP 绩效管理政策具备可操作性，财金〔2020〕13 号文附件还提供了一个 PPP 项目全生命周期绩效管理导图、四个 PPP 项目绩效评价参考模板（工作方案、评价报告、建设期/运营期共性指标框架），全面梳理了绩效管理全过程各环节工作内容和程序。

2023 年 11 月，《关于规范实施政府和社会资本合作新机制的指导意见》提出，"项目实施机构应会同有关方面对项目运营情况进行监测分析，开展运营评价，评估潜在风险，建立约束机制，切实保障公共产品、公共服务的质量和效率。项目实施机构应将社会公众意见作为项目监测分析和运营评价的重要内容，加大公共监督力度，按照有关规定开展绩效评价"。

PPP 项目全生命周期绩效管理涉及面广、管理周期长，是一项长期的系统性工程，有利于保证 PPP 项目参与各方的合法权益，规范化推进 PPP 项目实施，通过绩效管理切实提高公共产品与服务的供给质量和效率，可为 PPP 事业的可持续发展及财政预算的有效管理做出积极贡献。

2. PPP 项目 ESG 标准和指标体系与绩效管理的关系

对比财金〔2020〕13 号文中的绩效指标，发现其与 ESG 标准和指标体系两者既有重合，也有不同。例如，在 PPP 项目绩效评价共性指标框架中，建设期和运营期均设置了三个一级指标：项目产出指标、项目效果指标和项目管理指标。其中，项目产出指标中与 ESG 标准和指标体系相关的二级指标主要有安全保障；项目效果指标中与 ESG 标准和指标体系相关的二级指标主要有经济影响、生态影响、社会影响和可持续性；项目管理指标中与 ESG 标准和指标体系相关的二级指标主要有组织管理、制度管理、信息公开等。

可见，PPP 项目 ESG 标准和指标体系与绩效管理指标体系本质上具有一定的相似性和重合性，而区别主要在于：PPP 绩效管理以 PPP 项目产出绩效作为核心，以产出管理为导向推进 PPP 项目绩效管理，ESG 指标仅是绩效指标的部分内容而不是全部内容，ESG 绩效是 PPP 项目绩效管理的内容之一但不是全部。同时，ESG 标准和指标体系更专注于环境、社会和治理三个领域，其具体指标数量和所涵盖的范围比 PPP 绩效管理指标体系更多和广泛。

ESG 标准和指标体系与传统的财务指标体系不同，其从环境、社会、公司治理的角度评估项目的经营是否具有可持续性及对社会价值观的影响，要求项目在实施过程中注重环境保护、履行社会责任、完善公司治理。ESG 信息不直接体现在项目财务报表中，但涵盖了项目实施的隐性和长期风险，在很大程度上决定了项目是否能够实现可持续发展，是否存在突发环境事件、责任事件、治理问题等隐患而导致财务风险。在 PPP 项目绩效管理中运用 ESG 理念，既是全面实施预算绩效管理的必然要求，也是 PPP 项目保障公共服务持续稳定供给的客观需要。

（二）PPP 项目 ESG 标准和指标体系具体应用

ESG 标准和指标体系在具体 PPP 项目中应用有两条路径。

1. 将 ESG 标准和指标体系融入现有 PPP 项目绩效指标体系，ESG 评价作为 PPP 项目绩效管理的一部分

PPP 项目绩效管理仍然沿用现有 PPP 项目绩效评价框架，保留 PPP 项目产出、效果作为一级指标，将环境、社会和治理指标纳入作为二级指标，并增设三级指标（见表 2）。

表 2　融入 ESG 标准和指标体系后的 PPP 项目绩效指标体系

类型	一级指标	二级指标	三级指标
项目公司(社会资本)绩效评价(100 分)	产出	竣工验收	竣工验收
	效果	社会影响	新增就业
			员工管理与发展
			健康与安全保障
			供应商管理
			产品质量与安全
			社会荣誉
			重大诉讼
			公众舆情
			群体性事件
		生态影响	温室气体排放
			资源利用
			污染物排放
			生态保护
			环保处罚

资料来源：作者整理。

在该条路径下，ESG 评价作为绩效管理的一部分内容，体现在 PPP 项目绩效评价、监控等各项评价之中。本文认为，该种方法既容易被 PPP 项目相关各方接受，也便于操作，建议采用该种方案推进 ESG 理念在 PPP 项目中的应用。

2. 对 PPP 项目单独设置 ESG 标准和指标体系，单独进行 ESG 评价

单独设置 ESG 标准和指标体系，其中环境、社会和治理均为一级指标，并增设相应二级指标，单独进行 ESG 评价。ESG 评价与 PPP 项目绩效管理并存，作为 PPP 项目绩效管理的两个重要工具。

在该条路径下，ESG 评价与 PPP 项目绩效管理并存，如前所述，部分工作重复，可能会增加 PPP 项目相关各方的工作量和工作复杂性。考虑到国内 ESG 评价仍处于起步阶段，需要进一步探索和研究，因此，不建议在初始阶段采用该种方法。

四　建议

ESG 理念是实现可持续发展的有效工具，应结合我国国情，在项目层面发挥更大的作用。因此，本文提出如下建议。

（一）以 PPP 项目信息公开促进 ESG 信息披露发展

《关于规范实施政府和社会资本合作新机制的指导意见》要求建立常态化信息披露机制，项目实施机构应将项目建设内容、特许经营中标结果、特许经营协议主要内容、公共产品和公共服务标准、运营考核结果等非涉密信息，依托全国投资项目在线审批监管平台，及时向社会公开。特许经营者应将项目每季度运营情况、经审计的年度财务报表等信息，通过适当方式向社会公开。如果将 ESG 标准和指标体系融入现有 PPP 项目绩效指标体系，ESG 评价作为 PPP 项目绩效管理的一部分，则应遵守前述 PPP 项目信息公开的相关要求。

从 PPP 项目角度来看，社会资本方（项目公司）应遵循相关文件中信息公开的要求，根据自身情况建立 ESG 信息管理体系及信息披露流程，对 PPP 项目绩效指标体系中相关 ESG 信息进行披露，不仅有助于项目可持续发展，也有助于企业自身 ESG 信息管理体系的完善。因此，PPP 项目应用 ESG 理念，可以进一步促进 ESG 信息披露相关工作的发展。

（二）探索研究、建立 PPP 项目行业通用 ESG 标准和指标体系

如前所述，参考国际 ESG 披露标准、国内 ESG 相关研究文献等，总结 PPP 项目咨询服务的经验，本文创造性地提出我国 PPP 项目通用及共性的 ESG 标准和指标体系。但是在具体 PPP 项目中应用时，应结合行业特点，运用 ESG 理念对通用和共性指标进行调整、细化和完善，使其能够更好地发挥作用。例如，生态建设和环境保护项目可更侧重于环境类指标，包括废水、废气和固体废物等污染物排放；市政工程、体育、旅游公共服务项目则可以更侧重于社会类指标，包括社会响应、供应链管理、社区关系管理等。

因此，本文建议结合 PPP 项目适用的行业领域特点，运用 ESG 理念对共性和通用指标进行调整、细化和完善，探索研究、建立行业通用 ESG 标准和指标体系。具体 PPP 项目可以参照这些行业标准，结合 PPP 项目具体实施目的和目标，有针对性地设计适合每个具体 PPP 项目的 ESG 标准和指标体系，进行实践应用。

（三）融入 ESG 评价，积极践行和完善 PPP 项目绩效管理

在 PPP 项目绩效管理中引入 ESG 理念，对于我国 PPP 绩效管理的实践具有重要意义，有助于引导社会资本支持经济结构调整，推动发展模式向高质量、可持续转变。

本文建议仍然沿用现有的 PPP 项目绩效指标框架，以 PPP 项目产出、效果和管理绩效作为一级指标，将环境、社会和治理指标纳入作为二级指标，并增设三级指标。在进行 PPP 项目绩效评价（监控）的同时，也进行 ESG 评价，并作为 PPP 项目绩效管理的一部分内容，ESG 评价结果体现在 PPP 项目绩效评价、监控等各项评价中。

本文认为，该种方法容易被 PPP 项目相关各方接受，更便于操作，建议采用该种方案，推进 ESG 理念在 PPP 项目中的应用，以促进我国 PPP 项目高质量、绿色、可持续发展。

2023 年 6 月，国际财务报告准则基金会设立的国际可持续准则理事会发布了《国际财务报告可持续披露准则》，包括《国际财务报告可持续披露准则第 1 号——可持续相关财务信息披露一般要求》和《国际财务报告可持续披露准则第 2 号——气候相关披露》，标志着 ESG 信息披露将由以自愿披露为主向强制披露转变。① 同月，国际可持续准则理事会设立的北京办公室正式揭牌，一方面，表明建立全球统一的 ESG 标准体系需要中国的参与和认可；另一方面，说明我国 ESG 相关工作开始受到政府层面的重视，接

① IFRS，*IFRS Sustainability Disclosure Standards*，London，2023，https：//www. ifrs. org/issued-standards/ifrs-sustainability-standards-navigator/.

轨国际标准并提升中国 ESG 社会价值与国际认可度。2023 年 11 月《国务院关于印发〈全面对接国际高标准经贸规则推进中国（上海）自由贸易试验区高水平制度型开放总体方案〉的通知》[①]、2023 年 12 月《中国证监会 国务院国资委关于支持中央企业发行绿色债券的通知》等文件再次提及 ESG 理念的具体应用，也进一步表明我国相关部门对 ESG 相关工作的支持和推动。[②] 因此，相信我国率先提出的项目 ESG 理念和开展的实务发展潜力巨大，并且必将随着全球 ESG 体系的加速发展而不断走深走实、突破创新。

① 《国务院关于印发〈全面对接国际高标准经贸规则推进中国（上海）自由贸易试验区高水平制度型开放总体方案〉的通知》，中国政府网，2023 年 12 月 7 日，https：//www. gov. cn/zhengce/zhengceku/202312/content_ 6918914. htm。

② 《中国证监会 国务院国资委关于支持中央企业发行绿色债券的通知》，中国政府网，2023 年 12 月 8 日，https：//www. gov. cn/zhengce/zhengceku/202312/content_ 6919326. htm。

专题报告

Special Reports

B.10
重大工程项目 PPP+XOD 模式应用研究

王铭磊 *

摘　要： 重大工程项目建设是国家经济发展和社会进步的基础，为了解决资金短缺、质量不高、效率低下等投资和建设机制问题，我国推出了 PPP 模式。随着该模式的不断发展，实践中也逐步出现了社会资本参与度不高、融资结构不合理等问题。为了进一步改进优化，我国在 PPP 的基础上提出了 PPP+XOD 模式，形成了一种新的合作模式。与传统 PPP 相比，PPP+XOD 模式具有更高的灵活性和可持续性，能够更好地保障重大工程项目的质量和效益。本文梳理了 PPP+XOD 模式的基本概念、主要特点、理论基础及意义、适用领域和操作流程，以及 PPP+XOD 模式较传统 PPP 的创新转变，并以杭州奥体博览城为例，分析其操作模式和成功经验，思考当前政策和法律体系、风险分担机制、社会资本参与意愿和能力等方面存在的问题和挑战，进而提出持续完善

* 王铭磊，北京金融控股集团资本运营部总经理助理。

法律体系、加大政策支持力度、健全风险分担机制、建立多元化市场竞争机制等政策建议，具有非常重要的现实意义。

关键词： 重大工程项目　PPP+XOD 模式　杭州奥体博览城

一　PPP+XOD 模式的概念及特点

（一）基本概念

PPP + XOD 模式是 PPP 模式和 XOD（eXtended Ownership and Development）模式的创新融合。XOD 模式最初起源于 TOD 模式（以交通设施为导向的城市空间开发模式），TOD 模式充分利用公共交通与周边土地开发的良性互动，扩大公共交通对所在区域土地增值的正外部效应，解决交通问题的同时优化了城市发展格局。随着城市的发展，除了交通设施可以带来周边土地的溢价升值之外，其他能够满足社会公共需求的设施或服务（如教育、医疗、体育、生态环境等）同样可以带来区域经济的提升及土地的溢价。因此，XOD 模式不断拓展，逐渐成为满足基础设施发展多重需求的模式的统称，根据所涵盖的基础设施类型不同，又可以划分为 TOD（交通导向）、SOD（片区服务配套导向）、IOD（产业导向）、COD（文化导向）、EOD（生态导向）、SOD（体育导向）、HOD（医疗导向）等模式（见表 1）。

表 1　XOD 模式主要类型和具体内容

序号	类型	内容
1	TOD 模式	TOD（Transit-oriented Development）是以公共交通为导向的开发模式，一般以交通枢纽为中心，在一定的合理半径范围内与周边各类功能用地协同发展，最终形成集商业、办公、居住、文教等于一体的综合型功能区

续表

序号	类型	内容
2	SOD(片区服务配套导向)模式	SOD(Service-oriented Development)是以公共服务设施为导向的开发模式,通过政府有针对性地建设公共服务基础设施,将公共服务设施及其他商办服务、文体服务、医疗服务等城市功能进行空间布局,借助城市空间功能的聚集产生巨大的吸引力来带动区域发展
3	IOD 模式	IOD(Industry-oriented Development)以产业为导向的开发模式,以城市空间为载体,以城市自身的经济发展条件为支撑,以新型工业化为导向,集中发展相关产业集群,通过构建创新型产业网络结构,形成支柱型主导产业群,促进区域功能的优化布局,最终达到多元要素的流动与共享,形成相互协调的产业可持续发展态势
4	COD 模式	COD(Culture-oriented Development)以城市文化为导向的空间开发模式,尊重当地文化资源价值,延续和提炼城市文脉,将无形的文化具象化,并赋予其空间形态,提高区域文化的影响力,打造富有文化底蕴和特色的区域空间
5	EOD 模式	EOD(Ecology-oriented Development)以生态为导向的开发模式,强调以生态发展容量为基础,以生态文明建设为导向,在开发的同时尽可能保护当地生态环境,并对已有环境进行修复改善,将城市空间与外部自然资源有机耦合,形成体系协调共生的复合生态系统
6	SOD(体育导向)模式	SOD(Sports-oriented Development)是一种体育引领城市营造的新模式,是以公共服务为导向发展模式的延伸,核心是用体育公共服务、体育消费升级、体育创新等引领城市规划、社区活力和产城融合
7	HOD 模式	HOD(Hospital-oriented Development)以医疗为主要核心,不断加入延伸服务内容,如研发服务、教育服务、养老服务、旅游服务等内容,带动相应区域开发,是集多种功能于一体的复合型开发方式

资料来源：根据公开资料整理。

经济快速发展对重大工程项目的强烈需求，使得地方政府以财政统筹基础设施建设的方式难以为继。在此背景下，PPP 模式和 XOD 模式进行融合创新，以 XOD 模式为导向，以 PPP 模式为手段，引导社会资本进入重大工程项目建设领域，有效缓解政府资金压力。同时，通过将基础设施投资引发的正外部效应内部化反哺基础设施建设，可以有效保障参与项目的社会资本的合理收益，从而激发社会资本参与的主动性和积极性。

（二）主要特点

PPP+XOD 模式在重大工程项目建设中发挥重要作用，虽然每个成功的 PPP+XOD 项目实施背景、过程和成效不尽相同，但是具有以下共同特点。

一是具有持续稳定的获利预期是前提。项目设计一般遵循正常的商业模式，确保企业投资、企业所有、企业受益；实施更加科学的论证，保障项目有较为合理的获利预期。

二是平等、务实、全面、详细的协议是基础。项目协议在诚信、平等、互利原则下商议和签署。协议记载项目设计、成本分担和收益分配方法、合作双方权利和义务等内容，具体到每块土地的用途控制、企业账目的提交频次等操作方法，为长期合作奠定扎实基础。

三是选择龙头企业或专业企业“联合体”是关键。行业龙头企业往往具有丰富的实操项目经验，专业企业能够保障项目的稳定性和持续性，有利于项目的高效平稳落地。

四是企业主导、政府有限参与是动力。通常，由企业牵头项目的规划、建设、运营、管理和其他方面的综合实施。政府负责前期概念规划、规范标准制定、中期重大事项决策参与、全过程监管，并加强服务保障，着力破解企业的具体难题，促进合作共赢。

五是共同维护契约精神是保障。政府和企业在合作中应是权利义务对等的，遇到问题可以一起协商。特别是政府要和企业形成良性互动的合作机制，不能将自己的意志强加给开发经营者。

二　理论基础及意义

PPP+XOD 模式的经济学理论基础是“溢价回收”（Value Capture）理论，即按照“谁受益，谁投资”原则，将重大工程项目综合开发收益反哺

于重大工程项目，公共项目获得的额外收益应返还给公共部门并用于公共项目，主要措施包括征税和补贴等。通过对重大工程项目受益主体进行征税，政府将所得外部效益的部分返还给参与重大工程项目的企业，实现外部效益合理分配与平衡。例如，在轨道交通重大项目中，该模式主要体现为轨道交通专项资金或者轨道交通企业通过取得轨道场站或沿线商业房产开发权，用物业开发的收入补贴交通轨道运营的成本支出。

PPP+XOD 模式通过综合性和多功能规划与开发，扩大了经济、社会、生态等方面的投入规模效应，带动所在区域土地增值，形成土地融资和重大工程项目之间自我强化的正反馈关系，综合解决了资金来源的重要问题，缓解了重大工程项目中政府资金投入与企业资金投入、社会效益与经济效益、空间限制与经济增长之间的矛盾。

PPP+XOD 模式融合了重大工程项目和用地一体化理念，提高土地资产附加值和流转效率，创新融资方式，进一步拓展融资渠道，鼓励社会资本积极进入重大工程项目领域，有助于激发市场主体的活力，形成多元化、可持续的资金投入机制。同时，有利于加快政府职能转变，实现政企分开、政事分开，充分发挥市场机制的决定性作用，实现经济效益和社会效益的最大化。

三　PPP+XOD 模式的适用领域及操作流程

PPP+XOD 模式的创新是重大工程项目的供给侧结构性改革。这种模式有效缓解了重大工程项目建设的财政压力，使政府有限的资金能够分散到更多的项目上。

（一）PPP+XOD 模式适用领域

PPP+XOD 模式适用于重大工程项目的诸多领域，特别是在轨道交通，医疗和养老服务设施，城市供暖、供气、供热，教育、体育，地下综合管廊，垃圾及污水处理，能源基础设施，保障性安居工程等领域发挥重要作用。

（二）总体思路及操作流程

重大工程项目 PPP+XOD 模式总体思路见图 1。以公共交通领域的重大工程项目建设为例，项目公司根据 PPP 合同协议，进行公共交通重大工程项目建设及运营，同时取得沿线及站点的开发权限，依托交通运营产生的票务收入以及交通沿线和站点开发产生的非票务收入保障自身的合理收益，显著提升了公共交通领域项目自身所具有的盈利能力，增强了项目对社会资本的吸引力，并进一步撬动更多的社会资本投资公共交通领域。

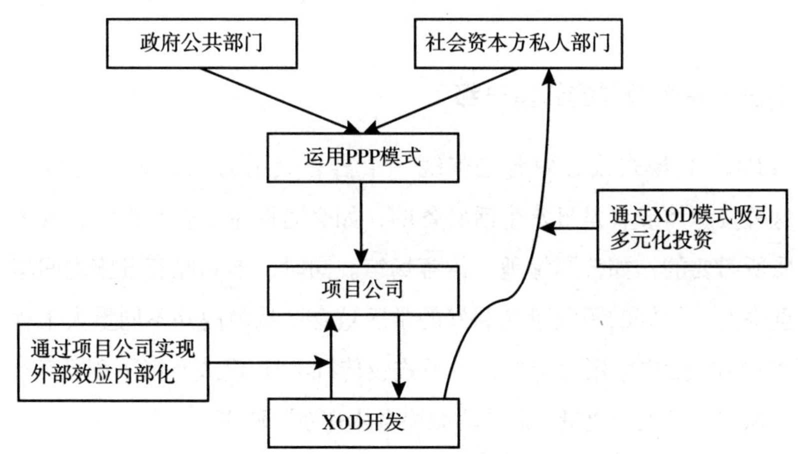

图 1　重大工程项目 PPP+XOD 模式总体思路

资料来源：根据公开资料整理。

该模式的高水平运作，重在提前做好项目谋划储备、立项审批等工作，加大资金、土地保障力度。重大工程项目 PPP+XOD 模式的操作流程一般分为项目的确认、可行性研究、项目招投标、项目建设、项目运营和项目移交阶段，通过 PPP+XOD 等投融资和建设模式创新，实现建设资金“用之于项目、取之于项目”的良性循环（见图 2）。

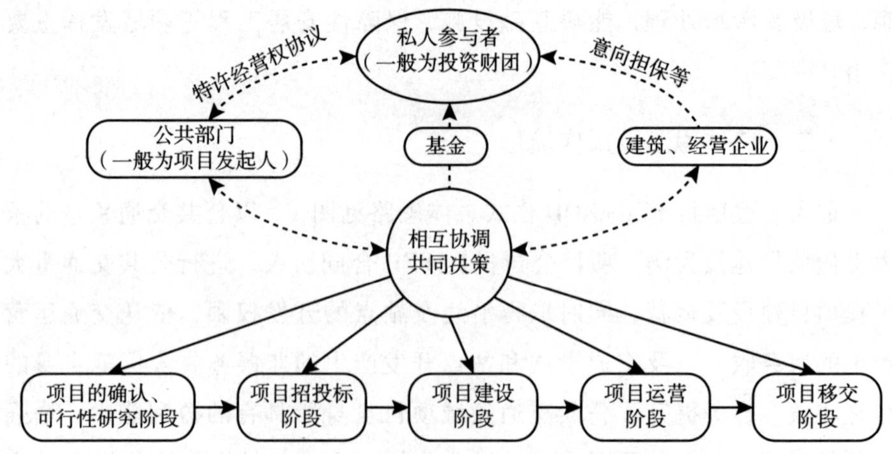

图 2　基于 PPP+XOD 模式的重大工程项目操作流程

资料来源：根据公开资料整理。

（三）操作模式的转型升级

PPP+XOD 模式核心内容是围绕一个富有吸引力的资源体进行集中开发，这种资源体或者是日常生活必备的，如交通枢纽、教育设施；或者是生活品质所需要的，如公园绿地、体育场馆。同时，不同配套设施之间本身也具备重叠性，如好的医院可能和好的学区重合。从国内外不同重大工程项目的 PPP+XOD 模式应用案例看，该模式较传统 PPP 模式有以下创新转变。

1. 从“单项工程建设”向“功能综合体开发”转变

政府将功能性工程项目、配套基础设施项目、关联商业项目、其他配套空间、已建成的管理运营项目打包，以功能综合体的形式进行公开招标，对企业资金实力、专业性、跨行业协调能力提出了更高的要求。在实际操作中，这种改变有利于激发行业龙头企业、金融企业、专业化企业参与的积极性。大部分重大工程项目都是由行业龙头企业或行业龙头企业牵头的“联合体”中标，有些项目甚至只需要政府供地。这种模式会促进项目量的大幅增加，但政府投资不增反减，有利于政府资金效用的放大。如杭州市利用较少的财政资金，撬动总投资庞大的“奥体中心主体育场、游泳馆、综合训练中心 PPP 项目”。

2. 从“规划/建设/运营”向“全过程一体实施”转变

在 PPP+XOD 模式下，项目一般由企业主导并长期持有，综合效益全面提升。通常开发运营商主导重大工程项目的功能区域规划、建设和运营管理，并长期持有大部分产权单位。政府继续保留规划和监管的职责。该制度安排有利于开发运营商实施科学和长期的经营策略，并通过独立运营或委托专业企业代为运营，实现项目经济效益和社会效益的最大化。例如，华熙国际将北京五棵松体育馆的年利用率提升至 70%，市场开发和商业赞助收入占比接近 60%。此外，还建设了冰上运动中心和篮球公园等场馆，规模效应也不断提高。

3. 从“单点固定获利”向“多元化浮动获利”转变

该模式下，项目盈利模式进一步创新，政府也可以分享可观的收益。项目盈利渠道多元化，企业可以在工程项目运营、商业项目管理、配套土地和房地产开发上新增利润。同时，企业的经营能力越强，其收入和利润就会越高。例如，台湾高雄的综合体育馆和购物中心等配套设施项目收获了高水准的综合体育馆和多个就业岗位。开发和运营商获得收入的同时，高雄市每年可获得可观的土地租金收入，包括不断增加的地价税和营业税，以及场地租赁费，到期后还可以拥有球场的所有权和运营权。

四　PPP+XOD 模式应用案例

PPP+XOD 模式为政企长期合作、互利共赢打下了较好的基础。目前，该模式在欧美日等国家的重大工程项目中得到广泛且成功的应用。我国的杭州奥体博览城就是一个成功的案例。

（一）项目概况

2007 年初，杭州明确提出建设杭州奥体博览城，规划总面积 583.89 公顷，核心区主要包括四大板块：具有体育和竞技功能的奥体中心、具有会展

服务功能的国际博览中心、具有酒店商务和办公功能的超高层双塔（杭州世纪中心）、两个地铁上盖物业（见表 2）。

表 2　杭州奥体博览城主要组成

类型	内容
奥体中心	杭州奥林匹克体育中心始建于 2009 年，为杭州亚运会主会场。主要由体育场“大莲花”、体育馆/游泳馆“化蝶”、网球中心“小莲花”、综合训练馆“玉琮”等组成
	主体育场是总面积约 22 万平方米、总座位数超过 8 万个的超大型建筑。体育场及附属设施包括一个比赛场地和一个热身运动场地
	网球中心是能够举办国际网球大师洲际赛、全运会等大型赛事，为公众提供健身休闲服务的综合性设施
	体育游泳馆包括一个 1.8 万座的体育馆和一个 6000 座的游泳馆。体育馆拥有综合性室内竞技体育表演、冰上表演、训练、全民健身等功能性游泳设施，可举办各种水上运动、表演、训练、群众体育等活动
	综合训练馆具有专业运动队训练、体育产业、大众体育健身等功能，总建筑面积 18 万平方米，由主训练馆、手球馆、新闻中心、运动员宿舍、配套公共设施组成
国际博览中心	国际博览中心是杭州奥体博览城的重要组成部分，是集会议、展览、商业、酒店、办公于一体的大型城市会展综合体项目。建筑面积达 85 万平方米。2016 年，国际博览中心作为主会场成功举办了 G20 杭州峰会。它包括展览中心、上层物业、屋顶花园、地下商业、地下车库和计算中心等功能区。会展中心的会议部分能够满足高标准国际会议的需求；展区拥有 7500 个国际标准展位，高球面空间的城市客厅可满足高层次接待、高层次宴会、高端精品展览的需求：上层物业由三座塔楼组成，设计用于高端商务办公和五星级酒店
杭州世纪中心	杭州世纪中心（“杭州之门”）是城际线的制高点，位于奥体博览城核心街区主轴线上。双子塔的建筑高度约为 316 米，建筑面积约为 40 万平方米。它们集企业总部、商务办公、超五星级酒店、精品商场等功能于一体
地铁上盖物业	地铁路线通过奥体站连接钱江新城和奥体博览城。为了使基地的商业价值最大化，整个基地的规划和设计都是面向建在地铁上的物业。无论是架空层、地下商业建筑，还是地下停车库，都部署两个地铁站作为枢纽，实现交通连通。借鉴香港“地铁+物业”的开发建设模式，对奥体博览城地铁上的物业及周边地块进行市场化开发

资料来源：根据公开资料整理。

（二）操作模式

在奥体博览城核心区，杭州世纪中心双塔与地铁上建的五塔组合相呼应，结合地铁配套、商业综合体、住宅等项目，形成无缝互联的商业“大环线”，提升了地铁奥体中心站整体地下商业价值。相应广场有通往体育场的走道平台，商业建筑串联在一起。商业综合体地下一层以奥体中心站地铁商业为核心，通过通道连接主体育场、综合训练中心、杭州世纪中心、世博中心等地下商业空间，形成奥体博览城地下商业区。

奥体博览城是以体育比赛和展览为核心，兼顾商业、旅游、居住、演艺、美食、休闲、购物等功能的大型城市综合体。奥体博览城以 PPP+XOD 模式建设，包含了 TOD（交通导向）、SOD（片区服务配套导向）、IOD（产业导向）、COD（文化导向）、SOD（体育导向）等诸多模式。

（三）成功经验

PPP+XOD 模式在杭州奥体博览城项目中成功地实现了创新应用和多方合作的协同发展，具有十分重要的借鉴意义。

一是引入多元化的融合业态设计。在杭州奥体博览城的建设中，通过 PPP+XOD 模式，将传统的体育场馆、博览中心、商业综合体等多种业态有机地融合在一起，形成了一个以展览、演艺、体育、休闲、商业等多种功能为一体的综合性场馆，创新性地满足了市民和游客的多元需求。

二是创新的投融资模式。杭州奥体博览城采用 PPP+XOD 模式，强化了社会资本的主体地位，充分发挥了市场机制的作用，优化了资源配置，提高了投资效益，促进了社会资本和政府资源的有机结合，实现资金的共同投入和风险共担，既有效地减轻了政府的财政负担，又激发了社会资本的积极性，实现了政府与社会资本的共赢。

三是提升了建设效率和项目质量。在杭州奥体博览城的建设中，PPP 项目通过引入 XOD 模式，能够获得更多的企业、市场、资金、技术等资源，从而提高了整个项目的建设效率，并降低了项目成本。同时，该模式下社会

资本负责项目的设计、施工和运营，引入专业公司或集团来运营，使得项目能够更加专业和高效地进行管理。

四是推动城市经济转型升级。PPP+XOD 模式的成功还在于其能够推动城市经济的转型升级。杭州奥体博览城不仅提供优质的体育和文化服务，提升了城市的综合文化软实力，还带动了周边产业的发展，促进了城市经济的快速增长和升级，为杭州的经济和社会发展做出了积极贡献。

五是有利于打造城市品牌。PPP+XOD 模式实现了政府与企业之间的良性互动，打造杭州奥体博览城这样的综合性城市项目，有助于培养并推广城市品牌，提升城市的形象和美誉度。

综上所述，杭州奥体博览城项目的成功在于充分发挥 PPP+XOD 模式的优势，政府和企业共同承担责任，充分发挥市场机制作用，实现了融合设计、投融资、项目建设和管理、经济效益和社会效益等维度的全面提升和协同创新，也为其他城市的重大工程项目建设提供了有益的借鉴和参考。

五　PPP+XOD 模式的主要困难和挑战

PPP+XOD 模式在重大工程项目中具有广阔的应用前景，但在实践中仍面临一些困难和挑战，主要包括以下几个方面。

第一，政策和法律体系还有待完善。目前，我国 PPP+XOD 模式的相关政策和法律体系尚不完善，各地区的政策法规也不完全一致、配套机制还不健全，缺乏统一的项目管理、监管和评估标准等，这给重大工程项目的实施和管理带来了一定的风险和不确定性。

第二，风险分担机制还需进一步健全。PPP+XOD 模式的成功实施需要建立健全的风险分担机制，但目前我国重大工程项目的风险分担机制还不够完善，政府和社会资本在风险分担方面的权责界定还不够清晰，导致部分重大工程项目的实施和运营存在较大风险。

第三，社会资本参与的意愿和能力还有提升空间。PPP+XOD 模式对社会资本参与重大工程项目有很好的促进作用，但由于重大工程项目一般投入较大、周期较长，建设和运营复杂，对社会资本主体有更高的要求，社会资本参与项目的意愿和能力还有进一步提升的空间。

六　实施 PPP+XOD 模式的政策建议

针对上述困难和挑战，建议从法律体系、政策支持、风险分担机制、市场化竞争机制等方面进行完善，主要包括以下几个方面。

一是持续完善法律体系。政府应加强 PPP+XOD 模式相关政策和法律体系的完善，优化 PPP+XOD 项目的评估、筛选、实施和管理机制，科学地对重大工程项目的核心设施运营现状进行评估、对运营的过程进行跟踪、对跟踪的结果进行总结反馈，统筹各地区政策法规，提高重大工程项目的透明度和规范性，进一步降低投资风险和不确定性。

二是加大政策支持力度。PPP+XOD 模式需要政策支持和监管，以保障各方的权益和项目顺利进行。此外，为了拓展社会资本参与重大工程项目建设的广度和深度，政府可以制定一系列政策措施，如优惠税收政策、贷款利率优惠政策、减免重大工程项目建设环节的审批费用等，进一步提升社会资本的参与度和积极性。

三是健全风险分担机制。政府应加强 PPP+XOD 模式重大工程项目的风险分担机制建设，明确政府和社会资本在风险分担方面的权责，增强重大工程项目的可行性和可持续性。

四是建立多元化市场竞争机制。政府应进一步完善 PPP+XOD 模式重大工程项目的市场化竞争机制，通过多种方式鼓励社会资本多元化参与 PPP+XOD 模式重大工程项目，建立一定的容错和包容机制，给予社会资本更多的自主权，促进该模式下的有效市场竞争，提高重大工程项目的市场化水平和稳定性。

综上所述，PPP+XOD 模式是一种具有较大应用前景的投融资模式，它能够有效提高项目的可行性和竞争力，促进重大工程项目的升级和优化。同

时，该模式在实践中仍面临一些困难和挑战，需要政府和社会资本共同努力，建立健全相关的制度机制和政策环境，更好地实现 PPP+XOD 模式的持续稳定发展。

参考文献

戴婧：《浅析 PPP 模式在公路建设大数据项目中的应用》，《甘肃科技》2018 年第 9 期。

李树睿、张鹏：《TOD+PPP 模式对普通国省道公路建设投融资的启示和借鉴》，《交通世界》2019 年第 4 期。

Mengyun Cheng，Fengying Qin，“Innovation in Construction of Local Eco-civilized Cities in China：Cooperative Construction Mechanism with Multi-element Objects，” *Journal of Chinese Governance*，2019，6（3），pp. 1-21.

B.11 项目公司视角下特许经营项目履约管理的风险应对策略

傅庆阳　张晓彬　张翥超*

摘　要： 本文针对项目公司在特许经营项目的不同实施阶段会面临政策变化、政府行为和自身问题引发的风险，提出通过加强前期论证评估优选项目、提前明晰风险分担合同条款、落实提前终止与补偿机制等方式应对国家政策变化风险，通过积极沟通、充分发挥政府出资人代表股东作用、主动寻求法律途径解决争议等方式应对政府行为风险，通过做好全生命周期运营谋划、引入中期评估、优化退出通道等方式应对自身问题风险，确保项目能够实现预期收益和效果。

关键词： 特许经营项目　履约管理　PPP

新机制下，政府和社会资本合作（PPP）全部采取特许经营模式实施，特许经营模式是指政府通过竞争方式引入特许经营者，授权其参与基础设施和公用事业的投资建设和运营，发挥特许经营者的技术、人员和管理优势，提高公共产品或服务的质量和供给效率。自 2015 年《基础设施和公用事业

* 傅庆阳，天和国咨控股集团有限公司董事长，高级工程师，研究方向为项目管理、政府和社会资本合作、项目投融资与全过程工程咨询等；张晓彬，天和国咨项目管理与投资建设（PM&IC）研究院执行副院长，工程师，研究方向为特许经营、政府和社会资本合作、绩效管理与项目投融资等；张翥超，天和国咨控股集团有限公司风险绩效管理中心主任，研究方向为政府和社会资本合作绩效管理、项目合同履约、财政项目绩效管理、中期评估等。

特许经营管理办法》实施以来，有大量央企、地方国企、民企等参与特许经营项目的建设、运营，并新增设立了大量的项目公司，为我国基础设施和公共服务领域的建设、运营注入了鲜活的动力。而在 PPP 新机制下，还将有更多的优质特许经营者参与其中，尤其是民营企业。基于特许经营期限长、投融资规模大、项目边界复杂、聚焦使用者付费等特点，加上涉及 PPP 新机制的相关政策规范正在逐步完善，特许经营项目履约管理仍存在很多疑难问题。因此，本文站在项目公司角度，分析如何识别特许经营项目履约管理风险，探究维护合同双方权益的路径和应对策略。

一　特许经营期内履约管理的主要风险

（一）特许经营项目履约管理的特点

PPP 新机制下，特许经营项目由于自身的特殊性，具有特许经营期限长、合同内容复杂、涉及资金规模大、强经营性收益和聚焦使用者付费、合同甲方独特性和强监管性等特点，这些特点使特许经营协议具有很强的不稳定性。相应而言，不稳定性使得特许经营项目的履约管理也呈现动态性和不确定性。具体而言，特许经营项目履约管理具有如下特点。

1. 具有较强的政府行政性

特许经营模式适用于基础设施和公用事业领域项目，具有一定的公共属性。在特许经营模式下，政府方由公共产品和服务的提供者转为特许经营者的“合作者”及特许经营协议履约的监管者。在履约过程中，通常由政府方负责前期的规划、选址、特许经营方案编制以及按规定开展可行性论证等工作，确保项目合规合法，并监督特许经营者依法依规履行投资管理程序、保障项目工程质量和后续的运营管理效果，使合同目的顺利实现；同时，政府对特许经营协议中涉及的公众服务、价格等内容起到较好的监督和管理作用。因此，特许经营项目政府方协调与管理了大量的工作，具有很强的政府行政性。

2. 具有不确定性和动态管理性

由于特许经营项目的特许经营期限较长，最新规定最长可达到 40 年，在项目履约过程中，管理上也具有较大的不确定性。

（1）合同复杂。特许经营协议涉及法律、财务、工程建设、运营管理等多方面，范围广、内容杂、参与方多。因此，在日常的履约过程中政府与特许经营者各方均需要专业的人士进行合同解读和梳理，当双方因相关条款存在争议时，需尽快解决，才能保证项目稳定运行。

（2）投资规模大。特许经营模式主要应用于基础设施和公用事业项目，特许经营者所投入的资金成本通常较大。在实践中，部分项目在特许经营者选择阶段仅属于框架性实施状态，建设期中可能因为涉及土地占用、规划调整等出现投资规模的变化。因此，在日常的履约管理中，特许经营者不仅要对投资规模进行合理把控，还要及时应对投资规模变化和所需资金调整。

（3）聚焦使用者付费。PPP 新机制下特许经营项目应当具有较强的经营性收益，有明确的收费渠道和方式，在运营期内有稳定的现金流，特许经营者不再依赖政府付费或可行性缺口补助，而应当主要依托使用者付费收入回收投资和成本，政府不给予任何形式的兜底，这将决定特许经营者必须具有更强的运营能力和抗风险能力。

（4）注重项目绩效。特许经营项目在运营期内应当定期开展运营评价，评价项目运营管理是否实现预期功能和质量目标，实施全生命周期履约管理并突出绩效导向是特许经营项目相较于传统基础设施项目在建设、运营上的突出优势和重要特点。因此，特许经营协议在该部分与传统施工合同具有突出的不同之处。

（5）开展阶段性评估。为强化对特许经营项目的阶段性总结和纠偏，通常会对特许经营项目开展阶段性评估，例如中期评估、项目后评价等，对其实施进度、成本投入、目标达成状态、合同适用性等整体情况进行评估，以保证项目的稳定运行。阶段性评估工作比项目日常管理更加具有总结性、经验性，可以使政府方对特许经营项目的阶段性运行情况进行整体把握，以便后续优化调整运营内容和标准，完善项目监管机制，顺利开展期满移交等工作。

（二）特许经营项目履约管理的主要风险

特许经营模式作为 PPP 新机制下特许经营者参与基础设施和公用事业项目投资建设运营的新模式，在风险上仍然会呈现全生命周期风险和风险合理分配的特征。

1. 项目前期风险

特许经营项目前期风险主要来源于政府方，尤其是在特许经营方案决策阶段和特许经营者选择阶段，容易引发论证不充分风险、审批延误风险、决策失误风险、政府信用风险等，往往造成项目谈判时间延长、资金消耗增加等问题。

2. 项目建设期风险

特许经营者的项目管理能力在特许经营项目投资建设过程中的作用举足轻重。在特许经营项目建设期间，较易引发完工风险和环保风险。项目容易受到天气、技术、土地获取，以及材料成本、人工成本等综合因素的影响。同时，项目建设期间还需保证工程质量、进度，以及符合安全、环保要求。

3. 项目运营期风险

特许经营项目运营期容易引发财务风险和经营风险。首先，由于特许经营项目会计核算范围不够准确，以及在项目前期、建设期、运营期和移交期相关业务、科目的划分不够准确，核算方面容易存在较大问题。其次，由于特许经营项目特许经营期限长且具有公共属性，并非利益至上，因此，在运营期内项目公司经营收益的小幅度变化，有可能导致其在特许经营期届满时仍未能足额获得预期的款项，从而影响企业的现金流和资金链安全。最后，移交后项目发生变化，配套的基础设施不到位，均会导致经营问题。

特许经营项目全生命周期遇到的风险，有因为合同不完善存在的潜在风险、有合同当事人履约不到位产生的风险、有履约因素发生变化带来的风险，还有法律政策变化、征用及公有化、不可抗力风险等非人为因素能左右的其他外部风险。

二　项目公司视角重点关注的履约风险

（一）国家政策变化引发的履约风险

1. 政策变化引起的隐性债务认定风险

地方政府隐性债务可以简单理解为未纳入地方政府债务统计信息的债务，从 2014 年起有关 PPP 项目的政策就在不断调整，当前更是重磅推出 PPP 新机制。有关系列文件反复提及若涉及固定回报、回购安排、保障最低收益、违规担保等情况的应认定为隐性债务，即明确含有涉及隐性债务条款或内容的项目不属于合规的 PPP 项目，新机制下的特许经营亦是如此。对于增加隐性债务的特许经营项目，应当严格按照时限整改并严肃追责，相关单位应持续跟踪整改进度，但是在这一过程中将可能涉及贷款审批限制、工程停工损失、合同解约纠纷等巨大风险。

2. 政策调整后的绩效管理要求变化引起的考核风险

PPP 新机制下的特许经营项目仍然强调定期开展项目运营评价以及按照规定开展绩效评价。但老机制下财政部门已出台相应的绩效管理操作指引等相关文件，对项目全生命周期的绩效管理提出了明确要求，督促各方要积极做好项目建设、运营期的绩效考核工作，但新机制下发改部门尚未出台相应的绩效管理文件。若新绩效文件未能及时出台，或像老机制下出现上有新要求，下却无经验积累，绩效评价工作成效不甚理想的情形，现实操作中将仍会存在绩效指标设计过于笼统、指标间缺乏可比性、指标间逻辑衔接性差、指标体系不完整等不能满足绩效评价相关政策文件要求的诸多常见问题。

3. 政策变化引起的履约不能风险

特许经营项目涉及的法律法规较多，而新法律法规的修订或颁布均可能影响项目的合法性、有效性。在建设期，政策的变化可能会引起项目建设暂停，从而导致建设成本增加，进而引发不能及时履约的风险。在运营期，政策的变化可能导致设施不到位、消费者需求减少，甚至项目唯一性难以保障等问题，从而使项目公司运营收益受影响以及不能按期或足额回收资金。

（二）政府行为引发履约风险

1. 政府过度行政干预引起的建设运营风险

在企业与政府的合作中，政府向来是强势的一方，拥有更多话语权。政府或其指定的实施机构对特许经营项目实施全过程进行的行政监管，体现了政府在特许经营项目中的行政权力。现行政策也要求政府在特许经营项目中不参与商业运作，仅提供稳定良好的运营环境，政府的监督范畴更多体现在行政许可、行政审批等行政权力方面，项目公司的投融资、建设和运营属于商业运作范畴，应由项目公司发挥自身专业优势，以期达到优势互补、合作共赢的目标。如果政府在履约中对项目参与过度，甚至对项目的投融资、建设、运营进行过度行政干涉，要求特许经营项目相关事项均必须进行非必要的审批，将会带来建设工期延长、运营成本增加甚至履约延迟等风险。

2. 政府决策失误形成的超概算问题引发的投资风险

若存在政府特许经营项目相关工作经验、前期准备不足、信息不对称等问题，则较易造成政府决策失误，进而引发投资超概算问题。首先，一方面，前期准备工作不足、调研深度不足且未经科学验证或论证不充分，致使计划投资额不足以应付实际资金需要额；另一方面，政府决策犹豫不决，致使项目落地时间长，其间可能遭遇更换特许经营者、人工和材料价格上涨等问题。其次，在项目实际建设期间，可能遇见土地征用且供应不及时、配套设施改变、手续审批缓慢等问题，耽误工期，从而增加了建设成本，使得实际投资额显著增加。

3. 政府未能切实履约引发项目公司的财务风险

新机制下特许经营项目更加强调实施机构与特许经营者的法律地位平等、权利义务对等，如果政府方在依法依约对特许经营项目实施监管的同时，不能本着“诚信守约”的契约精神切实履行己方义务，不能按照特许经营协议的约定为特许经营项目提供有关配套设施、防止不必要的同类竞争、保障项目的唯一性等，不能依法保护特许经营者的合法权益，将会影响项目公司的实际运营效能和经营收益，进一步影响项目公司的现金流和偿还贷款的能力，造成财务风险。

（三）项目公司自身的履约风险

1. 缺乏退出机制导致的特许经营者长期投资风险

根据我国特许经营项目现有实践情况，特许经营者的退出机制主要有到期移交、项目公司股权转让、项目公司减资、资产证券化。特许经营者在特许经营协议制定与签署时，便应与政府方商议达成一套多元且合理的退出机制，避免特许经营者被项目长期绑定，遭遇不可预见的风险。若缺乏相应的特许经营者退出机制，则特许经营者不能以科学合理的成本实现资金的回收，使资本灵活性下降，影响融资能力。并且，由于特许经营项目涉及的年限长、参与方多、合同复杂，风险加大，特许经营者的资金回收缺乏保障。

2. 项目实际运营情况与签约时变动较大形成的履约不能风险

特许经营项目在运营期间应保证项目公司能够及时、足额收取款项，然而在实际中，项目的盈利能力存在未能达到预期水平的风险，尤其是新机制下聚焦使用者付费，若项目公司不具备足够强大的运营能力，就会面临较大的经济挑战。首先，在运营期间项目公司承担了运营的相关责任，包含经营和维护等内容，但因各种因素的影响，可能导致运营期间成本增加，致使项目公司利润未达到预期水平。其次，特许经营项目兼具经营性和公共属性，不可预见的宏观变化可能导致使用者支出变化，进而影响项目公司盈利水平。

3. 项目公司自身运营能力不足形成的运营风险

在特许经营项目运营期，项目公司面临多项经营义务，且需面对来自政府方的绩效评价和相应奖惩，压力颇大。项目公司管理人员需具备优秀的协调、沟通和应急处理能力，以及特许经营项目运营管理与公共服务供应的相

关经验。若自身运营能力不足，可能导致公众服务需求减少，进而影响项目经营收益。

三　项目公司履约管理风险的应对策略建议

（一）国家政策变化风险应对策略

1. 加强论证评估优选项目，明晰协议约定合理分配风险

规避政策变化风险的关键是要有前瞻性理念和举措。一是选择优质项目。严格审核特许经营方案，科学论证评价项目可行性，合理界定特许经营边界，规范运作特许经营项目；二是认真推敲协议条款。在特许经营协议谈判中，建议在文本中明确定义“适用法规”，明确合同约定的“适用法规”具体包括哪些规范性文件，还需在协议中约定风险补偿规则，当发生法律政策变更使项目投资、建设、运营情况发生消极改变，进而出现项目成本增加、收益减少的情况，可将原协议中相关条件修改以适应新政策，以使项目目标顺利实现，其中所需支付的相关风险补偿应由双方协议商定。并且，根据特许经营项目的风险分配原则，建议在风险分配条款中明确将法律变更风险分配给政府方。

2. 提前研判预测风险发生情形，及时协商签订补充协议

项目公司要合理研判预测可能的政策改变及其带来的相关风险，政策改变时，应及时与政府方协调沟通，找出应对政策变化使协议目标顺利完成的最优解。一是与政府沟通落实协议约定的风险补偿规则。二是签订补充协议。在不违背合同契约精神，遵循特许经营项目风险合理分配和承担原则，未影响项目公司核心利益的情况下，可争取签订补充协议。项目公司可与政府方协商修改完善原协议中相关条款使其适应新政策，并根据运营情况商定风险抵御额度，双方根据具体情况进行风险补偿。

3. 落实提前终止与必要补偿机制，为妥善解决争议提供保障

在项目运营期内，若相关政策引起其他竞争性项目出现、提供公众低价

优惠等情况，致使项目收益未达到预期水平，项目公司可以要求补偿或解约退出。因此，在特许经营协议中应与政府方明确约定类似事件发生致使履约不能后的解决措施。如违反项目唯一性，则要求政府接管和提前解约；如优惠政策使收益减少，政府方应给予必要补偿等。

（二）政府行为风险应对策略

1. 充分发挥政府出资人代表股东的作用，减少政府不当干预

若政府采用资本金注入的方式为特许经营项目提供支持，由于政府不能直接将资金注入项目公司，便通过企业作为出资代表与项目公司进行交易，政府出资人代表在整个过程中保障了政府方资金的传送安全，并监督资金的使用情况。政府与政府出资人代表应做严格区分，两者均能对项目进行监管和干预，但范围并不同。政府出资人代表作为股东，对项目公司的资金使用、项目建设、经营等方面进行监管；政府部门或事业单位作为项目的实施机构更多是对项目能否实现预期目标进行评价，针对绩效评价开展监督。因此，两者分别作为独立法人和政府单位，有着明显的职能界限。应当充分发挥政府出资人代表的股东作用，避免政府方过多的行政干预。

2. 加强项目全过程成本管控，理性控制项目投资规模

项目公司在面对政府方绩效评价监管时，理应将工程设计、配套设施等质量做到最优。在保证工程质量和项目目标可及的基础上，项目公司应严控成本，合理规划投资金额使用。前期招标投标、中期工程建造、后期款项结算阶段均需重视公司内控和成本管理，在施工方面既保证质量又控制成本，在人工方面既重视管理约束又注重人员积极性，使投资金额在计划内被合理使用。

3. 积极主动依法依规寻求法律途径解决争议，保护自身合法权益

随着特许经营模式的实践发展以及国家相关政策的不断完善，制约特许经营发展的地方政府失信问题已经越来越多地受到高层关注，一方面，针对因政府违约导致特许经营者、项目公司的合法权益受到损害的，政府政策和特许经营协议应当完善和畅通赔偿、投诉和救济机制；另一方面，政府方未能切实履约而给项目公司的正常运行造成困难的，项目公司应当积极主动与政府方进行友好协商，如果双方始终存在较大争议且无法解决的，可以根据特许经营协议约定、争议的性质以及相关政策的规定，及时采取依法依规提请仲裁、诉讼、行政复议等有效措施，妥善解决合同争议或经济纠纷，保护自身合法权益。

（三）项目公司自身风险应对策略

1. 借助外部力量，充分研判潜在风险，科学选择项目

特许经营项目周期长、投资规模较大，特许经营者在投资前应当对项目进行充分的调查研究，必要时应聘请专业机构从法律、财务、技术、管理多角度对项目的可行性、政府信用级别、项目融资条件、预期收益水平、潜在风险等方面进行尽职调查，合理预估项目收益、风险，选择优质项目进行投资，与政府建立合作，从协议的角度对投融资、建设、运营、移交等环节进行风险防范，共同规范项目运作。

2. 提前谋划项目资产证券化或 REITs，优化退出通道

特许经营者的退出机制除了主流的到期移交和项目公司股权转让外，资产证券化和 REITs 也越来越受到青睐。特许经营项目的资产证券化即在项目建设期结束进入运营期，形成的资产可以实现稳定现金流后，特许经营者将持有的项目公司股权证券化后实现退出。REITs 指不动产投资信托基金，资产管理公司可选择优质的特许经营项目，吸引投资者的资金，再将收益与投资者分红，使得投资者的资金能够转化为项目投资金。无论是何种退出机制，特许经营者都应根据相关情况合理进行选择，保障退出无障碍，减少风险。

3. 引入中期评估，通过评估项目变化促成与政府的再谈判

由于特许经营项目投资大、耗时长，为保证项目目标顺利实现，开展中期评估十分必要。引入第三方机构对项目运行情况、合同履约情况、目标实现情况、项目偏差等进行评估，可以更全面地掌握项目公司建设运营情况和政府监管情况。如发现与项目目标有偏差的地方，项目公司可尽早与政府方进行商议，保证后续活动的开展。

4. 提前做好全生命周期的运营谋划，优化和创新项目运营机制

运营期在特许经营项目全生命周期中占主要地位，运营管理举足轻重。但是运营管理并不是简单在运营期才体现，而是贯穿项目前期决策阶段、设计施工阶段、运营管理阶段。因此，完善的运营管理体制便显得至关重要。第一，在项目前期决策阶段，做好风险识别和效益分析。第二，在勘察设计阶段，选择专业的勘察设计单位，将设计与运营结合，严格审核设计方案，保证功能目标的顺利实现。第三，在建设施工阶段，严格把控项目工程质量，以降低运营期维护成本。第四，在运营阶段，对项目收益、人员管理能力、项目实施情况等进行科学评估，制定周详的运营计划，配合做好绩效考核。

四　结语

PPP 新机制下，特许经营是一场政府和特许经营者的长期“婚姻”，履约管理是“婚姻”平稳幸福的根本保障。本文首先分析特许经营项目履约管理的特点并进行风险识别，再重点分析项目公司视角下应关注的履约风险，并以此为依据，有针对性地提出应对相关风险的策略。总体来说，特许经营项目风险必然存在，针对可控风险，项目公司要做到未雨绸缪，在特许经营项目整个生命周期内灵活变通，以专业的技术和能力为基础，加以人才、金融、环境等支撑，做好风险预测、识别、分类和化解工作，使特许经营项目能够顺利实施，实现预期收益和效果。

参考文献

《国务院办公厅转发国家发展改革委　财政部〈关于规范实施政府和社会资本合作新机制的指导意见〉的通知》（国办函〔2023〕115 号），2023 年 11 月。

《财政部关于废止政府和社会资本合作（PPP）有关文件的通知》（财金〔2023〕98号），2023 年 11 月。

《中国证监会　国家发展改革委关于推进基础设施领域不动产投资信托基金（REITs）试点相关工作的通知》（证监发〔2020〕40 号），2020 年 4 月。

《关于印发〈关于加强地方国有企业债务风险管控工作的指导意见〉的通知》（国资发财评规〔2021〕18 号），2021 年 2 月。

B.12

采用 TOT 模式盘活存量资产定价问题研究

黎 军*

摘 要： 2022 年以来，国家有关部门发布了大量进一步盘活存量资产的相关政策，一系列政策的出台为采用 TOT 模式盘活存量资产提供了优势，但是未对资产如何定价提出相关的要求。本文梳理了采用 TOT 模式盘活存量资产具备的政策优势，对 TOT 模式盘活存量资产定价进行了概述，从定价和资产评估的关系、重要性、方法以及特点等方面进行阐述，进而研究了采用 TOT 模式盘活存量资产定价时存在的难点并提出了解决建议，以期更好地发挥资产评估的作用，促进产权交易，助力存量资产的盘活。

关键词： TOT 模式　存量资产　定价　资产评估

一　采用 TOT 模式盘活存量资产具备政策优势

（一）TOT 的定义

TOT，是 Transfer—Operate—Transfer 的英文简称，即转让—运营—移

* 黎军，北京国融兴华资产评估有限责任公司首席评估师、副总裁，兼任中国证监会第六届并购重组审核委员会委员、中国资产评估协会常务理事、国资委资产评估评审专家、财政部文化司评审专家等多项社会职务，在企业价值评估领域拥有丰富的实践经验，研究方向为资产评估、企业价值评估。

交。TOT 是指政府将现有资产的所有权、经营权或者收费权等以有偿的方式转让给投资人，交由投资人运营、维护以及提供用户服务，待合同期满后，再将资产权利交还给政府的一种项目运作模式。

（二）采用 TOT 模式盘活存量资产的政策背景

盘活存量资产对于缓解财政资金紧张状况，创造经济价值具有积极意义。通过 TOT 模式盘活存量资产，有助于拓宽基础设施建设资金的融资渠道，有利于减轻地方政府财政压力和债务负担，吸引具有较强运营能力的社会资本，同时能够推进国有企业混合所有制改革，加快基础设施短板的补齐，推动供给侧结构性改革。

近年来，各部委陆续发文支持采用 TOT 模式盘活存量资产，主要支持政策见表 1。

表 1　TOT 模式盘活存量资产相关政策文件

序号	出台时间	出台机构	政策文件名称	政策重点内容
1	2014 年 11 月 16 日	国务院	《国务院关于创新重点领域投融资机制鼓励社会投资的指导意见》	进一步鼓励社会投资，尤其是民间投资，盘活存量、用好增量，调整结构、补齐短板，为国家生产力布局服务，以促进重点领域的建设，助力于增加公共产品的有效供给
2	2014 年 11 月 29 日	财政部	《政府和社会资本合作模式操作指南（试行）》	提出了转让—运营—移交的项目运作方式
3	2015 年 2 月 13 日	财政部、住房城乡建设部	《关于市政公用领域开展政府和社会资本合作项目推介工作的通知》	为了缓解地方债务风险，对符合条件的存量项目，积极推进其按照政府和社会资本合作的模式进行改造
4	2015 年 5 月 19 日	国务院	《国务院办公厅转发财政部发展改革委人民银行关于在公共服务领域推广政府和社会资本合作模式指导意见的通知》	积极运用 TOT、ROT 等方式，推进融资平台公司存量项目的转型，鼓励政府和社会资本进行合作，引入社会资本参与项目的改造和运营

续表

序号	出台时间	出台机构	政策文件名称	政策重点内容
5	2017 年 7 月 3 日	国家发展改革委	《国家发展改革委关于加快运用 PPP 模式盘活基础设施存量资产有关工作的通知》	对于拟采取政府和社会资本合作的存量项目,要根据项目的特点和具体情况,通过 TOT、ROT、TOO 等模式,将项目的资产所有权、经营权等转让给社会资本
6	2021 年 2 月 22 日	国家发展改革委	《引导社会资本参与盘活国有存量资产中央预算内投资示范专项管理办法》	支持采用不动产投资信托基金(REITs)、政府和社会资本合作等方式盘活国有存量资产,将净回收资金主要用于新增投资,且具有较强示范性和创新性的项目
7	2022 年 3 月 21 日	国家发展改革委办公厅	《国家发展改革委办公厅关于进一步做好社会资本投融资合作对接有关工作的通知》	加大盘活存量资产力度
8	2022 年 5 月 19 日	国务院	《国务院办公厅关于进一步盘活存量资产扩大有效投资的意见》	鼓励具备长期稳定经营性收益的存量项目采用政府和社会资本合作盘活存量资产,提升运营效率和服务水平
9	2022 年 6 月 19 日	国家发展改革委	《关于做好盘活存量资产扩大有效投资有关工作的通知》	对具备相关条件的基础设施存量项目,可采取基础设施领域不动产投资信托基金、政府和社会资本合作等方式盘活
10	2022 年 8 月 26 日	财政部	《财政部关于下达 2022 年引导社会资本参与盘活国有存量资产示范专项中央基建投资预算的通知》	充分发挥中央基建投资引导带动作用,推动盘活存量资产,引导回收资金用于新的基础设施项目建设,形成投资良性循环,为促进国内大循环发挥积极作用

续表

序号	出台时间	出台机构	政策文件名称	政策重点内容
11	2022 年 11 月 11 日	财政部	《关于进一步推动政府和社会资本合作(PPP)规范发展、阳光运行的通知》	拟采用转让—运营—移交(TOT)等方式盘活存量资产的项目,应具有长期稳定经营性收益,严格履行国有资产评估、转让程序,合理确定转让价格。TOT 项目不得由本级政府实际控制的国有企业作为社会资本方搞"自我循环",不得通过将无经营性收益的公益性资产有偿转让或者分年安排财政资金支付资产转让成本等方式虚增财政收入

资料来源：根据公开资料整理。

综上所述，盘活存量资产是国家经济发展的重要财政工具之一，采用 TOT 模式具备政策优势。但也可以看出，大量相关的政策在鼓励盘活存量资产的同时，却没有对资产如何定价做相关的要求。结合《行政事业性国有资产管理条例》《企业国有资产交易监督管理办法》等国有资产交易相关要求，对资产定价问题进行探讨非常有必要。

二 采用 TOT 模式盘活存量资产定价概述

（一）存量资产的概念

本文所指存量资产区别于广义的存量资产，仅仅指国务院及财政部所发布的相关文件中提及的存量资产。最早出现存量资产表述的正式文件是国务院于 2014 年 8 月 31 日第一次修正的《中华人民共和国预算法》（第三十二条）；随后存量资产这一名词开始出现在国务院及财政部公布的文件中，文件主要包括《国务院关于积极稳妥降低企业杠杆率的意见》《国家发展改革委关于加快运用 PPP 模式盘活基础设施存量资产有关工作的通知》《国务院办公厅关于进一步盘活存量资产扩大有效投资的意见》等。

基于以上文件，可得出 TOT 模式下存量资产概念，即非房主业的国有企业、国家机关以及事业单位在过往经营中产生的能为其带来经济利益的固定资产。

（二）采用 TOT 模式盘活存量资产定价的意义

存量资产作为国有资产的一种，其特殊性决定了定价除受市场因素的影响外必然受制于更多的非市场因素，如政府因素、政策因素、地方政府及其下辖行政单位在定价时所提出的隐性条件和买卖双方之间微妙的博弈技巧等。存量资产作为国有资产的重要组成部分，无论采用何种模式，其定价的方式、过程与结果等都非常重要。合理的存量资产定价是采用 TOT 模式盘活存量资产时防止国有资产流失的重要基础。

盘活存量资产的核心就是盘活生产要素，用市场化机制实现生产要素的高效率流动，以达到整体社会效益的最大化。公允的存量资产定价有助于吸引社会资本投资，更好地完成政府存量资产的增值，回收一定程度的资金以期实现政府存量资产真正意义上的“盘活”。

（三）采用 TOT 模式盘活存量资产交易流程

由于 TOT 模式盘活存量资产需要防止国有资产流失，在采购前，一般由政府方聘请评估机构对存量资产的价值进行评估，并依据评估的结果进行采购。在采购阶段通过投标、竞价等方式定价，确定交易价格，并最终按照政府和社会资本合作（PPP）模式进行运营、移交。详细交易流程见图 1。

（四）采用 TOT 模式盘活存量资产定价的主要参与方

1. 资产所有者

采用 TOT 模式盘活存量资产时，需要在项目的准备阶段进行资产的定价。准备阶段主要的参与方是资产所有者。资产所有者可能是事业单位、地方国企或地方融资平台。

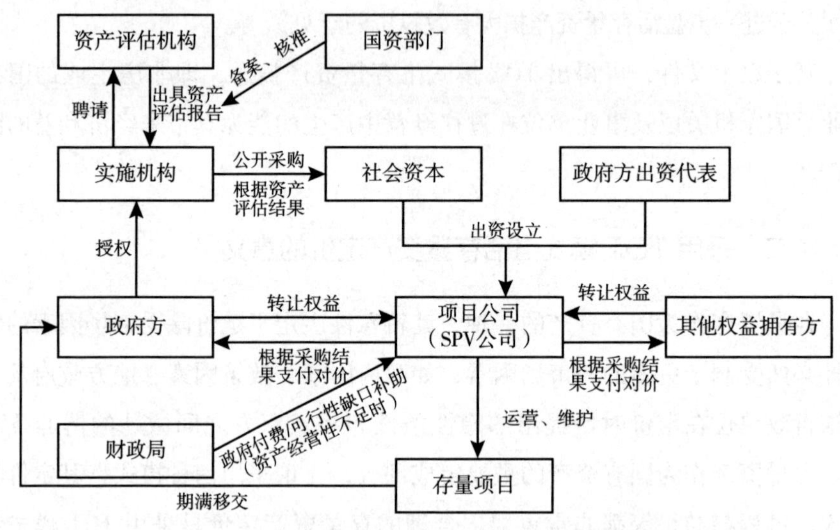

图 1 采用 TOT 模式盘活存量资产交易流程

资料来源：根据公开资料整理。

2. 社会资本方

社会资本方参与定价主要在 TOT 项目采购阶段。采购阶段项目实施机构（一般为资产所有者或主管部门）依据经备案或核准的存量资产评估报告，设置报价标的，通过公开招标的方式选取合适的社会资本方。社会资本方通过投标竞价的方式对存量资产的交易对价进行确定，从而形成最终的交易定价。

3. 资产评估单位

为了保护国有资产，防止流失，《企业国有资产评估管理暂行办法》《企业国有资产交易监督管理办法》《行政事业性国有资产管理条例》等规定，国有资产转让时，必须要进行资产评估，该评估工作须由具备相应资质的评估机构开展，最终的产权转让价格应当以经核准或备案的评估结果为基础确定。因此，在准备阶段，存量资产定价主要由行政事业单位、地方国企或地方融资平台聘请资产评估机构进行。

（五）采用 TOT 模式盘活存量资产定价交易特点

存量资产定价的目的是在资产交易时确定一个较为合理的基准价格，

作为交易双方最后定价前的博弈边界，从而降低“逆向选择”、“道德风险”和国有资产流失等风险。一般情况下，在项目采购阶段利用存量资产评估报告进行交易定价。但此种交易定价，既要遵守国有资产的交易规定，又要融合存量公共资产交易与 PPP 项目采购（社会资本）流程，依法依规地进行。

1. 存量资产不同持有主体的交易规定

（1）企业国有资产。《企业国有资产交易监督管理办法》中有清晰的规定，所有企业国有资产进行交易的时候必须是透明的，原则上通过产权市场公开进行。需要注意的是，其中存在一些非公开协议交易的情况，这种情况很少，可以根据相应的规定执行。

（2）行政事业单位国有资产。根据《财政部关于盘活行政事业单位国有资产的指导意见》，“行政事业单位国有资产出租、处置应当遵循公开、公正、公平和竞争择优的原则，以市场化方式出租、出售的，依照有关规定可以通过相应公共资源交易平台进行”。在进行资产交易的时候，可以采用多种方式，如招投标、公开拍卖、协议转让等，但无论采用何种方式，都要符合相应的法律法规，按照对应的要求执行。

2. 采用 TOT 模式盘活存量资产的交易定价方式

（1）通过产权交易机构挂牌方式定价。《企业国有资产交易监督管理办法》规定，企业国有资产在交易前首先需要进行资产评估，交易定价不得低于国资委核准或备案的资产评估价值。二是根据市场情况降价的，二次转让底价原则上不低于评估价值的 90%，如果低于此标准，应当得到转让行为批准单位的书面同意。

（2）通过市场测试方式定价。根据 PPP 项目的市场测试流程，对行政事业单位存量资产价值进行市场测试。按照产权交易机构的定价要求，首先，通过市场测试获得的价格需要高于最终的评估结果。其次，确定的新转让底价不应当低于评估结果的 90%，如果未能满足此要求，则需要具备批准单位的审批文件。

（3）竞标底价的确定。PPP 项目采购阶段存量资产的竞标底价按照产

权交易机构（或市场测试）的最终定价确定。

3. 存量资产交易与采用 TOT 模式盘活存量资产项目采购阶段融合

（1）采购的融合方式。根据不同持有单位的存量国有资产交易方式要求，分析其交易程序可以发现不同权属资产与 TOT 项目采购最终均会采用招投标的市场竞价方式进行。但因为招标主体不同，采购阶段对于定价的应用稍有区别。

行政事业单位资产通过资产评估价值确定“合理定价”后，采用竞价方式进行交易。利用竞价的招投标环节与 PPP 项目采购合并进行，即两标并一标，最终资产价值或与竞价一致。

企业国有资产通过资产评估价值确定“进场交易定价”后采用招标采购方式进行交易。并且参与投标的人必须具备预审资格条件，交易报价是其中之一，然后再对社会资本进行采购，将二者结合起来，最终确定中标单位。即先确定价格，再进行采购。

（2）存量资产交易与 TOT 项目采购阶段融合的条件。存量资产交易与 TOT 项目采购在一般招投标环节可以合并进行。由于转让资产所有权需严格按照国家规定的评估、核准（备案）、进场交易的程序，转让交易周期较长，且需根据不同资产属性及要求，履行相关变更手续。如涉及的不动产要变更登记，仅完成资产转让协议签署，但未按要求履行相关变更登记手续，则资产所有权也认定为未完成权属变更，所以一般情况下 TOT 模式转让的是资产的经营权。一般完成经营权转让合同的签署则认定项目经营权转让生效。但是，前提是要做好与国资和财政部门的协调工作，采用招投标方式交易的存量资产不需要进场交易（产权交易所），从而简化整体流程，实现交易和采购的合并。

（3）存量资产的交易对象选择。根据《关于进一步推动政府和社会资本合作（PPP）规范发展、阳光运行的通知》规定，拟采用 TOT 等方式盘活存量资产的项目，应具有长期稳定经营性收益，严格履行国有资产评估、转让程序，合理确定转让价格。TOT 项目不得由本级政府实际控制的国有企业作为社会资本方搞“自我循环”。因此，采用 TOT 模式盘活存量资产的项目，在采购阶段应设置相应条件，选择合适的投资人作为交易对象。

三　采用 TOT 模式盘活存量资产定价与资产评估

（一）采用 TOT 模式盘活存量资产定价与评估的关系

1. 资产评估简述

根据《中华人民共和国资产评估法》，资产评估是指评估机构及其评估专业人员根据委托对不动产、动产、无形资产、企业价值、资产损失或者其他经济权益进行评定、估算，并出具评估报告的专业服务行为。通常意义上，就是由专业的第三方机构及其专业人员，在独立客观公正的基础上，利用自身的专业知识，遵循一定的法规准则，对标的资产进行价值的评定、估算。

2. 存量资产定价与评估的关系

采取 TOT 模式即移交—运营—移交模式时，第一步是有偿移交，政府方将一定期限内的经营权以一个合理公正的价格有偿转让给社会资本方，而这个有偿转让的价格需要依赖评估来保障公允性。

在评估阶段，独立的第三方评估机构通过履行评估程序，对存量资产形成一个客观公正的估值。首先，接受委托的评估机构是经过筛选的具备相关资质的独立第三方；其次，整个评估过程依照相关的法律、法规及准则，坚持独立、客观、公正的原则；再次，评估机构不受委托方或其他相关方的影响，独立执业；最后，评估机构也会受行业协会、国资部门的监管。因此，评估价值的公允性能够得到有效的保障。

在定价阶段，参与交易各方对拟交易存量资产的历史信息、现行状况以及未来发展趋势的判断存在差异，各方从不同角度出发，可能会形成不同的价值判断，而经过第三方评估形成的公允估值能够为交易各方进行价值判断提供一个参考标准。交易各方以评估价值为基础，从自身利益最大化出发，

通过双方的博弈、谈判，最终确定一个合理的交易价格。

综上所述，对资产进行评估形成的价值结论是采用 TOT 模式盘活存量资产定价的基础。

（二）资产评估对于资产定价的重要性

1. 政策要求

根据现行的《中华人民共和国企业国有资产法》、《中华人民共和国资产评估法》、《企业国有资产评估管理暂行办法》、《行政单位国有资产管理暂行办法》和《事业单位国有资产管理暂行办法》相关规定，在运用 TOT 模式盘活存量资产时，如果涉及的资产转让和产权转让行为，属于法定的评估事项，则必须履行法定评估程序。在全国 PPP 综合信息平台中，对于 TOT 项目，资产评估报告是必须公开的资料之一。

2. 保持公允

由于账务核算或者其他历史原因，存量资产可能会出现没有账面价值或者账面价值不公允（如未计提折旧）等情况，而账面价值与市场价值不一致，就不能按照账面价值来确定交易双方（政府和社会资本）的交易底价。因此，资产评估的介入是非常必要的，作为独立的第三方，为存量资产确定公允的市场价值是资产评估工作的重点。

3. 避免造成国有资产流失

我国对国有资产的管理有严格规定，国有资产所有权转移或使用权让渡前提是国有资产不得流失，必须要严格履行国有资产的审计和评估程序，谨慎确定国有资产市场交易底价。资产评估可以说是采用 TOT 模式盘活存量资产定价的基础。

（三）采用 TOT 模式盘活存量资产评估方法的介绍

1. 资产评估的基本要素

作为 TOT 模式盘活存量资产定价的基础，进行资产评估时，需要对评估主体、评估对象和范围、评估基准日、评估目的、价值类型、评估方法、评估报告使用者等基本要素进行明确。基于采用 TOT 模式盘活存量资产的特殊性，主要从以下几个要素阐述。

（1）评估主体，即由谁来进行评估。根据国有资产相关法律法规的要求，应当由具备相应资质的独立第三方评估机构及其专业的评估人员进行评估。

（2）评估对象，即评估的客体是什么。采用 TOT 模式盘活存量资产时，政府方将存量资产一定时期范围内的经营权进行移交，因此评估的客体应当是存量资产有限年期内的经营权。该评估对象不同于传统评估，它虽非实物资产但离不开实物资产，它是依托实物资产的一种独占性经营权利，不享有标的实物资产的所有权，仅仅是在有限时间范围内对标的实物资产进行运营、维护并获取收益的权利。

（3）评估目的，即为什么进行评估。一般来说是为特定的经济行为服务，采用 TOT 模式盘活存量资产时进行评估是为了第一个“T”，即参与各方有偿移交，评估的目的是为交易提供公允价值参考标准。

（4）价值类型，即什么属性或者什么形式的价值。一般分为市场价值和市场价值以外的价值。采用 TOT 模式盘活存量资产的核心是盘活生产要素，发挥社会资本的力量，实现存量资产的有效运营，以达到社会效益和经济效益的最大化，因此选用的是市场价值。

2. 资产评估的三大方法

作为得出评估结论的具体手段和途径，评估方法分为市场法、收益法和成本法。

（1）市场法，是依据替代原理，采用比较和类比的思路及其方法判断资产价值。应用的前提条件包括有充分的交易实例，具备相关可靠的资料，市场供求关系一致。如果选用该种方法，需注意以下两点：第一，可比交易案例的选取；第二，价值比率的调整。

（2）收益法，是依据资产未来预期收益经折现或本金化处理来估测资产价值。应用的前提条件包括未来预期收益可预测及量化，预期收益对应的风险可量化，预期获利年限可预测。基本公式如下：

$$P = \sum_{i=1}^{n} \frac{R_i}{(1+r)^i}$$

其中：P——评估价值；

R_i——未来第 i 年的预期收益；

r——折现率；

n——收益年限；

i——年序号。

如果选用该种方法，需注意以下三点：第一，未来预期收益预测的合理性；第二，折现率选取的科学性；第三，收益年限确定的准确性。

（3）成本法，是依据重建或重置被评估资产的思路确定资产价值。应用的前提条件是被评估资产处于或假定处于继续使用状态，能够通过重置途径获得，重置成本及各项贬值能合理估算。基本公式为：评估价值=被评估资产的重置成本-实体性贬值-功能性贬值-经济性贬值。如果选用该种方法，需注意以下两点：第一，重置成本估算的合理性；第二，结合实际情况判断三种贬值是否全部涉及。

结合存量资产的特点，对三种评估方法的适用性进行分析。由于存量资产的市场交易并不活跃，难以找到可比的交易案例，市场法较少采用；存量资产在投资建设时，考虑的是社会效益，投入成本与所获收益具有弱对应性，因此成本法亦不适用。通过对宏观及区域经济、行业发展的分析，参考类似资产项目的经营状况，可以对预期收益进行预测，并能够对相关风险进行估算，因此采用 TOT 模式盘活存量资产通常选取收益法进行评估。

（四）采用 TOT 模式盘活存量资产定价过程中评估的特点

与传统评估相比，TOT 模式盘活存量资产评估具有以下特点。

（1）拟进行盘活的存量资产大多属于基础设施和公共服务等领域，该类资产的规模比较大，无论是资产的数量还是价值量都比较大，如污水垃圾处理、供水供电等设施，评估客体为依托该类资产的经营权，在评估过程中需要对相关的载体进行核实盘点，资产规模较大导致核查难度上升。

（2）拟进行盘活的资产大多数为公共资产，会涉及公共产品的供给或者公共服务的提供，与公共利益密切相关，关系社会的福利水平，具有较强的公共属性。进行存量资产评估时，不仅需要考虑经济利益，分析社会资本方能否通过运营、维护获取合理的收益，更重要的是考量如果该项目参与市场竞争，是否会影响公共产品的供给或者公共服务提供的质量，是否会损害公共利益，因此评估时也需考虑公益性与经营性的平衡，实现经济效益与社会效益的最大化。

（3）存量资产的项目回报率一般比较低，一方面作为基础设施其现金流相对较低，项目风险低；另一方面涉及的存量资产主要是为社会提供公共产品与公共服务，侧重的是项目所能带来的社会效益，相应的经济回报率比市场化投资项目低。

（4）采用 TOT 模式盘活存量资产，政府方是将存量资产一定期限内的经营权移交给社会资本方，双方的合作期限为合同约定期限，因此为有限年期。根据大部分案例，一般合作期限为 15~25 年。

四 采用 TOT 模式盘活存量资产定价方法的难点及解决建议

（一）评估对象和评估范围的界定

一方面，存量资产为已经建成的资产，规模比较大并且涉及公共利益；另一方面，评估对象和评估范围是开展评估工作的基础，因此必须明确评估对象，清楚界定评估范围，避免出现漏评、多评的问题。由于采用 TOT 模式盘活存量资产政策性比较强，根据现行政策，明确评估对象为资产组合一定期限内的经营权，其载体——实物资产的所有权并未发生转移。所以在定价评估时，应当明确评估对象是实物资产（资产组）的经营权，评估范围为具有经营收益的整体资产。

（二）未来预期收益预测的合理性

未来收益作为收益法的基本参数之一，保障未来预期收益预测的合理性至关重要。对于拟评估的存量资产项目，在预测未来收益时，一是要从项目本身出发，符合项目的实际经营情况，尤其针对已经有历史经营情况的，需要参考历史运营业绩的实际情况；二是需考虑是否符合宏观经济以及区域经济的发展趋势；三是考虑是否与行业发展现状以及未来发展前景一致。

（三）折现率的确定

作为收益法的基本参数之一，折现率的微小变化对评估结论有着重大影响，因此在确定折现率时必须要严谨。折现率本质上讲是一种投资回报率，对于存量资产项目来说，实质上是该项目的收益率水平，收益率水平越高，其评估价值也就越高；反之，评估价值越低。因此，必须谨慎分析项目可能面临的风险，科学合理确定折现率。

折现率的计算方式一般有累加法、资本资产定价模型（CAPM）、加权平均资本成本（WACC）。

（1）累加法是将无风险报酬率与风险报酬率加和确定折现率。

（2）资本资产定价模型（CAPM）的公式为：

$$R_e = R_f + \beta \times (R_m - R_f) + \varepsilon$$

其中：R_e——股权期望报酬率；

R_f——无风险利率；

(R_m-R_f)——市场风险溢价；

β——股权系统性风险调整系数；

ε——特定风险报酬率。

（3）加权平均资本成本（WACC）的计算公式如下：

$$\text{WACC} = R_d \times (1 - T) \times \frac{D}{D + E} + R_e \times \frac{E}{D + E}$$

其中：R_d——债权期望报酬率；

R_e——股权期望报酬率；

E——股权价值；

D——债权价值；

T——所得税税率。

传统评估时折现率大多选用 CAPM 和 WACC 方式进行计算，采用 TOT 模式盘活存量资产进行评估时，折现率多采用累加法计算，结合 PPP 市场情况、社会资本的股权期望报酬率、银行利率及 PPP 系统性风险较低的情况，取值相对于完全市场化投资项目偏低。

基于上述评估定价中的难点，评估机构和人员需要提升专业水平，并通过大量的 TOT 项目实际交易案例，不断修正评估模型和参数，使得作为盘活存量资产定价基础的资产评估更加科学、合理。

参考文献

《“筑巢引凤”盘活存量资产　调整结构实现多种业态——北京建材经贸集团发展壮大的调查》，《中国物资流通》1999 年第 8 期。

杨畅：《TOT 项目融资中国有资产转让定价的博弈分析》，《中国管理科学》2006 年第 6 期。

郝晓彤、唐元虎：《试析国有资产转让定价的市场化取向》，《价格理论与实践》2003 年第 11 期。

彭圣、张建红、孙丽萍：《关于盘活存量资产的并购出售、TOT 及 REITs 模式的比较研究——以污水处理项目为例》，《中国工程咨询》2021 年第 6 期。

尹传儒等：《数据资产价值评估与定价：研究综述和展望》，《大数据》2021 年第 4 期。

王勇：《存量公共资产转型为 PPP 项目资产价值评估及交易定价》，《行政事业资产与财务》2020 年第 7 期。

陆岷峰、欧阳文杰：《商业银行数据资产的价值评估与交易定价研究》，《会计之友》2022 年第 19 期。

曹俊峰：《基于合作博弈的 TOT 模式高速公路经营权转让定价方法研究》，硕士学位论文，长沙理工大学，2014。

B.13
不同回报机制下 PPP 项目的绩效评价研究

宋金波　宋　洁　冯　卓　高景鑫*

摘　要： PPP 在我国基础设施建设和公共服务领域发挥重要作用。为进一步保障 PPP 项目的运行效果、提升服务质量，本文从全国和地区层面出发分析了不同回报机制下 PPP 项目的投资额、时间、行业分布情况，进而对 PPP 项目绩效进行研究。结果表明，不同回报机制下 PPP 项目绩效水平呈逐年递增趋势；政府付费与可行性缺口补助项目绩效均分略高于使用者付费项目；能源、医疗卫生、交通运输等行业项目绩效水平位居前列。目前我国 PPP 项目面临付费与绩效脱节、整改机制不健全和机会主义风险，应加强绩效考核体系建设，完善扣费和限时整改机制，促进 PPP 项目集约高效实施。

关键词： PPP 项目　回报机制　绩效评价

一　不同回报机制项目的多维统计分析

截至 2022 年 12 月初，财政部 PPP 项目库中进入执行阶段的项目共 8430

---

* 宋金波，博士，大连理工大学经济管理学院教授、博士生导师，研究方向为政府和社会资本合作、项目投融资决策、项目治理、复杂项目管理、基础设施智慧运维；宋洁，博士，大连理工大学经济管理学院助理教授，研究方向为项目调度、风险分析；冯卓，博士，大连理工大学经济管理学院副教授、博士生导师，研究方向为政府和社会资本合作、国际工程项目管理、项目供应链管理；高景鑫，博士，大连理工大学经济管理学院助理教授，研究方向为能源消耗、气候变化与经济、社会、人口等交叉议题。

个。其中，可行性缺口补助类项目 4823 个（占比 57.2%）、政府付费类项目 3182 个（占比 37.7%）、使用者付费类项目有 425 个（占比 5.0%）。使用者付费类项目在数量上和其他两类项目存在一定差距（见图 1）。

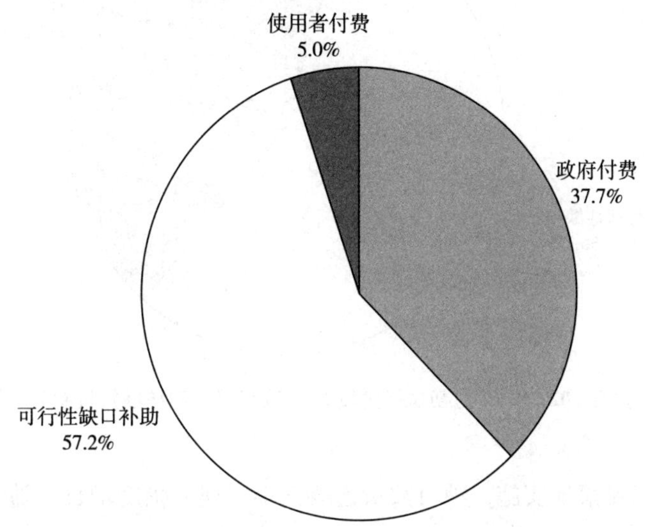

图 1　截至 2022 年 12 月初执行阶段 PPP 项目数量按回报机制分布情况

资料来源：根据公开资料整理。

（一）全国层面不同回报机制项目的多维统计分析

1. 不同回报机制项目投资额分布

从投资额统计数据来看，我国 PPP 项目中投资额最多的是可行性缺口补助类项目，其次是政府付费类项目。使用者付费类项目投资额占比最低，仅为 4.6%，与其他机制相比存在较大差距（见图 2）。虽然各地政府鼓励并支持采用使用者付费模式，但从当前情况来看，能够成功落地的仍然仅限于污水处理、供气、供热、地下综合管廊等特许经营类项目。

2. 不同回报机制项目时间分布

（1）总体来看，2014~2022 年我国 PPP 项目数量呈现先升后降的趋势。2014~2017 年，随着财政部、国家发展改革委关于 PPP 的政策密集发布，

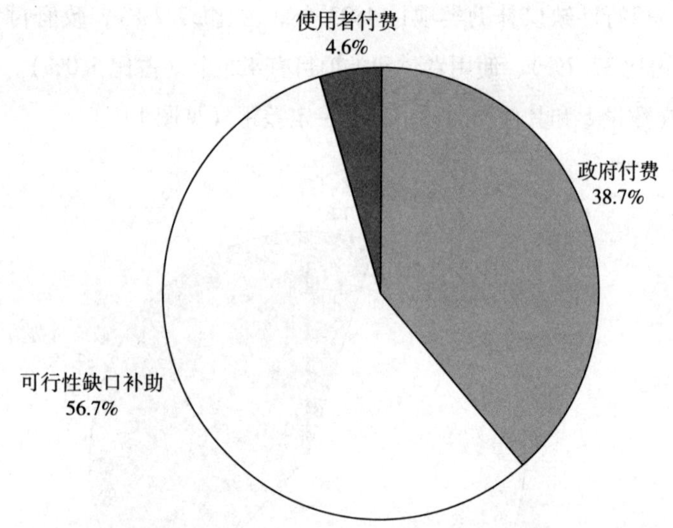

图 2　截至 2022 年 12 月初执行阶段 PPP 项目投资额按回报机制分布情况

一批 PPP 项目落地实施，项目数量连续三年实现大幅度增长。随着 2017 年底发布的系列政策开启对 PPP 的纠偏、提质、控风险，2018 年开始项目数量出现了大幅度下降。2022 年 11 月 8 日，财政部针对 PPP 项目运作中存在的问题，发布了《关于进一步推动政府和社会资本合作（PPP）规范发展、阳光运行的通知》（财金〔2022〕119 号），对提升政府监管能力、服务水平和促进公共服务提质增效具有重要意义。

（2）不同回报机制项目在时间上的分布也不同。2015～2017 年政府付费类项目占比较高，且数量呈现增长趋势，可见在 2017 年底以前的 PPP 项目中，政府仍然承担较大的支出责任。在政府债务风险管控及《关于规范政府和社会资本合作（PPP）综合信息平台项目库管理的通知》（财办金〔2017〕92 号）（以下简称“92 号文”）、《关于推进政府和社会资本合作规范发展的实施意见》（财金〔2019〕10 号）（以下简称“10 号文”）的要求下，2017 年之后新入库 PPP 项目大幅减少，其中政府付费类项目数量下降尤为明显。而对社会公益性保障及财政压力减缓均有所兼顾的可行性缺口补助类项目占比始终处于首位，2020 年占比达到了 88.27%。使用者付费类项目总体占比较低，2021～2022 年占比逐渐提升，达到 20%以上（见图 3）。

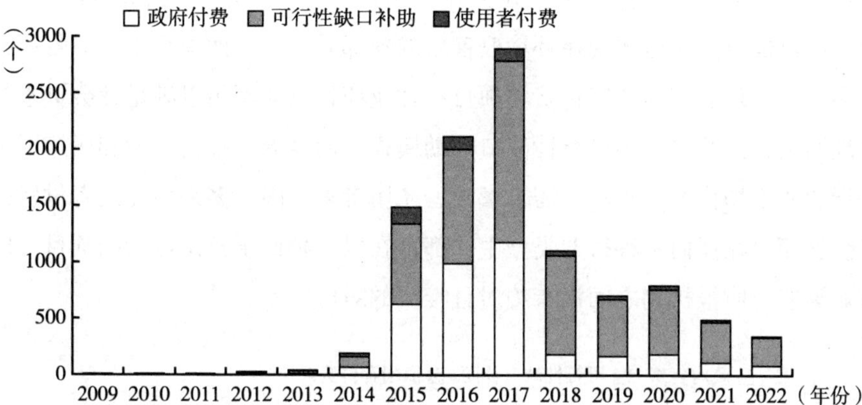

图 3 截至 2022 年 12 月初执行阶段 PPP 项目数量按回报机制分类的年度分布情况

说明：本文 2022 年数据均为截至 12 月初数据。

资料来源：根据公开资料整理。

3. 不同回报机制项目行业分布

（1）总体来看，我国 PPP 项目的行业分布仍存在明显的“冷热不均”现象，主要分布于市政工程、交通运输、生态建设和环境保护、城镇综合开发等投资额高、盈利模式清晰的领域，而社会保障、能源、养老、农业等民生领域项目明显较少。根据项目数量，可以从三个梯度对行业领域进行划分：第一梯度涵盖市政工程、交通运输以及生态建设和环境保护三个行业，该梯度各行业项目数量均在 800 个以上，其中市政工程项目数量高达 3548 个；第二梯度包括城镇综合开发、教育行业，项目数量为 400～800 个；第三梯度包括水利建设、医疗卫生、旅游、文化等其他行业，项目数量较少，均在 400 个以下。

（2）回报机制的选择在不同行业间也存在差异。其中，政府付费类项目占比最高的 5 个行业分别是交通运输、市政工程、生态建设与环境保护、政府基础设施和其他行业。可行性缺口补助类项目占比最高的 5 个行业分别是林业、能源、文化、旅游和体育行业。使用者付费类项目在养老、农业、社会保障、医疗卫生和能源行业中占比最高（见图 4）。各行业回报机制的选择与项目的运营收益水平存在关联。例如，对于生态建设和环境保护行业，项目价值更多地体现在环境改善后的外部效益上，而项目本身的收益并不多，因此目前多为政府付费类项目；林业项目收益不足以满足社会资本的合理回报，因此多采用可行性缺口补助模式；而养老、社会保障和医疗卫生等行业的市场化水平较高，需求量大、使用者多，因此多采用使用者付费模式。然而，在任何一种行业类型中，都存在以三种回报机制运营的项目，即行业类型与回报机制之间没有绝对且唯一的对应关系。

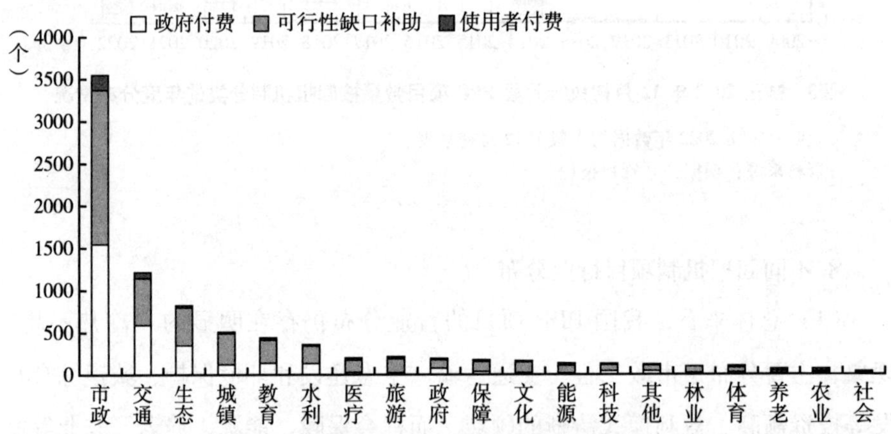

图 4　截至 2022 年 12 月初执行阶段 PPP 项目数量按回报机制分类的行业分布情况

说明：为便于展示，图中行业表述进行了简化，余同，不赘。

资料来源：根据公开资料整理。

（二）地区层面不同回报机制项目的多维统计分析

1. 不同回报机制项目地域分布

(1) 整体上，PPP 项目的区域间不均衡发展趋势仍在延续，这与地方对基础设施与公共服务的需求、地方政府的建设规划及财政实力等因素紧密相关。例如，河南、山东、广东、四川等作为我国人口大省，对 PPP 项目的需求较大；北京、上海等地经济实力比较雄厚，基础设施和公共服务比较完善，因此需求并不强烈。

（2）从不同回报机制项目的数量来看，河南、广东、山东、安徽和四川的政府付费类项目较多；山东、河南、云南、贵州和河北的可行性缺口补助类项目较多；山东、河南、河北、新疆和浙江的使用者付费类项目数量较多（见图 5）。无论采用哪种回报机制，山东省和河南省项目入库数量均位居前三，这是两省积极推动 PPP 项目实施的结果。

（3）从回报机制占比来看，政府付费类项目占比最多的 5 个省份分别是北京、广东、黑龙江、吉林和安徽；可行性缺口补助类项目占比排名前五的省份多位于西南地区，包括西藏、云南、重庆、湖南和贵州；使用者付费类项目占比排名前五的省份多位于西北地区，包括北京、青海、甘肃、陕西和新疆。

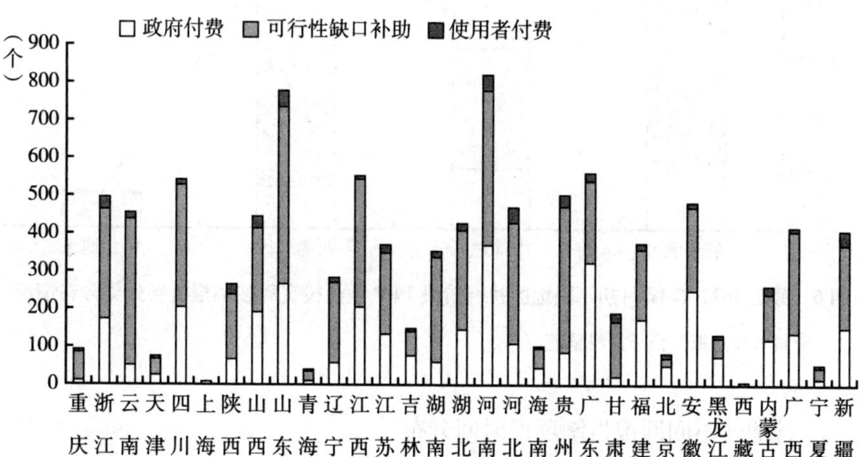

图 5 截至 2022 年 12 月初执行阶段 PPP 项目数量按回报机制分类的地域分布情况

资料来源：根据公开资料整理。

由此可见，回报机制的选择表现出一定的地域差异。因此，本文进一步比较不同回报机制项目的地域性差异。

2. 各地区不同回报机制项目投资额分布

整体上，分地区看，PPP 项目总投资额由大到小排序为西部地区、东部地区、中部地区、东北地区。

从政府付费类项目看，东部地区、中部地区、西部地区和东北地区投资额依次减少；从可行性缺口补助类项目看，各地区投资额与总投资额排序保持一致；从使用者付费类项目看，西部地区项目投资额最多、中部和东部地区次之、东北地区项目投资额最少。从不同地区来看，在东部、中部和东北地区，不同回报机制项目投资额由大到小排序均为可行性缺口补助类项目、政府付费类项目、使用者付费类项目；而西部地区为可行性缺口补助类项目、使用者付费类项目、政府付费类项目（见图6）。

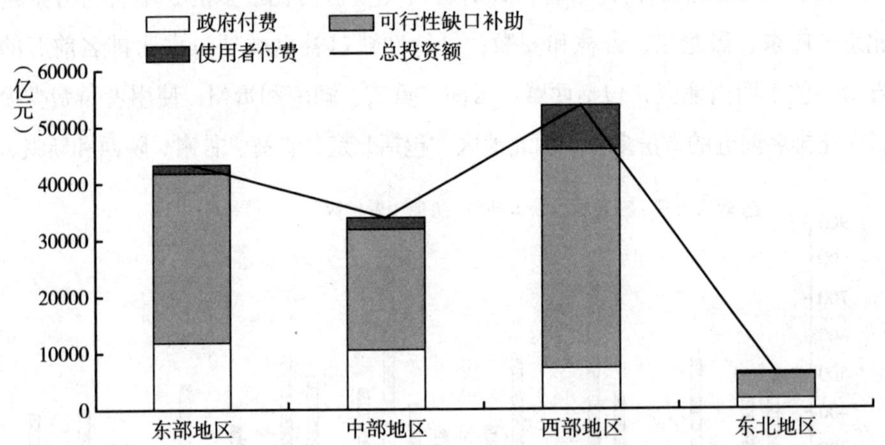

图6　截至2022年12月初不同地区执行阶段PPP项目投资额按回报机制分类分布情况

资料来源：根据公开资料整理。

3. 各地区不同回报机制项目时间分布

整体上，项目数量随时间变化呈先增后减趋势，在2017年达到顶峰。

2014~2017年，不同地区政府付费类项目数量总体均呈增长趋势，2018年出现“断崖式下降”，随后总体缓慢减少并呈平稳发展态势。2014~2017年，东部、中部和西部地区可行性缺口补助类项目数量连续增长，之后呈下降趋势，其中，2020年西部地区项目数较2019年有所回升。与其他地区相比，2014~2017年东北地区项目数量呈波动变化趋势，即2015年项目数增加，2016年出现小幅下降，在2017年达到最高点后逐年减少；相比其他两种回报机制项目，使用者付费类项目数量一直保持较低水平，发展较为稳定（见图7）。

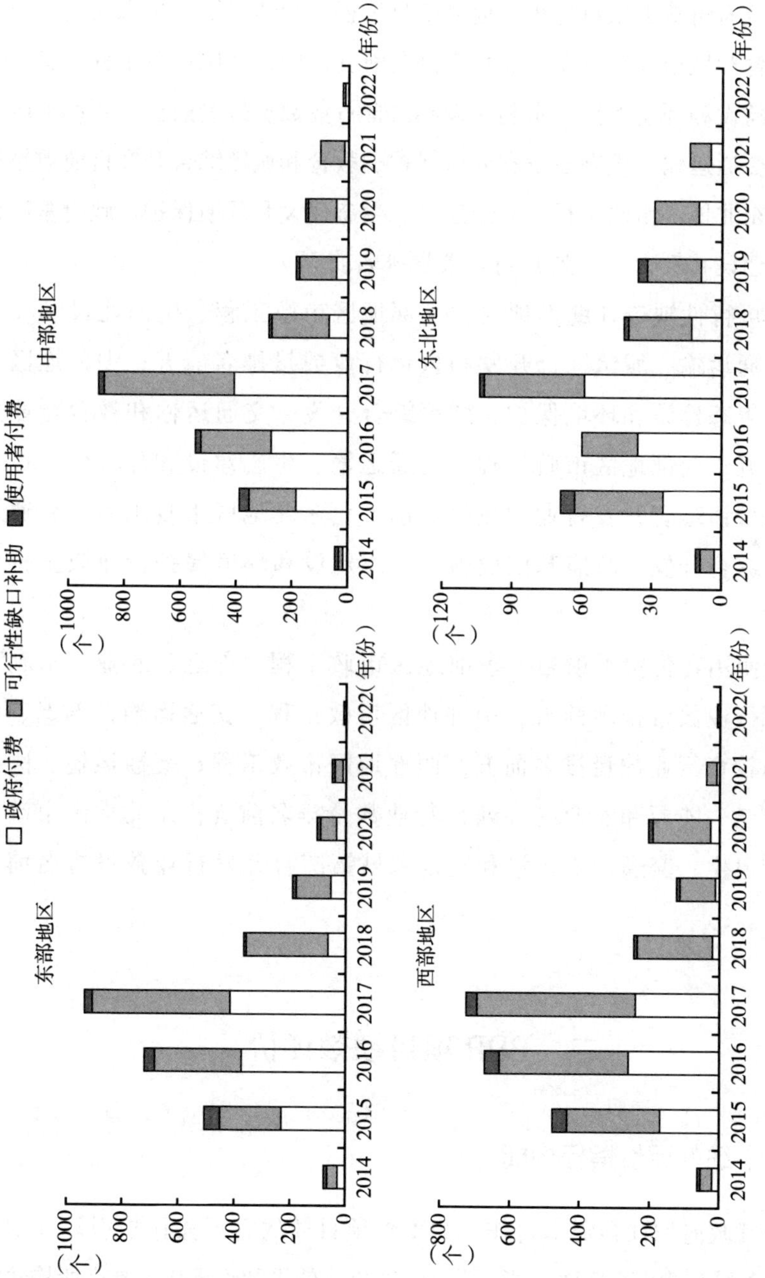

图 7　截至 2022 年 12 月初不同地区执行阶段 PPP 项目数量按回报机制分类的时间分布对比

资料来源：根据公开资料整理。

4. 各地区不同回报机制项目行业分布

对于政府付费类项目，东部地区市政工程、交通运输、生态建设和环境保护、教育和城镇综合开发行业数量排名前五；中部地区市政工程、交通运输、生态建设和环境保护、水利建设和教育行业数量排名前五；西部地区市政工程、交通运输、生态建设和环境保护、教育和城镇综合开发行业数量排名前五；东北地区市政工程、交通运输、生态建设和环境保护、政府基础设施、水利建设和教育（并列）行业数量排名前五。

对于可行性缺口补助类项目，东部地区市政工程、生态建设和环境保护、交通运输、城镇综合开发和教育行业数量排名前五；中部地区市政工程、生态建设和环境保护、城镇综合开发、交通运输和教育行业数量排名前五；西部地区市政工程、交通运输、生态建设和环境保护、水利建设和城镇综合开发行业数量排名前五；东北地区市政工程、交通运输、城镇综合开发、政府基础设施、生态建设和环境保护行业数量排名前五。

对于使用者付费类项目，东部地区市政工程、养老、农业、水利建设和能源行业数量排名前五；中部地区市政工程、交通运输、养老、医疗卫生和教育行业数量排名前五；西部地区市政工程、交通运输、医疗卫生、养老、能源和农业（并列）行业数量排名前五；东北地区市政工程、医疗卫生、交通运输、水利建设和城镇综合开发行业数量排名前五（见图8）。

二　PPP项目绩效评价

（一）绩效评价指标构成

根据《政府和社会资本合作（PPP）项目绩效管理操作指引》（财金〔2020〕13号）（以下简称《指引》），产出、效果和管理作为本文所构建的

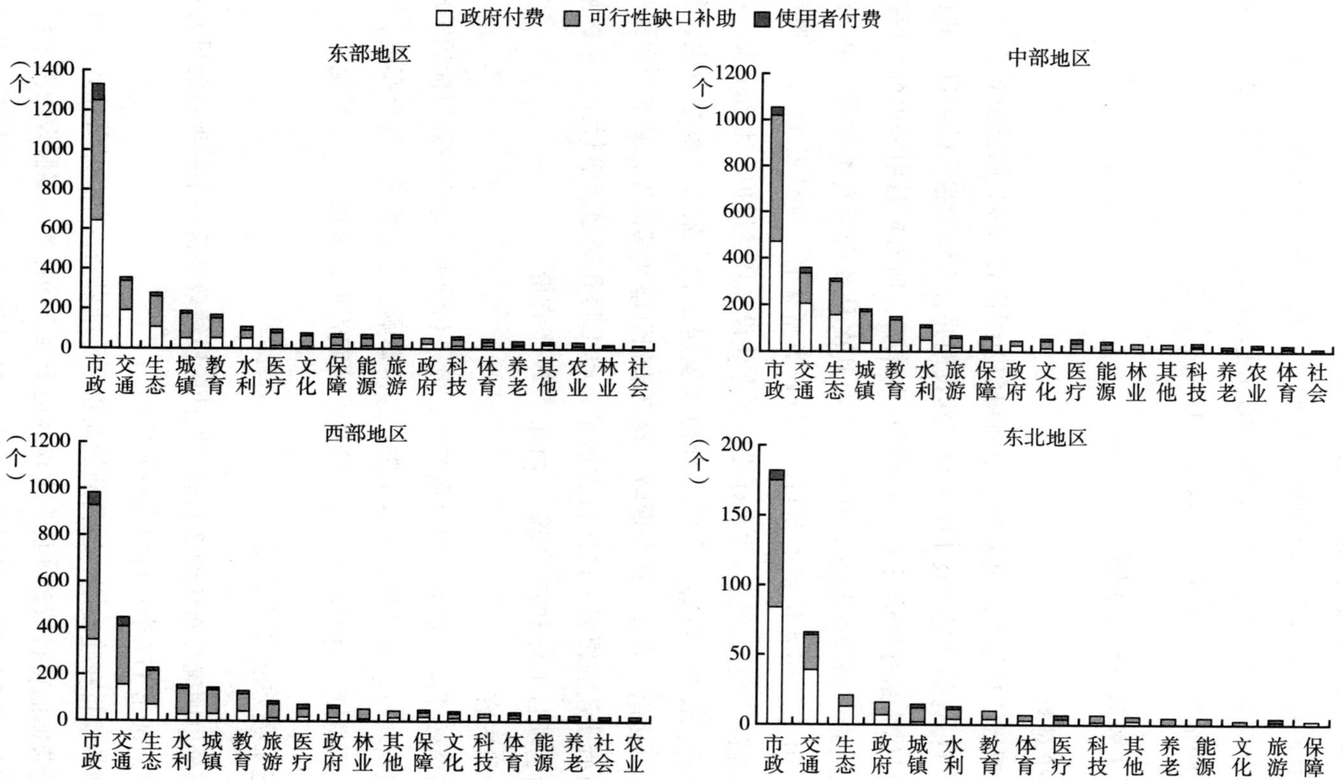

□ 政府付费 ■ 可行性缺口补助 ■ 使用者付费

东部地区

（个）1400 1200 1000 800 600 400 200 0

市政 交通 生态 城镇 教育 水利 医疗 文化 保障 能源 旅游 政府 科技 体育 养老 其他 农业 林业 社会

中部地区

（个）1200 1000 800 600 400 200 0

市政 交通 生态 城镇 教育 水利 旅游 保障 政府 文化 医疗 能源 林业 其他 科技 养老 农业 体育 社会

西部地区

（个）1200 1000 800 600 400 200 0

市政 交通 生态 水利 城镇 教育 旅游 医疗 政府 林业 其他 保障 文化 科技 体育 能源 养老 社会 农业

东北地区

（个）200 150 100 50 0

市政 交通 生态 政府 城镇 水利 教育 体育 医疗 科技 其他 养老 能源 文化 旅游 保障

图 8　截至 2022 年 12 月初不同地区执行阶段 PPP 项目数量按回报机制分类行业分布情况

资料来源：根据公开资料整理。

绩效评价指标体系的一级指标。根据《指引》要求，“产出”指标应作为按效付费的核心指标，其权重不应低于 80%。因此，将一级指标“产出”的权重设定为 80%，“效果”和“管理”的权重均设定为 10%，即项目绩效评价总分 = 80% × 产出 + 10% × 效果 + 10% × 管理。

（二）绩效评价的对象

1. 评价对象

根据项目信息是否满足客观、全面和合理评价的标准，筛选出 677 个公布绩效评价报告的项目以及 137 个处于建设期并公布绩效报告的项目，共计 814 个项目作为最终评价对象。从回报机制来看，所有项目中采用可行性缺口补助机制的项目数量较多，共 400 个，其次是政府付费类项目，共 384 个，仅有 30 个使用者付费类项目。从行业类型来看，共涉及 19 个一级行业，包括能源、交通运输、水利建设、生态建设和环境保护、市政工程、城镇综合开发、农业、林业、科技、保障性安居工程、旅游、医疗卫生、养老、教育、文化、体育、社会保障、政府基础设施和其他等，基本全面覆盖 PPP 项目所涉及的领域，占比较大的是市政工程和交通运输行业。从区域分布来看，项目来自山东、安徽、河北等 29 个省份。

2. 评价内容

项目绩效评价主要考量项目在产出、效果和管理三方面绩效目标的实现情况，包括项目运营维护、安全保障、经济影响、生态影响、社会影响、可持续性、满意度、组织管理、财务管理、档案管理、信息公开等情况。

（三）绩效的评价方法

本部分以明确公布建设期和运营期两阶段绩效评价结果的项目为研究对象，最终筛选出 117 个项目作为研究样本。

为判断项目在建设期和运营期的绩效评价结果是否存在显著差异，将建设期和运营期的项目绩效评价数据作为两个独立的样本，零假设为两个样本的项目绩效评价结果不存在显著差异。拟采用配对样本 T 检验（Paired

Samples T-test）进行数据分析。

利用 SPSS 软件对两组样本数据进行相关性分析，表 1 显示相关性系数为 0.750，大于 0.3，且显著性水平 P 值小于 0.05，说明建设期和运营期两组样本具有显著的相关性，因此，经初步判断，可采用配对样本 T 检验。

表 1　配对样本相关性

项目	N	相关性	显著性
建设期总分 & 运营期总分	117	0.750	0.000

资料来源：根据公开资料整理。

表 2 的分组统计描述结果显示，建设期项目绩效评价结果为 91.46±5.58（分），运营期绩效评价结果为 92.04±5.93（分）。

表 2　配对样本统计结果

项目	均值	N	标准偏差	标准误差平均值
建设期总分	91.46	117	5.58	0.516
运营期总分	92.04	117	5.93	0.549

资料来源：根据公开资料整理。

表 3 显示，显著性水平 P 值为 0.128，大于 0.05，因此接受零假设，说明建设期和运营期的项目绩效评价结果不存在显著性差异。因此，项目建设期的绩效评价结果与运营期绩效评价结果具有同质性，可为本文研究绩效评价提供数据支持。

表 3　配对样本检验

项目	均值	配对差值		差值 95%置信区间		T	自由度	显著性
		标准偏差	标准误差平均值	下限	上限			
建设期总分-运营期总分	-0.58	4.09	0.378	-1.328	0.169	-1.534	116	0.128

资料来源：根据公开资料整理。

三　PPP项目绩效分析

（一）PPP项目绩效分时间对比分析

2019~2022年，PPP项目绩效均保持较高水平，并呈逐年递增趋势，从2019年的89.83分增长到2022年的91.88分（见图9），这是由于近年来国家不断推动PPP项目由“重建设”向“重运营”转变，例如“92号文”中明确强调PPP项目必须含有运营环节。由于数据样本中2018年及以前的项目过少，不具有统计学意义，因此本文不包含2018年及以前的PPP项目绩效评价结果。

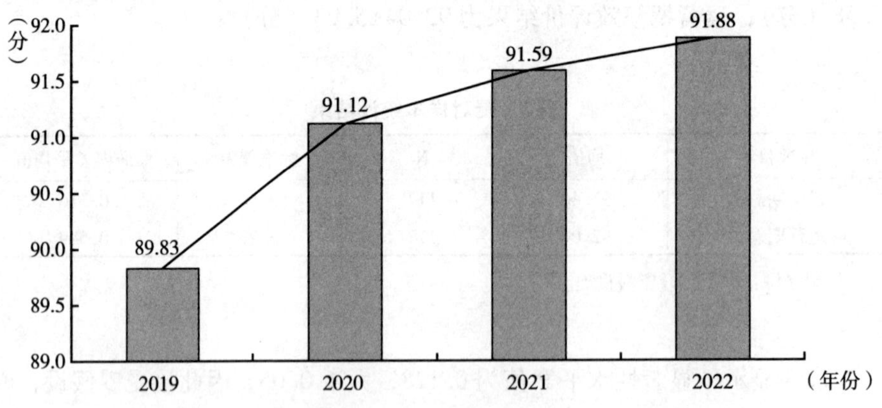

图9　2019~2022年PPP项目绩效评价结果

资料来源：根据公开资料整理。

（二）PPP项目绩效分回报机制分析

（1）在产出方面，三种回报机制项目的绩效都在90分以上，这主要得益于“以产出结果为导向”的绩效评价体系及政策指导，如“10号文”提出建立完全与项目产出绩效相挂钩的付费机制。

（2）在效果方面，政府付费类项目绩效最高（93.41分），这是因为政府付费类项目主要涉及公共服务行业，更重视社会公众满意度、环保效益、区域经济带动效益等方面的影响。

（3）在管理方面，可行性缺口补助类项目绩效最高（89.90 分），使用者付费类项目绩效最低（86.00 分）。尽管《指引》明确说明 PPP 项目的收益应与绩效评价挂钩，但使用者付费类项目的付费主体为使用者，在运营阶段无需政府财政额外支出。这也导致使用者付费类项目在运营阶段往往注重与收益直接相关的产出、效果指标，而忽视管理指标。

总体来看，不同回报机制项目的绩效均保持在较高水平，其中政府付费类项目绩效均分（91.50 分）及可行性缺口补助类项目绩效均分（91.57 分）略高于使用者付费类项目绩效均分（91.27 分）（见图 10），这是因为政府付费类项目及可行性缺口补助类项目绩效得分与政府补贴额挂钩，在按效付费及全生命周期跟踪审计等方面要求更为严格，更追求项目高质量运营。

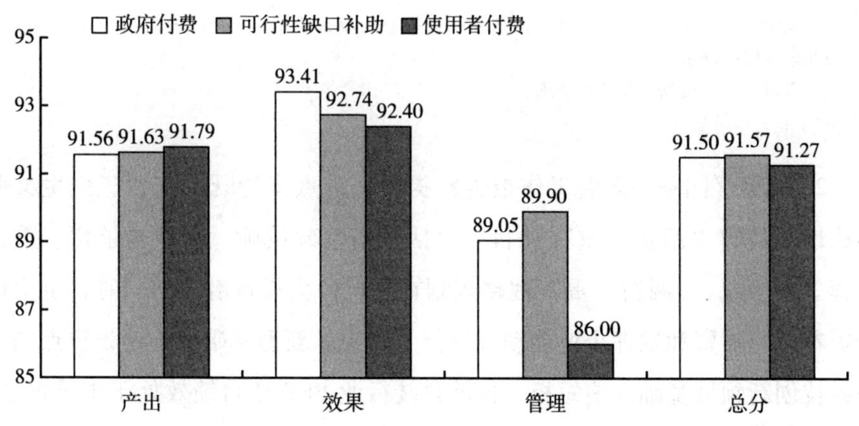

图 10　不同回报机制 PPP 项目绩效评价结果

资料来源：根据公开资料整理。

（三）PPP 项目绩效分行业对比分析

PPP 项目绩效评价结果排名前五的行业分别是能源（93.09 分）、医疗卫生（92.90分）、交通运输（92.28分）、政府基础设施（91.99分）和文化（91.83分）；排名后五的行业分别是其他（88.37分）、体育（88.40分）、教育（90.72分）、生态建设和环境保护（90.76分）和旅游（90.84分）行业，这与国家战略和规划密不可分（见图11）。

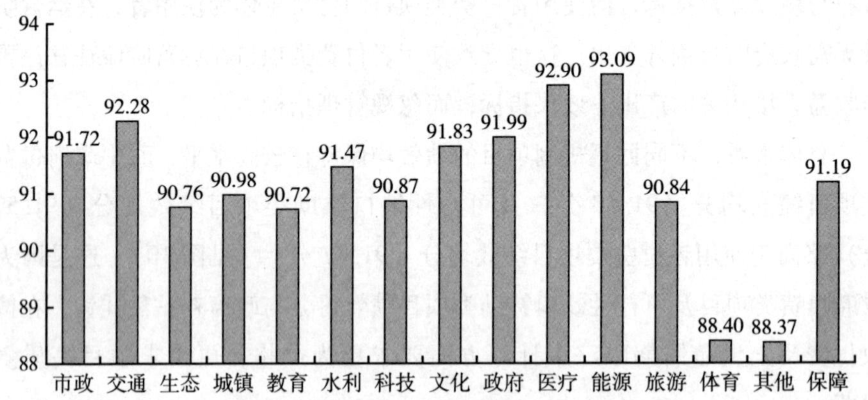

图11　不同行业 PPP 项目绩效评价结果

说明：由于养老、农业、社会保障和林业行业的项目数不足5个，没有统计学意义，因此未在图中展示。

资料来源：根据公开资料整理。

2020年《国务院政府工作报告》提出，重点支持既促消费惠民生又调结构增后劲的“两新一重”项目，包括新型基础设施、新型城镇化、重大工程三个领域。“两新一重”战略规划在创造巨大投资潜力的同时，也为社会资本参与投资和发挥企业能动性提供了契机。新型基础设施建设重点是补齐科技创新领域基础设施短板，目前科技行业 PPP 项目绩效处于中等水平，与其“融智易、融资难”以及缺乏统一的行业标准和规范指引有一定关系，有待进一步探索与引导。新型城镇化覆盖城镇综合开发、旅游、市政工程、体育、养老、医疗卫生、生态建设和环境保护、文化、社会保障、教育等行业。根据项目数据，新型城镇化覆盖行业 PPP 项目绩效评价结果存在差异，其中，医疗卫生、文化、市政工程 PPP 项目绩效水平位于前列；体育、教育、生态建设和环境保护、旅游等 PPP 项目绩效水平相对较低，应引起重视。根据我国“十四五”规划，交通、能源、水利预计是未来几年传统基建的发力重点。在政策的推动下，能源、交通运输、水利建设等行业发展势头较猛，更为注重绩效评价，行业内相关政策文件陆续出台，例如 2021 年出台的《交通运输部关于推进交通运输领域全面实施预算绩效管理工作的通知》。

四　改进措施及政策建议

根据上述对全国层面和地区层面不同回报机制 PPP 项目投资额、时间、行业等不同分类情形下的统计分析可以发现，可行性缺口补助模式得到了广泛的应用，使用者付费模式应用较少。尽管不同回报机制 PPP 项目绩效评价结果基本在 90 分左右，但由于多数项目建设、运营绩效分别考核，社会资本容易出现“重建设、轻运营”行为，绩效付费无法真正实施，亟须解决绩效考核评价体系设计碎片化、按效付费和动态调整机制不完善、应用适配性不强等问题。因此，根据以上研究分析结果，得出如下主要改进措施及政策建议。

（一）采用政府付费和可行性缺口补助回报机制的 PPP 项目，必须建立严谨的绩效考核体系以体现相较于传统政府投资的优势

我国采用政府付费和可行性缺口补助回报机制的 PPP 项目较多，但是很多项目的政府付费与项目绩效考核脱节，导致社会资本在项目运营阶段投入努力较少，并可能产生机会主义行为。相较于使用者付费类项目以及传统政府投资项目，政府付费类和可行性缺口补助类项目对于激励社会资本提高绩效具有天然的优势，但是如果缺乏完善的绩效考核体系，这种优势就很难发挥出来。因此，政府付费类和可行性缺口补助类项目的绩效考核体系要针对建设期和运营期进行集成设计，并且应当根据项目特点涵盖产出、效果、管理等多个方面，以此发挥政府付费机制的优势、促进社会资本提高项目绩效。

（二）采用政府付费和可行性缺口补助回报机制的 PPP 项目，应有详细、规范的扣费和限时整改机制，以促进社会资本提高建设和运营效率、实现物有所值

我国政府付费和可行性缺口补助 PPP 项目大多采用扣费机制，但是限时整改机制的设计尚不完善。扣费不是目的，而是为了激励社会资本提高绩效，但是如果仅存在扣费机制而缺乏整改机制，社会资本在扣费后将不会投入努力对问题进行整改，导致项目的物有所值仍然难以实现。只有扣费机制与限时整改机制有效结合，社会资本才会积极对问题进行纠正，真正提高建设和运营效率，实现物有所值。

（三）面向环境—社会—公司治理责任（ESG）、生态环境导向（EOD）新发展理念，生态建设、环境建设等领域采用政府付费回报机制的 PPP 项目，应调整适应向可行性缺口补助、使用者付费转变的需求

目前，面向生态建设、环境保护等领域的 PPP 项目多采用政府付费回报机制，此类项目很难产生收益，社会资本的主要收入来源为政府付费。然而，ESG、EOD 等新发展理念和政策调整有可能改变此类项目的收入来源，比如随着碳交易市场的逐渐成熟，生态环保项目未来可能会产生碳汇收入，有可能作为政府付费的一种补充。因此，相关政府付费 PPP 项目应当制定好向可行性缺口补助甚至使用者付费模式转变的调整方案。

参考文献

马海涛主编《中国 PPP 行业发展报告（2021）》，社会科学文献出版社，2022。

B.14

新机制下存量 PPP 项目执行阶段政府监督管理研究

丁伯康　丁 逸　解定骏　王 玮*

摘　要： 2023 年 11 月 8 日，国务院办公厅转发国家发展改革委、财政部《关于规范实施政府和社会资本合作新机制的指导意见》，PPP 项目发展进入了新的阶段。与此同时，大量存量 PPP 项目进入执行阶段，政府对 PPP 项目的监管作用在 PPP 项目持续推进中日益凸显。本文结合 PPP 政策的最新要求，并结合在项目实施中面临的现实问题，对实施机构、财政部门、政府方出资代表等不同的参与方在 PPP 项目中所要承担的监管责任展开深入研究，对 PPP 项目在执行阶段容易被忽略的监督管理要点进行探讨，并提出实施建议，以期对 PPP 项目的高质量发展起到积极的促进作用，并对新机制下 PPP 项目实施提供借鉴参考。

关键词： PPP 存量项目　政府监管　项目投融资

* 丁伯康，现代咨询董事长，现代研究院院长，研究方向为城市产业和基础设施投融资；丁逸，现代咨询总经理，现代研究院副院长，研究方向为城市产业和基础设施投融资；解定骏，现代咨询投融资事业部总监，现代研究院高级研究员，研究方向为城市产业和基础设施投融资；王玮，现代咨询投融资事业部项目经理，现代研究院研究员，研究方向为城市产业和基础设施投融资。

一 政府和社会资本合作执行阶段政府监督管理现状

（一）政府和社会资本合作政策缩紧下政府监管面临新的挑战

自 2014 年国家鼓励 PPP 发展以来，PPP 蓬勃发展，在我国基础设施和公共服务投融资领域发挥了重要作用。2017 年以来，PPP 的实施随着国家相关政策的出台愈加规范。如财办金〔2017〕92 号文[①]提出审慎开展政府付费类项目，对项目入库标准从项目内容、前期工作、按效付费等方面提出新的要求；财金〔2019〕10 号文[②]提出建立完全与项目产出绩效相挂钩的付费机制，财政支出责任占比超过 5%的地区不得新上政府付费项目等要求；财金〔2020〕13 号文[③]指引 PPP 项目绩效管理操作，引导 PPP 绩效评价规范发展；财金〔2022〕119 号文[④]进一步对 PPP 项目前期论证、规范运作等提出要求。相关政策的不断出台，要求政府在实施 PPP 项目时需要更加严格，政府监管不可缺位。

（二）PPP 项目执行阶段政府监管细则缺失

政府方对 PPP 项目的监管重点更多地放在了项目的“两评一案”编制、入库以及采购社会资本环节。一般情况下，在项目的前期环节，政府方会采用专家评审、部门联审的方式，从“两评一案”、合同等方面对项目的合规性与合理性进行提前控制。但是在执行阶段，由于 PPP 项目实施周期长、专业跨度大，实施机构作为专业的行业主管部门，在人员配备、专业能力等方面难以全面满足 PPP 项目相关管理要求，同时由于缺乏可操作的相关实施细则，如果项目没有暴露出问题，政府通常没有任何的压力和动力来进行

① 《关于规范政府和社会资本合作（PPP）综合信息平台项目库管理的通知》。

② 《关于推进政府和社会资本合作规范发展的实施意见》。

③ 《政府和社会资本合作（PPP）项目绩效管理操作指引》。

④ 《关于进一步推动政府和社会资本合作（PPP）规范发展、阳光运行的通知》。

更深层次的监督，也进一步增加了项目失败的风险。如（2018）皖 1225 民初 4231 号判决，社会资本方中标后未及时与政府方签订项目合同，但已经开始实际履行合同，后社会资本方违背中标时的承诺，造成项目失败；如（2019）川 2021 民初 2087 号判决，政府方出资代表为社会资本方对外融资提供 1.2 亿元担保，由于社会资本方不能按时还款，还款责任由政府方出资代表承担；如（2020）川 15 民终 794 号判决，社会资本方未按时缴纳项目公司注册资本金，构成根本违约，造成项目失败等。

（三）政府部门对 PPP 项目监管的认识不足

PPP 项目进入执行阶段后，政府方对 PPP 项目的监管大多属于事后监管，而且监管手段通常仅限于偶尔的现场巡查、定期的绩效考核等。这种监管手段比较单一，政府方通常难以及时地掌握项目的信息、发现项目的问题。尽管在大多数的项目公司中都有政府方出资代表作为项目公司的股东，但政府方出资代表除了履行政府授权的出资责任之外，往往也不重视项目的日常监管，仅在项目发生重大事项时，根据股东协议及公司章程履行表决权或一票否决权，其对项目公司的监管难以常态化实施。

同时，政府在监管过程中，受限于自身专业水平及本身部门职能的履行，对项目监管的精力及能力难以得到有效保证，同时难以顾及其他行业主管部门对 PPP 项目的要求。如某项目因项目工程增项，导致项目建设内容增加，项目投资额也随之增加。如实施机构在没有按照 PPP 管理的相关要求履行变更手续的情况下，就与项目公司签订了补充协议，将增量工程直接纳入 PPP 项目范围，导致项目被审计指出存在 PPP 管理不规范的问题并要求整改。

（四）新机制下存量 PPP 项目监管仍值得重视

PPP 新机制发布后，2023 年 2 月后实施的 PPP 项目均应按照 PPP 新机制规定执行。同时，2023 年 2 月前已经实施的 PPP 项目，仍需要按照 PPP 项目相关规定进行管理。

2023 年 11 月 29 日，财政部废止了 PPP 项目有关文件，但除废止文件外，剩余未废止的文件对存量 PPP 项目仍有指导意义。财金〔2014〕156 号文[①]指导合作各方都要重诺履约；财金〔2019〕10 号文指导 PPP 存量项目继续按规范要求，与绩效 100%挂钩；财金〔2020〕13 号文指导 PPP 存量项目仍要按效付费；财金〔2022〕119 号文指导 PPP 存量项目还要继续阳光运行。故在此基础上，PPP 新机制下存量 PPP 项目执行阶段的监督管理仍有重要意义，并且新机制下 PPP 项目也可借鉴实施。

二　PPP 项目执行阶段需要重点关注的监管要点及建议

（一）项目投融资监管

1. 项目资本金

项目资本金是指由社会资本方（或联合体）与政府方出资代表在项目公司中认缴的出资金额，通常为 PPP 项目总投资的 20%～30%。项目资本金是启动项目建设、获取金融机构贷款的必备条件。通常实施机构会在合同中约定社会资本方与政府方出资代表按照一定时间同比例出资，并就延误出资约定相应的违约责任。但实践中，常常出现政府方出资代表先行出资、社会资本方资金并未及时到位，或社会资本方联合体成员众多，部分联合体成员资金无法及时到位的问题。

因此，针对上述情况，一方面，政府方应在同比例出资的基础上，明确股东方的出资时序，可以在合同条款中约定社会资本方出资到位后的一定期限内，政府方出资代表需出资到位；另一方面，政府方因地制宜、因企施策地设置合同条款，针对中标社会资本方的组成结构明确出资要求，尤其是联合体各成员中无法出资的补足责任，并及时依据《PPP 项目合同》约定的违约责任，督促社会资本方规范履约。

---

① 《PPP 项目合同指南（试行）》。

2. 项目融资成本

项目成功融资是 PPP 项目实现落地的重要一环，在 PPP 模式下，社会资本方为了充分利用有限的自有资金、提高整体投资收益，均通过融资筹集建设资金或存量资产转让价款。政府方也常常会在采购环节设置基于融资金额、融资利率的付费公式，要求社会资本方在投标环节就融资利率进行报价竞争，并在合同中约定融资利率的上限以及实际融资利率低于中标融资利率的处理方式。

但实践中，一方面出现项目公司不选择较低贷款利率的银行，而通过第三方财务顾问的渠道进行融资，导致政府方无法分享实际融资利率低于中标利率的利差部分；另一方面存在采购协议及合同中均未约定融资利率上限，只约定关于融资资金及回报以实际发生为准，导致社会资本方无控制融资成本的动力。

因此，实施机构首先应在项目实施前充分进行可融性测试，了解当地金融机构的融资利率、期限、融资额度以及审贷要求；其次在项目公司落实融资时，应参与项目公司与各金融机构的洽商谈判，以监督项目公司选择合适、低成本的金融机构；最后要关注项目公司无法顺利完成融资时，社会资本方是否能够及时承担补充融资责任，避免影响项目建设、运营进度。

3. 融资资金使用

在 PPP 实务操作中，通常融资合同中会约定项目贷款额度的提取要求，或根据项目实际建设进度匹配提款，或按固定期限、固定金额等方式分期提款，项目融资款项的提取平稳有序。

但实践中常常出现社会资本方提款计划与实际需求不符或金融机构为完成业绩指标等，造成超项目建设进度或一次性全额放款的情况。该问题的发生除了造成资金闲置外，若合同条款设计不缜密，则可能全部计入建设期利息、增加项目总投资，导致政府方额外支付项目公司费用。

因此，实施机构不仅应重点关注贷款资金提取事项，要求项目公司定期上报建设进度计划以及提款计划，还可以要求政府方出资代表作为股东方，加强对项目公司资金使用的监督，派驻财务人员对项目公司的财务活动和相

关经营活动进行监督管理。若该类问题已经出现，则应及时与项目公司谈判，调整相关合同条款。

4. 借款及融资担保主体

在 PPP 项目中，通常由项目公司作为融资主体，筹集项目资金。在项目公司无法顺利完成融资时，由社会资本方承担融资补足责任，政府方不为项目融资提供任何形式的担保。

但在实务操作中，存在政府方出资代表借款给项目公司或为其进行担保的现象。从企业国有资产管理的角度看，相应借款或担保需满足国资委的相关规定，如某市国资委规定市属国有企业向子企业提供借款或担保，应坚持同股同权、同股同责的原则，以出资（持股）比例为限；确需超过出资（持股）比例的，必须采取防范自身利益受损措施，经市属国有企业董事会研究决定；从 PPP 项目管理的角度看，不允许政府方为 PPP 项目的债务提供任何形式担保，即便按照国资委的要求履行了对项目公司担保的相关风险防范手续，也属于违规担保的行为。

因此，财政部门应会同其他行业主管部门，对项目公司借款、融资等行为进行审查，加强对项目借款、融资担保合规性、合理性的核查，若项目公司未能顺利完成融资，应及时要求社会资本方承担全额的融资补足责任，避免因项目停滞造成公众利益或政府方的损失。

5. 项目公司财务状况

项目公司稳定的财务状况是 PPP 项目稳定运营的基础，在 PPP 项目合作中，一方面项目公司需要有稳定的现金流保障项目运营持续，另一方面项目公司需要在合作期内合理地安排贷款还款计划，以保证项目财政支出曲线平滑。

在 PPP 的实际操作过程中，如果项目公司的资金流断裂，从而造成了项目公司不能按期偿还款项的现象，就有可能会导致金融机构对项目的执行进行干预，从而对项目的实施产生影响。若项目公司对其资金流随意调整，比如出现了提前还款等情形，那么在部分以项目公司实际还款金额为基数来计算政府付费的项目中，就会造成短期内财政支出压力增加，或者是相关还款计划不稳定，导致对后续项目发行REITs或资产证券化存在阻碍。

一方面，政府方需要在项目公司进行融资时及时介入，审核项目公司上报的融资还款计划与项目实际是否匹配，项目还款资金来源是否符合项目实际。此外，还可以通过审计、中期评估等手段，对项目进行监督把控。另一方面，在项目出现非因政府付费不到位而导致的还款资金不足的情况时，政府方可以要求社会资本方及时提供补足责任，及时足额保障项目资金流平稳，必要时政府方可临时接管项目。

（二）项目公司人员监管

1. 项目公司人员管理

项目公司拥有与项目建设和运营目标相匹配的团队人员，是项目顺利进行的基础。在PPP项目招标时，通常在评分标准中会对项目团队人员进行要求，根据社会资本方配备的团队人员能力、业绩评判其是否可满足项目建设、运营需求。部分项目还会要求项目公司团队人员在投标后，不得擅自变更，关键岗位人员改变需要征得政府方同意等。

但在PPP项目实践中，部分项目出现了社会资本方用总部管理的方式替代项目公司管理行为，从而形成了“空壳”项目公司，造成了公司治理失效、名存实亡；部分项目存在施工总承包单位的人员与项目公司人员混同，导致社会资本方出于自身利益考虑，擅自调整与项目公司的合同条款，如擅自调增预付款比例、擅自缩短质保期等。

政府方可以督促项目公司提交项目公司人员名单并要求不得在施工总承包单位中任职，从而锁定项目公司人员配备，并明确后续关键岗位人员的变更须经政府方同意。同时，政府方可对项目公司人员的日常打卡行为进行监管，并结合其他监管方式，共同促进项目公司的规范管理。

2. 政府委派人员管理

PPP项目事关公共利益，因此通常政府方会通过委派副董事长、监事会主席、财务副总监等管理人员的方式对项目公司进行监管。虽不参与项目公司日常的经营管理，但必须对项目的关键决策进行监督，尤其是涉及公众

利益、公共安全的重大事项的决策。

在项目实践中，部分项目公司存在先执行后开会、以书面补签记录替代会议决策，出席人员人数不满足会议要求，签字投票数目不满足决议条件，相关重大事项未按公司章程上报至董事会或股东会进行决策，导致政府方无法对项目公司的决策进行监管。同时，还出现派驻人员疏于管理，导致政府方股东权利的丧失，从而造成政府方的监管缺位；或其以行政手段推责揽权，干预项目正常建设、运营，或滥用一票否决权等，导致项目无法继续进行。

因此，政府方应明确派驻人员岗位职责，按照项目合同、股东协议、公司章程等文件要求其正确履职，通过定期述职等方式强化对其履职的监督，并关注项目公司对政府方派驻人员履职情况的反馈情况，同时通过专项审计等方式检查项目公司的决策事项。

（三）项目公司制度监管

健全的公司管理制度是项目公司规范经营、稳定发展的重要保障，在项目投标阶段，通常社会资本方会在投标文件中载明项目公司的各项管理制度，或是在合同中要求项目公司成立后，将其管理制度上报政府方备案。但对于公司的管理制度能否有效保障公司经营管理和财务运作的合法性、准确性和透明度，防范和降低公司经营风险，提高公司的运营效率和价值，通常情况下政府方难以进行科学有效的评估。因此，政府方可以聘请专业的第三方机构为项目公司进行内部控制体系建设，针对企业内部控制制度的建立、实施、运营和监督等方面，提供专业化咨询服务，还可以聘请第三方机构对企业的内部控制进行审计，以帮助项目公司发现和更正内部控制制度在实际运行中出现的问题，提高项目运营效率和价值。

（四）项目公司经营监管

1. 项目公司经营范围

PPP 项目公司是政府方与社会资本方为该 PPP 项目这一特殊目的而设

立的公司，因此，也常被称作“特别目的公司”，其经营范围也应仅限定于PPP 项目的范围内。通常情况下，PPP 项目合同中会约定项目公司不得开展 PPP 项目以外的其他经营性业务，或要求项目公司开展合同范围之外的业务需事前经政府方批准。在实践中，存在项目公司未经政府方同意，从事其他经营性业务，导致项目公司利用 PPP 项目本身获取了其他的额外收益，同时因经营性业务的增加，导致可能出现相应的亏损风险。甚至有项目公司作为社会资本方参与了其他 PPP 项目投标，导致两个项目的损益、成败捆绑在一起，单一项目的失败或终止将带来其他连锁反应。

针对该问题，首先，政府方应在合同中明确，未经政府方事先书面同意，项目公司不得开展其他经营性业务，否则政府方有权扣减付费或提取履约保函；其次，政府方出资代表应加强对股东会经营方针和投资计划事项表决的监管，并通过财务审计加强对公司经营状态的了解；最后，在 PPP 资格预审环节，应对社会资本方是否适格加强审查。

2. 项目资产情况

基于公共服务的提供，合作期内对项目资产/经营权的占有是项目公司运营项目的前提，同时该等占有在合作期内应保持连续。因此，在 PPP 项目中，一般约定非经政府方批准，项目公司不得将项目设施或项目收益权进行抵押或质押、出售、转让、出租或以任何其他方式交由第三人使用或设定权利负担。

而在实务操作中，存在项目公司非因项目建设资金需要，擅自抵押项目土地使用权等项目资产的问题，试图通过违规融资缓解集团公司的现金流压力。这种饮鸩止渴的方式，通常既无法解决集团公司的现金流问题，也导致项目的资产面临被相关权利人申请法院强制执行的风险，从而造成项目的失败。

关于该问题的预防，由于项目资产权属的不同，政府方需关注的重点也不同。对于资产权属政府方的项目，即项目公司仅拥有项目的经营权，相对来说风险较小，项目公司无法将项目资产违规抵押。而对于资产权属项目公司的项目，政府方应加强对重大资产处置、投资、借款、融资、抵押、担保的监管，将上述事项纳入股东会职权范围并要求该项表决经全体股东一致同意后方可生效；同时通过每年的财务审计或定期要求项目公司提供中国人民银行出具的企业信用报告，充分了解项目资产状态。

（五）项目资金使用监管

为保障项目的经营状态良好、现金流稳定，政府方需要及时掌握项目公司的财务状况，从而对项目公司资金使用进行监管。资金监管的缺位一方面可能导致国有资本的投资收益难以实现，甚至可能造成国有资产损失或其他严重不良后果；另一方面不合理的资金使用及挪用将严重影响项目的实施与推进，为项目的失败埋下隐患。

在实务操作中，政府方应关注项目公司的资金是否足额存于专管账户，是否存在社会资本方抽逃资本金或侵占、挪用项目公司财产情况，大额资金安排有无履行决策程序，大额资金支出是否经过政府方财务人员签字同意，有无拖欠承包款等损害政府和公众利益行为，是否按项目合同约定及时支付工程费用或设计费用，是否存在超付工程款或擅调增预付款比例的现象，建设期是否存在项目公司支付社会资本勘察、设计、施工或供货的相关承包款之外的款项，运营期是否存在项目公司支付社会资本利润分红和当年资本金及回报之外的款项，项目公司分红前是否提取法定盈余公积，有无隐瞒运营收入、隐瞒收入去向等情况。

（六）项目建设运营监管

1. 项目履约监管

由于 PPP 项目各类规范性文件较多，在项目前期论证方面，政府方多选聘第三方咨询机构对项目后续的实施路径及各种合作边界进行充分论证。第三方咨询机构在提供项目咨询服务的过程中，也会将项目后续可能遇到的问题进行全面、通盘的考虑，并设定为项目的合作边界，最终通过签订《PPP 项目合同》的方式由合作各方遵守。但等到项目完成采购签约，真正执行落地的时候，由于政府方人员在项目监管上的专门性、专业性不足，往往在执行过程中，政府方会对项目产生“我该监督什么，我能不能监督，我不监督行不行”之类的疑问。这会导致在项目合作过程中政府监管缺位，当问题真正爆发后相关事项才得到重视。

为进一步落实政府监管，一方面，建议第三方咨询机构在项目签约后就政府方需履约或监管的内容进行梳理，以便政府方明确“我该在什么时间，做什么样的事情”，避免政府监管缺位；另一方面，政府方需要加强对项目监管的重视，同时匹配专职的人员，以保障项目推进得到及时、充分的监督。

2. 项目履约保函

为促使项目公司正常履约，PPP 项目中通常要求社会资本方或项目公司提交投资履约保函、建设期履约保函、运营期履约保函、移交期履约保函等相关保函，分别保障项目不同时期的顺利推进。

在实务操作中，通常会约定社会资本方或项目公司提交的履约保函应是经政府方认可的金融机构开具的不可撤销、见索即付的独立保函。而在PPP项目执行过程中，常常发生保函提交不及时、提交的履约保函开具机构不符合要求、履约保函提交后无法一直延续有效，或提交的保函为一般保证和连带责任保证保函，无法实现见索即付的目的等。

相对于其他监管问题，政府方对项目履约保函的监管较为便捷。一方面，政府方应根据合同要求，督促保函提交方在约定期限内提交履约保函；另一方面，政府方需要关注所提交保函的格式，即核实其是否是经政府方认可的金融机构开具的见索即付的独立保函，该点可由政府方委托法律顾问进行协助审核。另外，在保函到期前一定期限内，政府方需关注是否重新提交了下一段期限的保函，或延长原有的保函期限等。

3. 建设期招标管理

PPP 项目通常投资体量较大，因此项目的施工、监理以及相关设备、材料均需规范履行招标、采购程序，以降低投资成本，预防腐败行为的出现。除了依据《中华人民共和国招标投标法实施条例》以及财金〔2016〕90 号文[①]规定，中标社会资本方依法能够自行建设、生产或者提供服务的，

① 《关于在公共服务领域深入推进政府和社会资本合作工作的通知》。

合作方可以不再进行招标。根据《必须招标的工程项目规定》，与工程建设有关的重要设备、材料等货物的采购，在单项合同估算价达到规定的要求时，也必须履行招标程序。

在实务操作中，政府方应关注建设期项目公司工程招标和货物服务采购是否按照法律规定以及《PPP 项目合同》约定开展，是否设置民企参与壁垒，是否存在不符合合同约定或法律法规等要求的直接对外发包行为，如专业分包、劳务分包等；招标文件/采购文件是否经政府方审查或备案，控制价是否经有关部门审核，是否存在暗箱操作、规避监管、串通交易、套取采购回扣行为；运营期项目公司采购是否严格按照公司内部控制制度执行，关联交易决策程序、执行程序，是否履行项目文件规定的监督程序和公司内控程序，是否存在虚假交易或高价交易；是否存在擅自在政府方审查过的合同或协议基础上，签订补充协议等行为。

政府方可要求项目公司将全部招标、采购的相关计划提前上报给政府方，便于政府方进行审核或监督，政府方亦可通过审计手段对项目公司采购情况进行专项审计，并通过工商调档、函证、现场走访、市场询价等方式核查供应商（承包商）情况，便于政府方对采购及关联交易进行及时监管。

4. 工程变更审核

在新建的 PPP 项目中，普遍以可行性研究报告作为依据编制“两评一案”、采购社会资本方，因此，由于前期设计深度不足，PPP 项目出现工程变更是一个普遍的现象。首先，需要对工程变更的必要性进行充分论证，若属于建设规划调整、重大技术变更、地质条件发生重大变化、自然灾害等不可抗力因素造成的变更，则理应办理工程变更手续。其次，项目公司应按照当地政府关于工程变更的规范流程，办理相关的审批手续，遵循“先审核、后实施”的原则，避免出现利用工程变更的方式扩大项目公司的实施范围、扩大建设规模和提升投资标准。

在实务操作中，政府方除关注工程变更的合理性、必要性外，还可组织专家对工程变更方案进行论证和检查，进一步强化对项目成本的控制。同时，政府方还需关注工程变更对 PPP 项目管理的影响，规范办理 PPP 项目相关资料变更手续。

5. 建设运营成本

在 PPP 项目运作中，由于项目建设运营的相关支出关系后续政府付费的确定，因此政府方应对项目的建设运营成本高度关注。而建设运营成本的核定有跟踪审计、竣工决算等一系列手段予以保障，与之相比，项目运营成本的核定则更容易让政府方忽略。尤其是付费机制约定为“运营维护费用=实际运营成本×（1+合理利润率）”，意味着若未经政府方审核，项目公司不合理的运营成本均将全部由政府买单，造成财政资金的浪费。

因此，财政部门应会同实施机构组织专业机构对项目年度运营成本进行监审，通过调查、归集、测算和审核的方式确定项目的实际运行成本支出，不属于 PPP 项目范围、未按合同履行采购程序支出、明显不合理支出等不予确认。同时，对比分析项目的年度运营成本与实施方案及项目中标/成交价格成本构成，校验原项目实施方案成本测算、响应文件报价成本构成清单是否存在漏项、重复、错误项等与事实严重偏离的现象，并以此为依据，对价格进行合理调整。

6. 项目绩效监控

在 PPP 项目中，项目实施机构应根据《PPP 项目合同》约定完成绩效监控的相关工作，对项目的运营及产出实现程度进行监测和管理。项目公司负责日常的绩效监控，应按照《PPP 项目合同》约定，定期向政府方报送日常监控结果，以便于政府方知情。

而在实务操作中，往往会出现项目公司上报资料不及时、绩效监控资料未存档或瞒报漏报等现象。一方面，项目相关资料的不齐全导致政府方无法及时了解项目信息，而且在实施机构组织进行绩效评价时难以搜集到足够的资料作为依据，影响绩效评价的执行；另一方面，在政府和项目公司发生争议时，项目资料不足也会使政府方的证据链不完整，从而造成政府方的败诉风险。

政府方应秉持科学合理、公平公正、诚实守信、按效付费的原则，实施 PPP 项目的绩效管理工作。通过建立全面、规范的绩效评价指标体系，以

结果为导向，迫使项目公司及时提交有关信息。政府应有效保存绩效监控的相关资料，以作为绩效评价或争议解决的支撑。同时，政府方可聘请专业第三方机构，提前对实施机构、项目公司进行绩效管理辅导、培训，或作为常年顾问，协助政府方对相关资料进行整理、存档。

7. 项目绩效管理

全面的绩效管理是保障 PPP 项目稳定运行的重要方式，是政府方实施科学管理、按效付费的重要依据。项目实施机构在此过程中应负责 PPP 项目绩效管理的主要工作，而财政部门一方面负责绩效管理的制度建设以及工作指导，另一方面可就 PPP 项目的绩效管理进行再评价或后评价工作。财政部门既要监督实施机构不得通过降低评价标准的方式，造成绩效评价工作流于形式，使社会资本方违规获利，又要监督实施机构不得以违反合同约定提高绩效评价标准，损害社会资本方的合法权益，造成营商环境的损害。

在项目绩效管理方面，实务中出现过下列相关问题。

（1）项目未建立绩效评价体系，或绩效评价体系不健全。

（2）未根据 PPP 项目合同审核项目付费预算，导致项目超付。

（3）实施机构未按合同约定时间开展绩效评价工作，导致付费延迟。

（4）项目绩效评价指标设定不符合实际或基础资料未进行留档，导致项目无法执行考核。

（5）绩效评价报告中的政府付费计算不符合合同要求，相关付费计算基数及指标不符合合同约定，导致超付。

（6）绩效评价应用与项目付费挂钩比例不足，或项目绩效评价执行流于形式，导致绩效评价目的难以实现。

（7）绩效评价工作方案、绩效评价报告等材料内容与深度不符合财金〔2020〕13 号文要求等。

因此，首先，在制定绩效评价指标时，应遵循全面性、科学性、相关性、可衡量性的原则，设置具备现实可操作性的评价指标，必须能够用于项目绩效评价实践，必须是项目公司通过一定努力能够实现的，且建立与项目产出完全挂钩的付费机制。其次，政府方应诚信履约，维护良好的营商环境，根据合同约定及时开展绩效评价付费工作，避免出现延迟绩效评价、政府拖欠费用的现象。财政部门可以通过参与绩效评价工作方案审核、绩效评价报告复核的方式，加强对实施机构开展绩效评价业务的指导。还可以从实施机构履约情况、项目公司反馈意见、成本监督管控程度等方面对实施机构进行绩效评价，必要时可委托第三方机构协助，最终以加强项目绩效导向、加强绩效考核、严格按绩效结果付费的方式，达到切实规范项目运营，推动提高经营主体运营专业化程度，提升公共服务供给质量和效率的目的。

8. 低效运营监管

PPP 的本意是充分发挥社会资本方的运营能力与品牌价值，通过社会资本方对项目的专业、高效运营实现项目高质量的公共服务以及项目在整体合作期内的物有所值。而在项目实际操作过程中，项目建设完成后社会资本方便会减少对项目的投入，使得项目公司往往没有能力或没有动力真正地运营好项目。虽然有绩效评价程序的存在，但社会资本方更多关注的是怎样使项目顺利地通过绩效评价，拿到政府付费，而不是真正地做好项目运营。

国办发〔2022〕19 号文[①]提出，有效盘活存量资产，对于提升基础设施运营管理水平、拓宽社会投资渠道等具有重要意义。发改办投资〔2022〕561 号文[②]也提出，可以根据项目实际情况，灵活采取不同方式盘活项目。因此，对于建成后长期闲置或运营绩效低下的项目，地方政府要进一步加强监管，并结合项目情况研究针对性措施，进行项目盘活。

一方面，针对有能力运营好项目而项目运营力量投入不足的，政府方可进一步督促要求社会资本方投入更多的人员、技术等保障项目后续运营；另一方面，针对运营模式低效的项目，政府方可与社会资本方充分沟通，通过灵活采取创新运营模式、引入先进技术、提升运营效率等多种方式盘活资产，挖掘项目潜在价值。

---

① 《国务院办公厅关于进一步盘活存量资产扩大有效投资的意见》。

② 《关于做好盘活存量资产扩大有效投资有关工作的通知》。

9. 项目中期评估

在运营期内，财政部门应会同项目实施机构定期对 PPP 项目的实施情况进行中期评估，一方面，可落实政府对项目的监督管理，发现存在的风险与问题并制定措施；另一方面，通过与决策时确定的目标进行对比，找出差异，分析缘由，提炼成果，总结教训，并对后续 PPP 项目的实施提供指导，实现 PPP 的可持续发展。

在实务操作中，存在部分项目中期评估时仅关注绩效评价方面的产出、管理以及效果，未对项目的实施情况及合同的全面性、合理性进行分析，也没有对可能出现的风险进行识别、应对，导致中期评估流于形式。

因此，实施机构应聘请专业的第三方机构组织项目中期评估工作，在充分征求财政部门、行业主管部门意见的基础上，组织专家对中期评估报告进行评审，以推动咨询机构提高服务水平与服务质量。

10. 重大事项执行

由于 PPP 项目关系公共服务的提供，为了避免项目公司经营过程中涉及公共安全、公众利益等重大事项的决定权，防止项目公司的不当经营损害公共安全和公众利益，因此对于重大事项的决策，除了政府方出资代表外，实施机构、财政部门甚至政府领导均应充分知情，并及时进行研判。充分保障知情权是政府方切实履行公共利益及公共安全事项监管职责的前提。

但在实务操作中，实施机构、财政部门以及政府方出资代表不清楚重大事项的范围及影响，导致在项目公司上报或股东会、董事会表决时，未及时行使审核、否决的权力；或出现项目公司怠于履行合同责任，不将重大事项上报或通过文字加工使政府方无法充分了解真实信息，导致监管缺失。

因此，政府方首先应对执行阶段可能影响 PPP 项目顺利实施的因素进行识别，对潜在风险事件进行汇总、归类。在此基础上对识别出的风险进行定性和定量的分析，分析风险出现的概率和产生影响的大小。通过风险评估对事项的重要性进行排序，并据此明确事项的监管责任单位、责任人和监管措施。同时，通过绩效评价、中期评估等多种方式，定期对项目实施情况进行监督。若社会资本方/项目公司违反《PPP 项目合同》约定，导致项目无法稳定运行，甚至对公众利益、公共安全造成严重不良影响，实施机构应及时对项目进行临时接管，直到项目恢复正常运行或提前终止。

三　完善 PPP 项目政府监管的对策

（一）进行存量合同梳理，强化合同约束

PPP 项目合同是指导 PPP 项目顺利推进的核心文件，有关条款和监督措施是否严格在项目合同体系中贯彻执行，是政府履行监管职责的基础。因此，实施机构可会同财政部门以及其他行业主管部门，对存量 PPP 项目合同的相关条款进行梳理，重点盘查相关合同约束是否到位、保障与监管措施是否全面、相关措施是否可执行可落地等。政府方需重点关注相应内容是否已经全面、科学地约定在政府方与社会资本方/项目公司签订的合同中，未约定的可通过签订补充协议的形式进行完善。

（二）关注事中事后监管，确保监管闭环

项目进入执行阶段后，合作各方应根据签订的合同条款，严格履行相关义务。政府方在项目执行过程中应充分发挥实施机构、财政部门、行业主管部门以及政府方出资代表的作用，让政府方能够真正做到监管到位。在严格履约的同时，一方面，政府方可根据监管重点自查自纠，补全监管体系，做好事中监管工作；另一方面，政府方可根据项目情况，通过审计、追责、提取保函、临时接管、诉讼等手段丰富事后监管，做到合作期内监管持续不缺位，形成闭环管理。

（三）充分借力咨询机构，保障监管专业

PPP 项目具备投资额高、合作周期长、专业跨度大、组织协调难的特点，政府方应当秉持规范实施、平等合作、诚实守信的原则，通过政府方与

社会资本方的合作，充分发挥市场的作用，提升基础设施与公共服务的供给质量和效率，实现公共利益的最大化。借助专业的第三方咨询机构对前期项目进行充分的论证与评估，切实保障 PPP 项目决策的科学性、合理性，通过第三方咨询机构的专业力量、人才优势，提升 PPP 项目监管工作的质量和精细化管理水平，推动 PPP 项目高质量发展。

B.15
PPP 运用中的土地问题研究

雷爱先　陈 恩*

摘　要： 本文对我国 PPP 项目用地政策进行梳理和分析，提出了 PPP 项目的用地性质多为建设用地、供地方式以划拨和协议出让为主、用地政策不具有特殊性三大特征。针对 PPP 运用中存在的土地取得主体与 PPP 项目主体不一致、土地取得方式未进行综合分析与优选、项目期限与土地使用年期政策不衔接、PPP 项目用地模式与建设用地供应管理政策不衔接等问题，提出应准确把握 PPP 项目中的土地利用管理政策，科学选择 PPP 项目的土地取得方式，做好 PPP 项目期限与土地使用年期的有效衔接等对策建议。

关键词： 土地利用政策　土地取得方式　土地使用年期　PPP

2014 年以来，国务院及其下属财政部、国家发展改革委等部门先后发布一系列政策文件，统筹推进国内政府和社会资本合作（PPP）示范项目实施，成效显著。PPP 项目用地的类型、土地取得方式和土地权能等，是 PPP 项目用地政策的核心内容，对 PPP 的健康平稳运行十分重要。本文以国家发布的 PPP 项目用地政策为研究对象，针对当前 PPP 运行中存在的土地问题，提出规范取得土地、科学利用土地、推进 PPP 运行的对策建议。

---

* 雷爱先，经济学博士，北京翰简咨询管理公司总经理，中国土地学会常务理事，研究方向为土地利用政策制度；陈恩，中规院（北京）规划设计有限公司国土空间治理研究中心研究员，研究方向为土地开发与利用。

一 PPP 项目中的土地政策及其特征

（一）PPP 项目中的土地政策

近年来，国家制定了一系列 PPP 项目政策，其中包含 PPP 项目用地政策的主要有表 1 中的 8 个文件。

表 1 国家主要 PPP 项目用地政策文件

序号	发布年份	发文部门	政策名称	发文文号
1	2015	财政部、国家发展改革委、中国人民银行	《关于在公共服务领域推广政府和社会资本合作模式的指导意见》	—
2	2016	财政部等	《关于联合公布第三批政府和社会资本合作示范项目 加快推动示范项目建设的通知》	财金〔2016〕91 号
3	2016	国土资源部	《产业用地政策实施工作指引》	国土资厅发〔2016〕38 号
4	2016	国家发展改革委	《传统基础设施领域实施政府和社会资本合作项目工作导则》	发改投资〔2016〕2231 号
5	2016	国务院办公厅	《关于全面放开养老服务市场提升养老服务质量的若干意见》	国办发〔2016〕91 号
6	2016	国家发展改革委、农业部	《关于推进农业领域政府和社会资本合作的指导意见》	发改农经〔2016〕2574 号
7	2017	财政部、农业部	《关于深入推进农业领域政府和社会资本合作的实施意见》	财金〔2017〕50 号
8	2019	自然资源部	《产业用地政策实施工作指引（2019 年版）》	自然资办发〔2019〕31 号

资料来源：根据公开资料整理。

1.《关于在公共服务领域推广政府和社会资本合作模式的指导意见》

2015 年发布的《关于在公共服务领域推广政府和社会资本合作模式的指导意见》，明确提出实行多样化土地供应，保障项目建设用地的政策。具体涉及以下 4 类政策。

（1）划拨供地政策。对符合划拨用地目录的项目，可按划拨方式供地，划拨土地不得改变土地用途。

（2）抵押政策。建成的项目经依法批准可以抵押，土地使用权性质不变，待合同经营期满后，连同公共设施一并移交政府；实现抵押权后改变项目性质应该以有偿方式取得土地使用权，并依法办理土地有偿使用手续。

（3）土地租赁政策。不符合划拨用地目录的项目，以租赁方式取得土地使用权的，租金收入参照土地出让收入纳入政府性基金预算管理。

（4）作价出资（入股）政策。以作价出资或者入股方式取得土地使用权的，应当以市、县人民政府作为出资人，制定作价出资或者入股方案，经市、县人民政府批准后实施。

2.《关于联合公布第三批政府和社会资本合作示范项目 加快推动示范项目建设的通知》

2016 年 10 月 11 日，财政部、教育部、国土资源部等 20 个部门联合发布《关于联合公布第三批政府和社会资本合作示范项目 加快推动示范项目建设的通知》。该通知明确规定了 PPP 项目用地政策。

（1）规划和计划政策。PPP 项目用地应当符合土地利用总体规划和年度计划，依法办理建设用地审批手续。

（2）建设用地供应政策。实施建设用地供应时，不得直接以 PPP 项目为单位打包或成片供应土地，应当依据区域控制性详细规划确定的各宗地范围、用途和规划建设条件，分别确定各宗地的供应方式。

一是符合《划拨用地目录》的，可以划拨方式供应；二是不符合《划拨用地目录》的，除公共租赁住房和政府投资建设不以营利为目的、具有公益性质的农产品批发市场用地可以作价出资方式供应外，其余土地均应以出让或租赁方式供应，及时足额收取土地有偿使用收入；三是依法需要以招标拍卖挂牌方式供应土地使用权的宗地或地块，在市、县国土资源主管部门编制供地方案、签订宗地出让（出租）合同、开展用地供后监管的前提下，可将通过竞争方式确定项目投资方和用地者的环节合并实施。

（3）土地收益和融资管控政策。PPP 项目主体或其他社会资本，除通过规范的土地市场取得合法土地权益外，不得违规取得未供应的土地使用权或变相取得土地收益，不得作为项目主体参与土地收储和前期开发等工作，不得借未供应的土地进行融资；PPP 项目的资金来源与未来收益及清偿责任，不得与土地出让收入挂钩。

3.《产业用地政策实施工作指引》

2016 年，国土资源部办公厅印发《产业用地政策实施工作指引》（国土资厅发〔2016〕38 号）；2019 年，自然资源部办公厅印发《产业用地政策实施工作指引（2019 年版）》（自然资办发〔2019〕31 号），国土资厅发〔2016〕38 号文件同时废止。这两个文件均规定了 PPP 项目用地的具体政策。

（1）《产业用地政策实施工作指引》主要涉及划拨土地和出让、租赁、作价出资（入股）土地两类政策。

《产业用地政策实施工作指引》第九条第三款："根据《国务院办公厅转发财政部发展改革委人民银行关于在公共服务领域推广政府和社会资本合作模式指导意见的通知》（国办发〔2015〕42 号）、《国务院办公厅关于支持铁路建设实施土地综合开发的意见》（国办发〔2014〕37 号）、国土资规〔2015〕10 号文件[①]，下列情形可将通过竞争方式确定项目投资主体和用地者的环节合并实施：

（一）采用政府和社会资本合作方式实施项目建设时，相关用地需要有偿使用的；

（二）通过招标方式确定新建铁路项目投资主体和土地综合开发权中标人的；

（三）政府将收回和征收的历史遗留损毁土地复垦并用于旅游项目建设的。

以合并竞争方式确定项目投资主体和用地者的，市、县国土资源主管部

① 《关于支持旅游业发展用地政策的意见》。

门应依法独立履行编制供地方案、签订供应合同和实施用地供后监管等法定职责。”

（2）《产业用地政策实施工作指引（2019 年版）》中的相关政策，主要涉及划拨土地和作价出资（入股）土地两类政策。

《产业用地政策实施工作指引（2019 年版）》第十四条（办理划拨国有建设用地使用权）规定：市、县自然资源主管部门划拨国有建设用地使用权时，在符合国土空间规划的前提下，可以建设项目审批、核准、备案文件记载的项目建设内容为依据判断是否符合《划拨用地目录》，不得以建设单位投资来源为民间投资、外商投资或政府和社会资本合作等为由限制申请划拨用地。

《产业用地政策实施工作指引（2019 年版）》第十七条（以作价出资［入股］方式供应国有建设用地使用权）规定：依据《关于扩大国有土地有偿使用范围的意见》（国土资规〔2016〕20 号）的规定，对可以使用划拨土地的能源、环境保护、保障性安居工程、养老、教育、文化、体育及供水、燃气供应、供热设施等项目，除可按划拨方式供应土地外，鼓励以出让、租赁方式供应土地，支持市、县政府以国有建设用地使用权作价出资或者入股的方式提供土地，与社会资本共同投资建设。

4.《传统基础设施领域实施政府和社会资本合作项目工作导则》

2016 年，国家发展改革委印发的《传统基础设施领域实施政府和社会资本合作项目工作导则》（以下简称《导则》），在审批机制和招标政策方面明确了土地政策。

（1）《导则》第十一条明确了 PPP 项目实施方案审查审批，具体规定是：鼓励地方政府建立 PPP 项目实施方案联审机制。按照“多评合一，统一评审”的要求，由发展改革部门和有关行业主管部门牵头，会同项目涉及的财政、规划、国土、价格、公共资源交易管理、审计、法制等政府相关部门，对 PPP 项目实施方案进行联合评审。

（2）《导则》第十三条第三款规定了 PPP 项目招标与国有建设用地使用权招标拍卖挂牌出让政策的衔接。具体规定是：各地要积极创造条件，采用多种方式保障 PPP 项目建设用地。如果项目建设用地涉及土地招拍挂，鼓励相关工作与社会资本方招标、评标等工作同时开展。

5.《关于全面放开养老服务市场提升养老服务质量的若干意见》

2016 年，国务院办公厅发布的《关于全面放开养老服务市场提升养老服务质量的若干意见》，在“（十四）完善土地支持政策”中明确了土地支持政策，具体内容是：对在养老服务领域采取 PPP 方式的项目，可以国有建设用地使用权作价出资或者入股建设。

6.《关于推进农业领域政府和社会资本合作的指导意见》

2016 年，国家发展改革委、农业部印发的《关于推进农业领域政府和社会资本合作的指导意见》，在“四、政策支持”中涉及了两类土地政策。

（1）集体土地流转政策。具体内容是：建立健全农村产权流转交易市场，引导农村土地、集体资产及农业设施等产权规范流转交易。

（2）保障项目用地需要。具体内容是：加强耕地资源的保护与利用，各地要在土地利用总体规划中统筹考虑项目建设需要。鼓励社会资本通过整理复垦增加耕地面积，落实耕地占补平衡，合理安排项目建设用地供给。

7.《关于深入推进农业领域政府和社会资本合作的实施意见》

2017 年，财政部、农业部联合印发的《关于深入推进农业领域政府和社会资本合作的实施意见》，明确了加强项目用地保障的政策。具体政策规定是：各地农业部门、财政部门要积极协调相关土地部门，在保障耕地占补平衡的基础上，在当地土地使用中长期规划中全面考虑农业 PPP 项目建设需求，并给予优先倾斜，为项目用地提供有效保障。

（二）PPP 项目用地政策的特征

1. PPP 项目的用地性质多为建设用地

依据财政部印发的《政府和社会资本合作模式操作指南（试行）》和《财政部关于进一步做好政府和社会资本合作项目示范工作的通知》，基础设施及公共服务类项目适宜采用 PPP 模式，公共服务领域包括能源、交通运输、水利、环境保护、农业、林业、科技、保障性安居工程、医疗卫生、养老、教育、文化等。

我国《土地管理法》第四条规定，国家实行土地用途管制制度。国家编制土地利用总体规划，规定土地用途，将土地分为农用地、建设用地和未利用地。严格限制农用地转为建设用地，控制建设用地总量，对耕地实行特殊保护。其中，建设用地是指建造建筑物、构筑物的土地，包括城乡住宅和公共设施用地、工矿用地、交通水利设施用地、旅游用地、军事设施用地等。现行的《土地利用现状分类》（GB/T 21010—2017）将建设用地分为 8 个大类、35 个中类和 42 个小类。其中 8 个大类建设用地分别为：居住用地、公共管理与公共服务用地、商业服务业设施用地、工业用地、物流仓储用地、道路与交通设施用地、公用设施用地、绿地与广场用地等。35 个中类和 42 个小类建设用地涉及能源、交通运输、水利、环境保护、科技、医疗卫生、养老、教育、文化、农林等设施用地类型。

可以看出，在上述国家土地管理法律和国家土地分类标准中，PPP 项目都可以找到对应的土地类型。PPP 项目用地中，除了光伏、风电、农林水项目可能涉及使用农用地和未利用土地外，项目用地总体上以建设用地为主。

2. PPP 项目的供地方式以划拨和协议出让为主

土地用途决定了土地供应方式。从 PPP 项目的适用领域看，主要为交通、能源、生态环保、农林水利、医疗卫生、养老、教育、文化等基础设施和公共服务设施用地。这类用途的项目公益性强、营利性弱，为保障土地供应，我国《土地管理法》第五十四条规定，城市基础设施用地和公益事业用地，国家重点扶持的能源、交通、水利等基础设施用地，可以以划拨方式取得。当然，允许以划拨方式取得的土地，也可以通过出让等有偿方式取得。我国《民法典》和《土地管理法实施条例》规定，工业、商业、旅游、娱乐和商品住宅等经营性用地，必须采取招标、拍卖、挂牌出让方式供应。依据这一政策，不属于法定的上述经营性用地的，在土地供应上可以采取协议方式。另外，我国《土地管理法实施条例》规定，国有土地有偿使用方式包括国有土地使用权出让、租赁、作价出资（入股）三种。

就 PPP 项目来说，法定的土地供应方式包括国有土地使用权划拨、国有土地使用权出让（出让具体形式包括招标、拍卖、挂牌和协议）、国有土地租赁、国有土地使用权作价出资（入股）四种。而实施层面的土地供应政策中，划拨政策、协议出让政策、招标拍卖挂牌政策内容系统丰富，程序性、操作性强，而租赁和作价出资（入股）政策实体性要求多，操作性、程序性政策较少。

基于上述分析，PPP 项目在供地上，多采取划拨方式和协议出让方式，较少采取租赁和作价出资（入股）方式，在土地转让环节，也多是采取划拨土地转让补办出让手续和出让土地转让手续的方式。需要特别注意的是，在国有企业改制中，以划拨方式取得的交通、能源、水利用地，经批准可以采取国家作价出资（入股）和国家授权经营方式配置土地资产，因此，在 PPP 项目的土地资产权利类型中，也会存在作价出资（入股）或授权经营方式。

3. PPP 项目用地政策与其他项目相比不具有特殊性

PPP 作为一种新型的项目融资模式，与其他融资模式相比，有特定的范围、原则、目标和运营模式，这是其特殊性。但无论是 PPP 项目还是其他类型的融资项目，在土地取得和开发利用上，现行法律法规对此并无特定的政策。在土地供应利用方面，一般是按照规划确定土地用途、用途确定供应方式、竞争确定用地者的基本规则制定政策规范，体现了土地供应政策的普适性而非特殊性。因此，PPP 项目在用地取得、使用、流转中，均未突破现行法律法规政策的一般规定，没有只适用于 PPP 领域的特殊政策。

二　PPP 运用中存在的土地问题

从近年来 PPP 运行实践看，反映在项目用地上的问题主要体现为以下四个方面。

（一）PPP 项目土地取得主体与 PPP 项目主体不一致

主要表现为划拨土地无法由社会投资人直接获得。《土地管理法》和

《划拨用地目录》明确了划拨用地的范围。由于划拨土地不收土地出让金，因此，划拨供地政策在执行中，因基础设施的投资主体为政府或平台公司，土地都是直接划拨到建设单位名下，这些基础设施投资公司或政府的平台公司就成为划拨土地的取得主体。而在 PPP 模式下，政府实质是引入社会资本作为建设单位，因 PPP 项目公司非本级政府所控制，为防范政策风险，在实际操作上，地方土地管理部门一般将国有建设用地划拨到 PPP 的实施机构或政府出资方名下，再由实施机构或政府出资方提供给 PPP 项目公司使用。这种方式存在的主要问题是，土地使用权人和项目建设方“分离”，PPP 项目形成的资产也因此存在“地”的主体与“房”的主体分离的现象。这种分离，一方面会造成土地取得环节的法律关系、审核程序较复杂；另一方面在 PPP 项目资产转让环节，因“房”“地”主体相分离而使土地使用权转让或股权转让存在难度。

（二）PPP 项目土地取得方式未进行综合分析与优选

我国现行的土地管理法律法规明确的土地使用方式主要包括划拨、出让、租赁、国家作价出资（入股）等。其中，划拨和出让方式的政策最为成熟完善，划拨土地使用权和出让土地使用权在取得、占有使用、收益、转让出租和抵押、签订土地使用合同、确权登记发证等各个环节，均有直接的政策依据和操作规范，这保证了以划拨和出让方式取得 PPP 项目用地更容易落地，效率较高。而涉及土地租赁和作价出资（入股）方式的法规政策较少，政策中的操作性和程序性内容更少。

PPP 项目选择租赁和作价出资（入股）方式取得土地的，尽管政策方向上是支持的，但在实际操作过程中由于无具体政策依据，会造成土地取得周期长、难度大、效率低。特别是，如果 PPP 项目在用地上选择了上述划拨、出让、租赁、作价出资（入股）等法定方式之外的方式，则存在违法违规的风险。因此，在 PPP 项目用地取得时，由于没有进行多方式比较，土地取得方式选择不合理导致的项目落地难，是目前 PPP 运行中土地方面存在的重要问题。

（三）PPP 项目期限与土地使用年期政策的不衔接

我国现行的土地管理法律法规是依据供地方式和土地用途确定国有土地使用年期的。在国有土地使用权划拨、出让、租赁、作价出资（入股）等方式中，划拨土地方式没有使用年限的规定；出让土地按照土地用途确定最高出让年限，其中商品住宅的土地使用年限是 70 年，工业用地的出让年限为 50 年，商业用地 40 年，科教文卫体用地 50 年，综合用地 50 年；作价出资（入股）的土地使用年限与出让土地的政策一致；租赁土地的使用年限一般不超过 20 年。出让土地的使用年限届满，依法可以申请续期，只要申请续期时项目用地符合规划，就可以重新签订合同，确定使用年期，继续使用土地。包括 PPP 项目在内的各类建设项目以出让等有偿方式使用国有土地的，均要依据上述年期政策确定相应的土地使用年限。

我国大部分 PPP 项目的合作期限为 10~30 年，在合作期内，若涉及的项目用地需要有偿取得，除了租赁方式和使用存量建设用地外，PPP 项目合作期限均低于国家规定的土地使用最高年限，不会出现用地期限与项目期限错配的问题。对于土地租赁期限最长不超过 20 年，或存量建设用地的剩余使用年限不足 30 年的，需要依据土地使用年限届满续期政策统筹考虑 PPP 项目期限，以避免 PPP 项目期限与土地使用法定年期不对应的问题。一种观点认为，在现行的土地租赁政策下，可能出现项目合作期未结束而土地使用权已到期的情况，导致期限错配问题，这实际上是没有理解和把握好土地使用年期政策与 PPP 项目期限之间的关系。土地使用年期政策仅限于有偿用地的情况（划拨用地没有使用年限），土地用途决定出让年期的长短，这是国家法定政策，PPP 项目取得土地时，要以国家土地政策为依据而不是国家土地政策因 PPP 项目而调整。目前，PPP 项目用地年期方面存在的问题，实质上是没有准确理解土地年期政策和续期政策，没有在具体 PPP 项目实施中用好政策的问题。

（四）PPP 项目用地模式与建设用地供应管理政策不衔接

我国《土地管理法》、《城市房地产管理法》、《民法典》、《土地管理法实施条例》和《城镇国有土地使用权出让和转让暂行条例》等法律法规中，对于土地供应均是以“宗地”为管理单元的。简单地说，就是按“宗地”划拨或有偿供地，按“宗地”签订土地使用合同，按“宗地”缴纳土地价款，按“宗地”确权和办理不动产权证，这是土地供应和利用管理的法定制度和一般规则。任何方式、任何类型的土地使用权取得，均要符合这一制度规则。

PPP 项目既包括单体项目也包括综合项目。单体项目用地时，一个项目只涉及一宗地，用地主体和项目主体一致，土地取得方面的问题较少。而对于综合性的 PPP 项目，往往涉及的地域广、类型多，一个项目可能涉及两宗及以上的多宗土地，需要与按“宗地”供应的土地制度做好衔接，才能保证项目落地。从近年来的操作实践来看，对于需要使用多宗地的综合性 PPP 项目，尚未制定符合“宗地”管理要求的政策和实施方案，造成了项目建设效率的下降。一种观点认为，目前土地供应政策无法适应 PPP 项目，只能够按照单体项目分别逐一进行供应，这一观点是不正确的。在法定的土地供应管理制度下，PPP 项目用地政策要做好与法定土地制度的衔接，而不是国家法定制度与 PPP 项目供地方式相衔接。国家法律制度作为上位制度，不可能降阶适应某种具体的用地需求。

三　进一步完善 PPP 项目用地的对策建议

针对 PPP 项目用地中存在的突出问题，从以下三个方面提出进一步完善 PPP 项目用地的对策建议。

（一）准确把握 PPP 项目中的土地利用管理政策

PPP 项目中的土地利用管理政策是现行建设用地利用管理政策的具体

体现。对于 PPP 项目用地政策至少要把握两点。一是现行建设用地政策对 PPP 项目并没有特殊对待，国家没有专门制定 PPP 项目的特殊用地政策。因此，PPP 项目在使用土地时，应依据项目自身的特点，从一般性建设用地利用管理政策中，选择符合项目要求的用地政策。二是我国对建设用地的使用管理是以宗地为单元的。如前所述，供地方案的申请和审批、土地供应、合同签订、供后利用、价款缴纳、产权证办理等项目用地的各个环节，都是以宗地为单元明确政策和操作实施的。因此，把握宗地管理的政策特点，对加快 PPP 项目落地至关重要。

（二）科学选择 PPP 项目的土地取得方式

如前所述，法定的土地取得方式有多种，以土地性质分类，既有国有土地又有集体土地；以取得成本分类，既有免缴土地出让金的划拨方式又有出让、租赁等有偿使用方式；在有偿使用方式上，又涉及出让、租赁、作价出资（入股）。需要说明的是，不同的土地性质、不同的土地取得方式会有不同的土地权能。

以划拨方式取得土地免收土地出让金，土地取得成本低，但在划拨土地转让时，需要土地管理部门审批并补缴土地出让金；以出让方式取得土地需要缴纳土地出让金，但出让土地使用权转让时只要不改变土地用途，就不需要土地管理部门审批。这说明，在土地取得时，不缴出让金的土地在利用环节将会受限，权能小；缴纳出让金的土地在之后的开发利用中限制少，权能大。因此，PPP 项目在土地取得环节，应统筹项目运行全过程对土地的依赖程度，综合分析、科学选择适宜的土地使用方式。

（三）做好 PPP 项目期限与土地使用年期的有效衔接

具体可从两个方面考虑，一是 PPP 项目涉及的土地属于新增建设用地，以出让方式取得土地的，各类用途的土地出让年限（40~70 年）均高于 PPP 项目期限（10~30 年），土地使用年限高于项目运行期限，基本不存在政策不衔接问题；以租赁方式（租期 20 年）取得土地的，对于

PPP 项目中期限超过 20 年的，可在土地租赁合同中明确约定租期届满续期使用的条款，做好土地租期与项目期限的衔接。二是 PPP 项目涉及的土地属于利用存量建设用地的，可将出让、租赁土地的剩余年限与 PPP 项目期限进行对比，土地剩余年限小于 PPP 项目期限的，应签订土地使用合同明确土地使用年限届满续期用地的条款，做好土地使用年期与 PPP 项目期限的衔接。

B.16
PPP支持基础教育创新机制研究

陈 传 刘金婵 刘霖霖 王晓丽*

摘 要： 在高质量发展的蓝图中，教育是民生的基石。但传统院校建设模式难以满足学校和学生的需求，PPP是引导社会资本方加大教育投入，促进基础教育优质均衡发展的重要手段之一。本文从教育PPP行业发展格局、PPP在基础教育中的应用场景、教育PPP相关政策、基础教育PPP项目实践等方面展开分析，发现PPP在基础教育领域的应用水平较低、缺乏针对性的政策指导、项目运营存在障碍等问题。通过政策工具对比与项目最佳实践提炼，总结了优秀教育类PPP项目的交易结构原型，并从制度设计角度提出政策建议。

关键词： 基础教育 PPP政策 高质量发展

中国特色社会主义进入了新时代，我国经济发展也进入了新时代，基本特征是由高速增长阶段转向高质量发展阶段。而教育是民族振兴、社会进步的重要基石，功在当代、利在千秋，高质量发展离不开高质量教育。党的二十大报告强调，要坚持以人民为中心发展教育，加快建设高质量教

* 陈传，博士，四川大学商学院教授，研究方向为政府与社会资本合作、国际工程建设与基础设施市场进入战略、基础设施与公共服务运营管理、项目管理等；刘金婵，四川大学商学院博士研究生，研究方向为项目管理、政府与社会资本合作；刘霖霖，四川大学商学院硕士研究生，研究方向为政府与社会资本合作；王晓丽，四川大学商学院硕士研究生，研究方向为政府与社会资本合作。

育体系。[①] 强化学前教育普惠发展、促进义务教育优质均衡发展、推进高中阶段学校多样化发展，是基础教育领域努力的方向。

当前，PPP 模式在教育领域的探索和应用较为深入，国家相关部门针对幼儿教育、教育均衡等方面曾多次发文，积极推动基础教育 PPP 项目的实施。但目前教育领域 PPP 项目在交付结果上与政策设计的目标相比仍有不足，有时还会产生矛盾的结果。[②] 教育资源配置不够合理，农村、偏远、民族地区需要更多的基础教育设施，普惠性幼儿园、乡村中小学等还有很大缺口。因此，本文致力于探索 PPP 支持基础教育高质量发展的创新机制，以推动 PPP 模式更好更科学地在中国基础教育领域应用与发展。

一　教育 PPP 行业发展格局

根据相关数据，截至 2022 年 8 月 31 日，教育 PPP 项目累计入库 533 个，投资额 3193.14 亿元，分别占入库项目总数、总投资额的 5.2%、1.9%；累计落地项目 421 个，投资额 2573.35 万元，落地率 79%。为进一步探究 PPP 在教育领域的应用情况，下面从项目市场规模、地区分布、回报机制等方面展开分析。

（一）教育 PPP 项目市场规模分析

2017~2021 年，教育 PPP 项目累计入库数占全部在库 PPP 项目数比重均值为 4.07%，与市政、交通、生态建设与环境保护等领域相比，PPP 在教育领域的应用处于非常低的水平。从发展趋势看，教育 PPP 项目占全部在库 PPP 项目比重一直处于上升趋势，但增长速度并不显著（见图 1）。

① 《高举中国特色社会主义伟大旗帜　为全面建设社会主义现代化国家而团结奋斗——在中国共产党第二十次全国代表大会上的报告》，《新华文摘》2022 年第 20 期。

② Verger A，Fontdevila C，Rogan R，et al.，“Manufacturing an Illusory Consensus? a Bibliometric Analysis of the International Debate on Education Privatisation，” *International Journal of Educational Development*，2019，64：81-95.

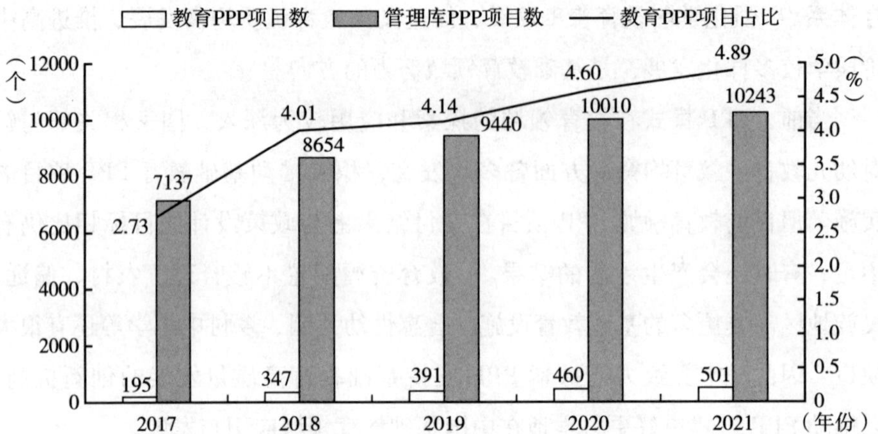

图 1　2017~2021 年教育 PPP 项目与管理库 PPP 项目数量对比情况

资料来源：根据公开资料整理。

2017~2021 年，入库教育 PPP 项目累计投资额占全部在库 PPP 项目投资额比重均值为 1.76%，与其他领域 PPP 项目相比，投资额所占比重处于非常低的水平。从发展趋势看，自 2019 年 PPP 项目由高速发展阶段转向高质量发展阶段以来，教育 PPP 项目投资额占全部在库 PPP 项目投资额的比重呈稳步上升趋势，但当前增速较低（见图 2）。

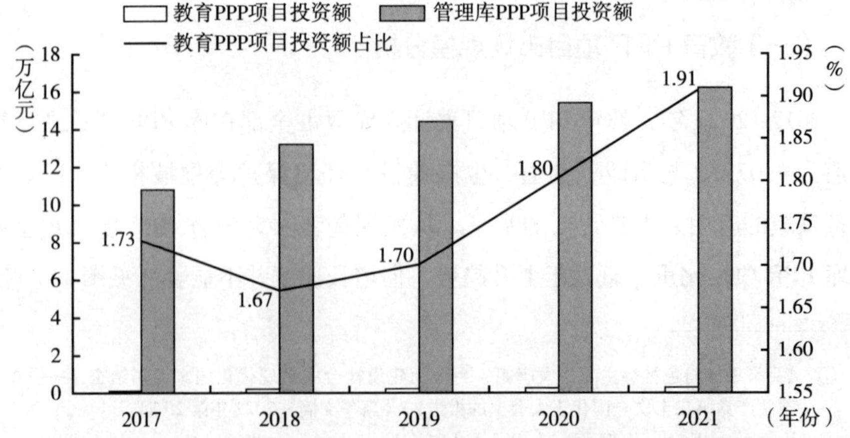

图 2　2017~2021 年教育 PPP 项目与管理库 PPP 项目投资额对比情况

资料来源：根据公开资料整理。

（二）教育 PPP 项目地区分布分析

山东、河南、江西、福建属于教育 PPP 项目大省，数量和投资额稳居前列（见图 3），项目落地率也处在 82%及以上的较高水平；数量排名第四的广西项目落地率仅 36%，可能的原因是广西教育 PPP 项目起步较晚，82%以上的项目为 2020 年及之后发起。

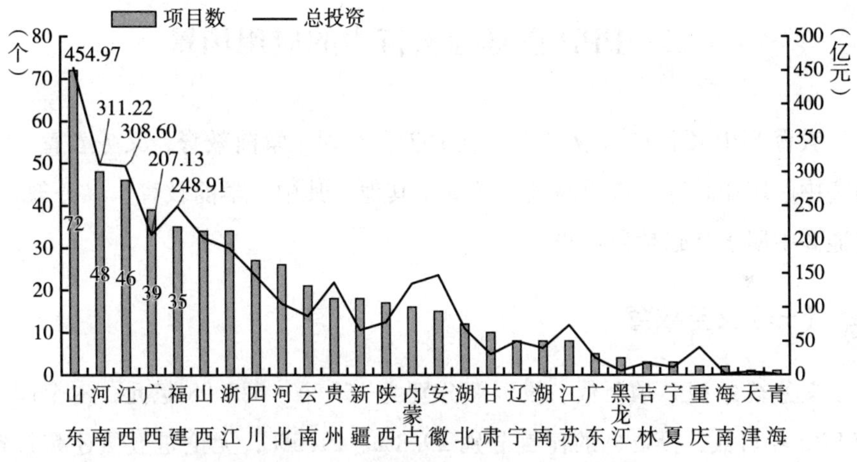

图 3　教育 PPP 项目数量及投资额地区分布情况

资料来源：根据公开资料整理。

（三）教育 PPP 项目运作方式与回报机制分析

从运作方式来看，480 个项目采用 BOT 模式，涉及总投资 2887.03 亿元，占所有类型教育 PPP 项目总投资的 90.4%；采用 TOT+BOT、BOO、TOT 模式的项目分别为 10 个、7 个、6 个；2 个项目采用 ROT 模式，分别是云南省玉溪市新平县第一中学扩建工程 PPP 项目、贵州省思南县中等职业学校分校区建设 PPP 项目；唐山市青少年宫委托运营 PPP 项目采用了 OM 模式；山东省聊城市东昌府区基础教育提升 PPP 项目采用了 TOT+BOO 模式；还有 26 个项目采用了其他运作方式。由此可见，BOT 模式占据教育

PPP 项目运作方式的主导地位。

从回报机制来看，可行性缺口补助类项目 345 个，投资额 2210.78 亿元；政府付费类项目 170 个，投资额 867.38 亿元；使用者付费类项目 18 个，投资额 114.98 亿元。超过 96%的教育 PPP 项目采用政府付费或可行性缺口补助回报机制，由此可见，当前教育 PPP 项目极度依赖政府补贴，缺乏自身造血功能。

二 PPP 在基础教育中的应用场景

教育 PPP 项目按行业二级分成了 7 个类别：学前教育、义务教育、普通高中、职业教育、普通高校、教育、其他。其中，学前教育、义务教育、普通高中属于基础教育范畴。

（一）义务教育

义务教育 PPP 项目数、投资额分别为 159 个、685.08 亿元，占全库教育 PPP 项目数、投资额的比例分别 29.8%、21.5%，无论是数量还是投资额均排名第一。从单体规模看，义务教育 PPP 项目投资额均值为 4.31 亿元、标准差为 3.74 亿元、最小值为 0.29 亿元、最大值为 18.64 亿元，投资额最大的为福建省莆田市市直学校教育工程 PPP 项目；从项目所处阶段看，准备阶段、采购阶段、执行阶段项目数分别为 4 个、36 个、119 个；从地区分布看，排名前三的是山东（17 个）、广西（15 个）、福建（15 个）；从回报机制看，政府付费、可行性缺口补助项目分别为 81 个、76 个，使用者付费项目 2 个；从项目示范情况看，有 14 个义务教育 PPP 项目入选示范项目，如四川省凉山州宁南县教育均衡发展基础设施建设 PPP 项目（第一期）、山东省德州市禹城市城乡教育综合发展 PPP 项目等。

（二）普通高中

普通高中 PPP 项目累计入库 95 个、投资额 453.28 亿元。从单体规模看，普通高中 PPP 项目投资额均值为 4.77 亿元、标准差为 2.74 亿元、最小值为 0.32 亿元、最大值为 14.32 亿元；从项目所处阶段看，采购阶段、执行阶段项目分别为 21 个、74 个，暂无准备阶段项目；从地区分布看，排名前五的是山东（15 个）、河北（10 个）、四川（10 个）、河南（10 个）、广西（8 个）；从回报机制看，可行性缺口补助、政府付费项目占比分别为 66.3%、32.6%，只有山东省菏泽市牡丹区菏泽外国语学校项目为使用者付费；从项目示范情况看，有 8 个项目入选示范项目，如浙江省温州市瑞安市东新产城高级中学 PPP 项目、山东省安丘市第一中学新校区建设项目等。

（三）学前教育

PPP 在学前教育领域的应用相较于其他类别较少，仅有 16 个项目，涉及投资额 57.9 亿元。从单体规模看，学前教育 PPP 项目投资额均值为 3.62 亿元、标准差为 6.20 亿元、最小值为 0.19 亿元、最大值为 25.82 亿元，投资额排名第一的是山东省聊城市东昌府区基础教育提升 PPP 项目；从项目所处阶段看，14 个项目已进入执行阶段，其余 2 个项目分别处于准备阶段和采购阶段；从地区分布看，新疆（6 个）、浙江（3 个）、四川（2 个）依次排名第一、第二、第三，贵州、河北、山东、江苏、广西各有 1 个项目；从运作方式看，BOT 模式项目 11 个、BOO 模式项目 2 个、TOT+BOO 模式项目 1 个、其他模式 2 个；从回报机制看，政府付费、可行性缺口补助、使用者付费三种机制采用情况相当，分别为 6 个、5 个、5 个；从项目示范情况看，有 3 个项目入选示范项目，均在西南地区。

三　PPP 在基础教育中应用存在的问题与挑战

（一）教育 PPP 政策分析

政策工具是政府为实现政策目标而采用的机制、手段或方法，它是一座连接政策远景和实际操作效能的“立交桥”，也是影响政策执行和实施成效的重要因素。[①] 为更全面了解中国教育行业 PPP 政策工具应用现状，本文收集、梳理了中国教育行业以及具有可比较性的其他行业已出台的 PPP 相关政策。通过 PPP 政策工具应用情况的对比分析，识别和评估教育领域 PPP 政策的不足，并提出改进建议。

通过对教育、水利、环保、农业、交通等行业政策文本的提炼分析，得出各行业 PPP 政策工具分布统计结果，具体见表 1。

表 1 "行业 · PPP 政策工具"分布统计结果

单位：个，%

类别	序号	政策工具	教育	水利	环保	农业	交通	合计	占比
强制类	1	强制实施 PPP	0	0	1	0	0	1	0.25
激励类	1	奖/补/注资	2	8	8	17	8	43	10.80
	2	税收优惠	0	1	3	5	3	12	3.02
	3	贷款贴息/融资补助	0	2	0	16	2	20	5.03
	4	专项融资计划	1	8	16	21	11	57	14.32
指导类	1	市场准入/引导	4	3	5	4	5	21	5.28
	2	试点示范	2	2	6	9	7	26	6.53
	3	绩效评价标准	0	4	3	2	5	14	3.52
	4	合同范本	0	0	1	0	0	1	0.25
	5	操作指南	0	1	0	0	1	2	0.50
服务类	1	明确部门态度/意见	14	11	34	37	23	119	29.90
	2	加强组织领导	1	3	8	6	9	27	6.78
	3	简化审批	1	3	1	1	5	11	2.76
信息类	1	项目推介	0	1	3	2	2	8	2.01
	2	加强信息公开	1	3	3	3	6	16	4.02
	3	加强政策宣传	0	2	0	1	1	4	1.01
	4	项目库	2	2	4	5	3	16	4.02
合计			28	54	96	129	91	398	100.00
占比			7.04	13.57	24.12	32.41	22.86		

资料来源：根据北大法宝数据库提炼整理。

① 孔新宇、康红芹：《"政策工具 · PPP 模式"二维框架下地方继续教育经费政策研究——基于 28 个省（市）〈专业技术人员继续教育工作条例〉的分析》，《职教论坛》2022 年第 3 期。

从行业的角度来看，教育行业是 PPP 政策工具使用量最少的，仅占政策工具总量的 7.04%。主要有两方面原因：一是本文收集到的教育行业规范性政策文件的数量比较少，15 份文件占总文件数的 9.32%；二是相比于其他行业，教育行业没有出台针对 PPP 的指导文件，相应的措施也较少。如水利部出台了《关于推进水利基础设施政府和社会资本合作（PPP）模式发展的指导意见》（水规计〔2022〕239 号）。

从 PPP 政策工具的角度来看，服务类、激励类政策工具占比最大；指导类、信息类政策工具占比较少；强制类政策工具仅有 1 个。指导类政策工具可为社会资本进入该行业提供具体的指引，提前解决行业运用 PPP 会出现的部分实际问题，如“合同范本”“操作指南”等政策工具的运用。教育行业有关部门需要尽快填补该类政策工具使用的空白。教育 PPP 需发展成熟，才可运用“强制实施 PPP”政策工具。“明确部门态度/意见”是占比最大的政策工具，政府部门在大多数政策文本中都会提及“积极支持/推广应用/鼓励引导运用政府和社会资本合作”。教育行业的大部分 PPP 政策仅运用“明确部门态度/意见”这一政策工具，“贷款贴息/融资补助”“专项融资计划”“合同范本”“操作指南”“项目推介”等更具体、更深入的政策工具有待进一步运用。

为识别国内外教育领域 PPP 政策工具应用的差异，本文还将中国教育领域 PPP 相关政策与国外教育领域 PPP 相关政策进行了对比分析。研究发现，国外不少国家已出台教育领域运用 PPP 的相关指引，且因地制宜不断衍生新的模式。而中国教育领域 PPP 相关政策主要是综合性政策中的一部分，缺乏教育领域运用 PPP 的针对性政策。中国教育部门和财政部门应该对教育领域推进 PPP 给出更为明确的政策指引，并安排专项资金引导教育领域 PPP 发展；同时，应在充分考虑我国国情的基础上，针对不同行业、不同省份各具特色的情况，借鉴国外的先进经验，完善教育领域 PPP 制度的顶层设计。

（二）教育 PPP 项目实践

本部分通过对基础教育 PPP 项目的多个案例进行比较分析，获取项目最佳实践点以及政策诉求，探究如何传播项目经验以及怎样提供政策支持。

1. 最佳实践分析

对多个基础教育 PPP 项目进行比较分析，从项目交易结构、边界设置及其他、政府方角色、项目融资等四个维度来识别最佳实践，具体内容见表 2。

表 2　基础教育 PPP 项目最佳实践

维度	最佳实践	涉及项目
项目交易结构	最佳实践 1:项目采用 BOO 运作方式,让资产归于民营社会资本方,解决 PPP 项目到期后的可持续性问题,让恒产者有恒心	• 四川省宜宾市珙县珙桐花幼儿园 PPP 项目 • 山东省菏泽市牡丹区菏泽外国语学校项目
	最佳实践 2:项目采用完全使用者付费,挖掘盈利点,提升项目自身造血能力,缓解政府财政压力	
	最佳实践 3:选择具有丰富学校运营经验和较为成熟管理体制的社会资本方,并通过将核心业务交由社会资本方实质运营,以充分发挥社会资本的专业技术和管理效率优势,增强办学动力	
	最佳实践 4:政府付费回报机制下,在绩效考核体系中设定了激励机制,促使社会资本提供优质运营服务	• 朔州市安泰中学等五所中小学建设 PPP 项目
	最佳实践 5:项目运营期较长,设定了调价机制	
	最佳实践 6:让具有丰富经营经验的社会资本方 100%持股,可以优化风险分配,并充分发挥社会资本方优势	• 四川省宜宾市珙县珙桐花幼儿园 PPP 项目
边界设置及其他	最佳实践 1:运营边界较为清晰,明确项目运营是否涉及教学等核心内容	• 山东省德州市禹城市城乡教育综合发展 PPP 项目 • 朔州市安泰中学等五所中小学建设 PPP 项目
	最佳实践 2:综合打包项目,小学、初中、高中项目打包,存量项目和新建项目打包,既能通过大投资额吸引社会资本,又能减轻政府建设管理负担	• 四川省凉山州宁南县教育均衡发展基础设施建设 PPP 项目(第一期) • 山东省德州市禹城市城乡教育综合发展 PPP 项目
	最佳实践 3:引进名校合作办学,为地区带来高质量教育	• 四川省成都市新津县岷江新城基础教育及配套设施项目 • 泉州台商投资区百崎湖东片区实验学园 PPP 项目

续表

维度	最佳实践	涉及项目
政府方角色	最佳实践 1：地方政府尽早建立常设的政府和社会资本合作中心，并进行能力建设、建立专家库、出台地方政府和社会资本合作制度、提高工作透明度，为政府和社会资本合作工作推广运用提供业务支撑	• 四川省宜宾市珙县珙桐花幼儿园 PPP 项目 • 四川省凉山州宁南县教育均衡发展基础设施建设 PPP 项目（第一期） • 四川省成都市新津县岷江新城基础教育及配套设施项目 • 山东省德州市禹城市城乡教育综合发展 PPP 项目 • 朔州市安泰中学等五所中小学建设 PPP 项目 • 山东省菏泽市牡丹区菏泽外国语学校项目 • 泉州台商投资区百崎湖东片区实验学园 PPP 项目
	最佳实践 2：在项目实施前进行了充分的测试、论证工作，为项目落地奠定基础	• 河北省张家口市教育云项目
	最佳实践 3：在教育信息化领域引入政府和社会资本合作，具有较强的实践价值，项目成功实施能对其他地区的教育信息化提供思路和示范	
项目融资	最佳实践 1：充分利用政策支持，对教育项目进行政策补贴，提高项目的财务可持续性	• 四川省宜宾市珙县珙桐花幼儿园 PPP 项目
	最佳实践 2：融资机构在项目前期积极参与，为项目提供资金保障	• 朔州市安泰中学等五所中小学建设 PPP 项目

资料来源：根据公开资料及访谈内容整理。

（1）项目交易结构

PPP 项目的交易结构通常包含政府方、社会资本方、设施技术单位和社会公众等一系列项目主体和客体，[①] 项目交易结构往往能对整个项目的实施起到指导作用，合理的交易结构能够为项目落地提供保障。

① 王盈盈、甘甜、王守清：《基于韧性目标的 PPP 项目交易结构优化》，《清华大学学报》（自然科学版）2021 年第 6 期。

（2）边界设置及其他

边界设置清晰与否会影响后续项目利益主体间的权责和利益划分，教育PPP 项目中关于核心业务以及非核心业务的运营实践也非常值得探讨。案例项目在运营边界设置、运营内容包装以及运营方式等方面也产生了一系列最佳实践。

（3）政府方角色

在 PPP 项目中，政府主要承担国家担保责任，使得政府的角色从公共任务的“履行者”转变为“担保者”和“合作者”。[①] 政府方的职责转变并非代表其参与程度降低，由于社会资本的逐利本质和教育 PPP 项目的公益性矛盾，项目的落地依然需要政府的监管和推动。不少案例项目的政府方或实施机构都在项目实施过程中发挥了较大作用，助力项目落地。

（4）项目融资

项目融资一直是 PPP 项目成功的关键因素之一。[②] 基础教育领域 PPP 项目同样如此，项目的融资顺利与否将直接影响项目能否落地。案例项目的整体融资情况较好，但仍有少部分案例出现融资障碍，导致项目推进受阻。

2. 制度障碍

部分案例中出现了政策制度与项目实施存在矛盾导致项目实施出现问题的情况，总结案例项目中的主要制度障碍如下。

（1）幼儿园的普惠性与营利性障碍

此障碍为四川省宜宾市珙县珙桐花幼儿园 PPP 项目推进过程中的主要障碍。《关于开展运用民办公助机制支持社会资本建设公益性幼儿园试点工作的通知》规定，保教费收费标准参照当地同类公办幼儿园标准确定，并可根据当地同类公办幼儿园保教费标准调整情况相应调整，但不得实行高收

---

① 杨彬权：《PPP 下政府的角色定位——兼论担保行政法学模式的兴起》，《财经法学》2021 年第 1 期。

② 张红平、叶苏东：《基于 AHP-DEMATEL 的 PPP 项目关键成功因素相互关系研究》，《科技管理研究》2016 年第 22 期；邓青：《基于 SEM 的我国 PPP 项目关键成功因素研究》，硕士学位论文，重庆大学，2017。

费。因此在项目实施时，社会资本方被要求收费标准需严格与公办幼儿园收费标准保持一致，而社会资本方提供的是相对高水平的教育服务，项目出现了服务质量与收费标准不一致问题，造成社会资本方难以取得合理回报。

该普惠园的收费并非一定要完全与公立幼儿园的收费保持一致，宜宾市的部分区县就将普惠园收费标准相对于公立幼儿园进行了一定提升。因此在根据文件制定具体政策时，可根据教学质量、硬件水平等方面设置多个等级的普惠园收费标准，既能保障不同品质民办普惠园的合理利润，又能为有多层次消费需求的家长提供对应的服务。

（2）运作方式及回报机制变动障碍

在案例项目中，部分项目出现了运作方式以及付费机制进行灵活变动的需求。四川省凉山州宁南县教育均衡发展基础设施建设 PPP 项目（第一期）的游泳池在学校放假期间对公众开放，项目也因此取得了一些收入。由于项目采用的是政府付费回报机制，因此这部分收入在入账时难以处理，地方政府表示期望能够尝试将回报机制根据实际情况调整为可行性缺口补助，便于处理项目运营中额外产生的收入。

对于此类障碍，河北省张家口市教育云项目就根据项目实际情况进行了灵活调整，由于项目的经营性现金流比较难以测算，此项目在实施方案中将回报机制设计为政府付费，后续根据项目实施情况，实际回报机制为可行性缺口补助。

（3）运营范围障碍

通常情况下，教育 PPP 项目中学校的教学、食堂以及宿舍等管理都由学校自身负责。但从教育 PPP 项目整体来看，剔除这些核心运营内容后，大多数项目的可运营内容较少，项目使用者付费内容占比低，地方政府付费压力大。四川省凉山州宁南县教育均衡发展基础设施建设 PPP 项目（第一期）的社会资本方表示希望能予以他们教学、食堂等核心内容的运营权，以发挥社会资本的资源优势，提供更高质量的服务。

（4）政策落实障碍

目前教育领域 PPP 政策较少，关注度相对较低，政策的落实情况也不甚理想。从对案例项目的调研结果可以看到，案例项目并未提及专项基金以及政策性银行贷款，很少有项目享受了专门针对教育PPP项目的政策支持。

四　展望建议

（一）结论

我国在应用PPP支持教育事业发展方面，一定程度上取得了良好的成效，也积累了一些改善公共服务、拉动有效投资的成功经验，但在实践中也出现了一些问题，项目可持续性面临挑战。本文的主要发现如下。

第一，从教育PPP项目政策方面来看，相较于其他行业，综合性PPP政策中与教育相关的内容十分缺乏，现有内容以短词或短句的形式散布在各个政策文件中，PPP在教育领域的应用缺乏系统性、结构性的指导。其中，国家层面的教育PPP政策不成体系，行业发展缺乏有力的引导，而地方层面的教育PPP政策只是对国家部委所发行政策的直接下达，缺乏针对性指导文件。此外，政策工具的使用也十分有限，部分政策工具处于缺失状态，“税收优惠”“贷款贴息/融资补助”“加强政策宣传”等常用的政策工具在教育领域的应用也较为有限。

第二，从教育PPP项目的应用方面来看，教育PPP项目占全部在库PPP项目比重一直处于上升趋势，但增长速度并不显著。从PPP在具体教育领域的应用情况看，PPP在基础教育领域的应用水平高于高等教育、职业教育。其中，PPP在义务教育领域的应用最多，占比约1/3；在学前教育领域最少，仅占3%。在运作方式上，BOT模式占据主导地位。在回报机制方面，当前基础教育PPP项目极度依赖政府补贴，缺乏自身造血功能。

第三，通过对典型教育PPP项目案例进行比较分析，从项目实施层面提出三个方面建议。一是在交易结构方面，应做到创新项目运作方式、合理设置回报机制、有效选择社会资本方。例如，对于一些资产归属无要求的教育PPP项目，可考虑采用BOO模式，以解决PPP项目到期以后的可持续性问题；尽量尝试采用完全使用者付费或使用者付费占比较高的可行性缺口补助回报模式，增强项目自身造血功能；选择具有丰富学校运营经验和较为成熟管理体制的社会资本方，发挥其专业技术和管理效率优势等。二是在政府方角色方面，政府方应加强自身的 PPP 业务能力，为 PPP 有序规范实施提供业务支撑，提高执行力与公信力，保障公共服务供给，同时切实做好防范化解债务风险工作。三是在项目融资方面，规范金融机构行为，金融机构要在尽职调查和充分评估 PPP 项目收益的基础上，分类采取措施对项目进行建设融资，同时金融监管部门要加强穿透式监管，强化违法违规行为惩戒。

（二）建议

为了实现基础教育领域 PPP 的成功和健康发展，首先要创设支持性、促进性政策制度和法规环境。但目前中国 PPP 政策文本“多规章性、少法规性”内容，具体问题的解决欠缺法律依据，顶层制度建设尚不完善。[①] 地方政府应根据国家政策制定教育 PPP 发展细则，稳妥有序规范教育 PPP 项目建设运营，保障经营主体等各方合法权益，保障公共服务供给，严防产生次生问题。

第一，合理合规按效付费。地方政府应按合同依法履约，按期严格开展绩效评价并按照绩效结果付费，在保障经营主体合法权益的同时推动经营主体提高运营专业化程度，提升公共服务质量和效率，保障公共服务供给。

第二，加强 PPP 监管。加强各部门之间的长效协作，切实落实项目实施方案联评联审机制及监督管理机制，规范项目各环节的操作流程，推动教育 PPP 项目规范建设运营；严格执行预算管理制度，强化地方政府债务管理。

第三，推进 PPP 信息管理。建立信息公开长效机制，及时向社会公开项目基本情况，提高市场透明度，推进项目规范运作，促进各方诚信履约；加强对基础教育 PPP 政策解读，加大政策宣传力度，保障各方对项目的协同推进。

① 杨文：《变迁与演化：改革开放以来我国 PPP 政策的文本计量分析》，硕士学位论文，中国矿业大学，2021。

B.17

PPP模式助力中国新时代农业强国战略的实施路径研究

李士宗　张云霞　刘倩怡　乔 悦*

摘　要：　随着中国特色社会主义进入新时代，建设农业强国被列为国家发展的重要战略，本文提出了广义PPP模式作为一种行之有效的路径，有助于整合公共和私人资源，扩大农业有效投资，推动农业产业化和现代化。本文首先阐述了PPP模式助力农业强国战略的内在逻辑，对广义PPP和农业结合的现有政策进行了梳理，对农业产业化项目的特点和分类进行了分析并得出结论：农村、农业（产业化及相关）项目需要PPP的助力，且符合、适应PPP的切入领域和切入方式。最后从农业资金筹集、农村土地盘活和农业人才引进三个方面探讨广义PPP模式助力中国新时代农业强国战略的实施路径。

关键词：　广义PPP模式　农业强国战略　乡村振兴

2022年10月，党的二十大在关于农业农村工作总体部署中，首次提出

* 李士宗，北京驰标咨询有限公司总经理，国家发展改革委和财政部原PPP专家库双库专家，高级审计师，研究方向为PPP、园（片）区综合开发、政府平台投融资、盘活存量、专项债、XOD项目；张云霞，北京驰标咨询有限公司总监，一级建造师、注册咨询工程师（投资），研究方向为PPP、特许经营、盘活存量、园（片）区综合开发、政府平台投融资、项目财务评价模型；刘倩怡，北京驰标咨询有限公司总监，研究方向为PPP/特许经营、盘活存量、隐性债务化解；乔悦，石家庄铁道大学硕士研究生，研究方向为工程管理。

加快建设农业强国。习近平总书记在 2022 年 12 月的中央农村工作会议上再次强调，“抓好以乡村振兴为重心的‘三农’各项工作，大力推进农业农村现代化，为加快建设现代农业强国而努力奋斗”。[①] 2023 年 2 月 13 日，中央一号文件从九个方面全面部署了 2023 年乡村振兴重点工作。文件强调，强国必先强农，农强方能国强。要立足国情农情，体现中国特色，建设供给保障强、科技装备强、经营体系强、产业韧性强、竞争能力强的农业强国。这是“农业强国”首次出现在中央一号文件中，明确了农业农村现代化的主要发展方向。

广义的 PPP 泛指政府及其公共部门与所有非政府方以各种可能的方式合作以达成一定目标的所有方式，它是古今中外一直存在并将继续存在，涵盖政府部门与国有企业、民营企业等非政府部门合作，使用或不使用财政性资金的所有合作形式。

狭义的 PPP 模式在我国实施近十年，在一定程度上起到了改善公共服务、拉动有效投资的作用，但在实践中也出现了一些亟待解决的问题。《国务院关于加强地方政府性债务管理的意见》给出狭义 PPP 的概念：“鼓励社会资本通过特许经营等方式，参与城市基础设施等有一定收益的公益性事业投资和运营。政府通过特许经营权、合理定价、财政补贴等事先公开的收益约定规则，使投资者有长期稳定收益。投资者按照市场化原则出资，按约定规则独自或与政府共同成立特别目的公司建设和运营合作项目。投资者或特别目的公司可以通过银行贷款、企业债、项目收益债券、资产证券化等市场化方式举债并承担偿债责任。政府对投资者或特别目的公司按约定规则依法承担特许经营权、合理定价、财政补贴等相关责任，不承担投资者或特别目的公司的偿债责任。”

2023 年 11 月 8 日，《关于规范实施政府和社会资本合作新机制的指导意见》（以下简称《PPP 新机制》）正式对外公开，建立了以鼓励民

① 《锚定建设农业强国目标　切实抓好农业农村工作》，习近平系列重要讲话数据库，2022 年 12 月 25 日，http：//jhsjk. people. cn/article/32593101。

间投资、发挥市场机制、遏制新增地方政府隐性债务为显著特征的特许经营新模式，重构了特许经营全周期管理的新流程，打通了新建、改扩建项目与存量资产盘活的壁垒，标志着我国PPP模式进入高质量发展的新阶段。

一 PPP助力农业强国战略的内在逻辑

（一）PPP模式助力乡村振兴、农业强国政策实施已久

广义PPP与农业结合的相关政策旨在促进农业领域的发展和现代化，加强农村公共基础设施建设，促进乡村一二三产业发展，实现农业强国建设目标。

自1982年起，我国就以一号文件的形式发布有关政策，包括利用各种可能的资源（含社会资源）支持农业和乡村发展。

第一，2016年，国家发展改革委、农业部印发《关于推进农业领域政府和社会资本合作的指导意见》，旨在促进农业领域政企之间的合作。该文件主要强调了以下几点。

一是有效整合资源，政府和社会资本应该共同整合资源，提高农业领域的投资效率和资金使用效益。

二是加强政策支持，加大对农业领域合作项目的政策支持力度，包括税收优惠、土地利用等方面的政策支持，以鼓励更多社会资本投入农业领域。

三是完善合作机制，建立健全农业领域PPP机制，明确双方的权责和利益分配机制，加强合作项目的监管和评估。

四是推动科技创新，促进PPP在农业科技领域的合作，加大对农业科技创新的支持力度，推动农业生产方式的升级和农产品质量的提升。

五是强化风险防控，加强农业领域合作项目的风险评估和防控措施，采取合理的风险应对措施，保障合作项目的可持续发展。

第二，2017年，财政部、农业部印发《关于深入推进农业领域政府和

社会资本合作的实施意见》，明确了农业绿色发展、高标准农田建设、现代农业产业园、田园综合体、农产品物流与交易平台、“互联网”+现代农业等领域是 PPP 模式的重点支持领域。

第三，2022 年 4 月，农业农村部、国家乡村振兴局联合印发《社会资本投资农业农村指引（2022 年）》，阐述了如何通过 PPP 模式促进社会资本投资农业和农村发展。该指引包括了 PPP 项目的筛选、合作模式的选择、风险分担、合同管理等方面内容。此外，指引还强调了农业领域的可持续发展，包括生态保护、农产品质量安全、农业科技创新等。总体而言，该指引旨在促进社会资本的参与，推动农业农村现代化。

第四，2023 年 11 月 8 日，国务院办公厅转发国家发展改革委、财政部《关于规范实施政府和社会资本合作新机制的指导意见》，明确将智慧农业列入合理把握的重点领域。

（二）PPP 模式可全面助力乡村振兴、农业强国战略实施

1. PPP 助力农业现代化以及加快建设现代化强国

农业强国是社会主义现代化强国的根基。稳定发展农业对于人民安全具有至关重要的意义。关于构建中国特色的农业强国，习近平总书记指出，要“立足我国国情，立足人多地少的资源禀赋、农耕文明的历史底蕴、人与自然和谐共生的时代要求，走自己的路，不简单照搬国外现代化农业强国模式”，“必须协同推进科技创新和制度创新，开辟新领域新赛道，塑造新动能新优势，加快实现量的突破和质的跃升”。①

PPP 模式鼓励各方合作，整合资源和智力，推动农业现代化。通过农民、农业企业和农业专家之间的密切合作，可以实现科技和管理经验的传递，提高农业生产效益和质量，推动农业可持续发展。PPP 模式可以吸引更多的社会资本投入农业领域，推动科技创新和农业现代化进程。通过引入先进技术和管理经验，提升农业生产效率和质量，加快农业产业升级，

① 习近平：《加快建设农业强国　推进农业农村现代化》，《求是》2023 年第 6 期。

实现农业从传统生产向现代化生产的转变，从而加快建设现代化强国的步伐。

2. 改善农民生活条件以及满足人民美好生活需要

农业是国民经济的重要基础，对粮食安全、农产品供给和农民收入增长等方面起着至关重要的作用。然而，传统的农业模式在面临新的挑战时可能遇到困难，例如资源有限、环境压力大、市场需求变动等。

通过 PPP 模式，政府与社会资本可以合作共建农业基础设施、发展现代农业技术、提高生产效率，为农业发展注入更多的资金、技术和管理经验。这将有助于推动农业现代化进程，提高农产品质量和安全性，满足人民对高品质食品的需求，实现粮食安全和农民持续增收。PPP 模式可以提供更多的就业机会和增加农民取得收入的途径。通过合作社、农业企业等形式，将农民组织起来，利用规模经济效应提高农业收益。同时，社会资本也能够提供农民技术培训、社会保障等服务，改善农民的生活条件。

PPP 模式在农业领域应用对于推动农业强国战略、满足人民美好生活需要具有重要的意义。通过政府与社会资本的合作可以实现可持续发展和人民追求美好生活的目标。

3. 促进农业可持续发展

PPP 模式可以促进农业生态环境保护和可持续发展。社会资本可以提供环境友好型农业技术和管理方法，减少农业产生的环境污染和资源浪费。同时，通过推动农业产业链的延伸和农产品加工业的发展，提高资源利用效率，实现农业循环经济。

4. 加强公共服务供给

PPP 模式可以提供更多的公共服务供给，满足农村地区的基础设施建设和社会服务需求。通过引入社会资本的投资和管理经验，改善农村教育、医疗、交通等基础设施，提供更好的公共服务，促进农村经济社会发展。

5. 提高农业创新能力

PPP 模式鼓励农业专家与农民和企业互动，分享知识和技术，促进农业创新。专家可以将最新的科研成果和实践经验传授给农民和企业，帮助他们解决实际问题和挑战。这有助于培养农民和企业的创新意识和能力，加速技术进步和农业生产方式改进。

6. 提高农产品质量和市场竞争力

PPP 模式可以促进农民将注意力从传统的自给自足型农业转向以市场需求为导向的农业。通过与农业企业的合作，农民可以接触到市场需求，并了解现代农业生产的标准和要求，进一步推动农业产业化和农产品品牌化。

7. 促进农民增收和农村发展

PPP 模式将农民作为主体，鼓励他们参与农业现代化进程。通过与农业企业的合作，农民可以获得更多的技术支持和市场机会，提高农产品收益。这有助于增加农民的收入，改善其生活水平，促进农村经济的发展和农村社会的稳定。

二　PPP 助力农业强国战略的应用场景
——以农业产业化及相关项目为例

习近平总书记指出，“建设农业强国，当前要抓好乡村振兴”，“产业振兴是乡村振兴的重中之重，也是实际工作的切入点”。[①] 农业产业化是指将农业生产与经济发展紧密结合起来，通过市场化运作，实现农产品从生产到消费的全程规模化、集约化、专业化和现代化。这种模式的目的是提高农业效益、农民收入和农业可持续发展水平。农业产业化项目是农业强国战略的重要组成部分。

（一）农业产业化项目的特点

（1）规模化农业生产。农业产业化项目通常以农业生产的规模化为基础，通过整合土地、劳动力、资金和技术等生产要素，实现农产品的大规模

① 《加快建设农业强国　推进农业农村现代化》，习近平系列重要讲话数据库，2023 年 3 月 15 日，http：//jhsjk. people. cn/article/32644965。

生产。规模化生产能够降低生产成本，提高资源利用效率，并增加农产品的市场竞争力。

（2）集约化经营。农业产业化项目追求生产要素的集约化利用，通过科学管理和技术创新，提高生产效益和资源利用率。集约化经营包括合理的土地利用、科学的种植技术、高效的施肥和灌溉措施等。

（3）专业化分工。农业产业化项目倡导专业化分工，重视农业产业链上各个环节的专业化经营。例如，农业种植项目可以通过合作社或现代农业企业来组织，实现农民劳动力和土地的集中，提高生产效益。农产品加工和销售环节也可以通过专业的企业进行，提高产品附加值和市场竞争力。

（4）市场化运作。农业产业化项目注重市场导向，在生产、销售和价格形成等方面进行市场化运作。通过市场化运作，农业能够更好地契合消费者需求，提高产品竞争力，促进农业经济发展。

（5）创新驱动。农业产业化项目鼓励创新，推动农业科技的进步和技术的应用。通过引入新的农业技术、品种和管理模式，提高农业产出和品质，提高农产品的附加值和市场竞争力。

（6）可持续发展。农业产业化项目注重农业的可持续发展，统一经济效益、社会效益、生态效益。通过科学的生产方式和环保举措，保护生态环境，实现可持续发展。

（7）提高农业生产效益。农业产业化项目可以通过引进现代农业技术、优化农业生产流程和管理方法等手段，提高农业生产效率和品质，从而增加农产品产量和降低生产成本。

（8）增加农产品附加值。农业产业化项目可以推动农产品加工、包装、储运等环节的现代化与产业化，提高农产品的附加值。通过深加工和品牌打造，农产品可以获得更高的市场竞争力和更大的利润空间。

（9）促进农村经济发展。农业产业化项目可以吸引投资、带动农村产业结构升级和经济多元化发展。通过发展农产品加工、农业生态旅游等产业，增加农民就业机会、提高收入水平，促进农村经济高质量发展。

（10）保障粮食安全。农业产业化项目可以提高农产品供应的稳定性和品质安全性，增加粮食和其他农产品的生产量。这对于一个国家来说是至关重要的，因为粮食安全是国家安全和社会稳定的基础。

（11）推动农业现代化。农业产业化项目推动了农业的现代化转型和农村的现代化建设。通过引进现代农业技术、信息化手段和管理模式，可以提高农业的科技含量和智能化水平，实现农业的可持续发展。

农业产业化项目可以涵盖多个领域，如种植业、养殖业、林业和渔业等。例如，种植业方面的农业产业化项目可以包括大田作物、蔬菜、水果等；养殖业方面可以包括畜牧业、禽业、水产品养殖等。在不同的领域，农业产业化项目也会有一些具体的特点和要求。

总结起来，农业产业化项目通过规模化、集约化、专业化和现代化的经营方式，实现农业生产的高效益、可持续发展和市场化运作。这种模式的推行能够促进农业发展，增加农民收入，提高农产品的质量和市场竞争力。

（二）农业产业化项目的分类

表1　农业产业化项目的分类

序号	分类	具体内容
1	农业产业化综合项目	(1)农业产业化联合体项目 (2)农村一二三产业融合发展先导区项目 (3)农村产业融合发展示范园项目
2	农业产业化园区、基地项目	(1)现代农业产业园项目 (2)区域性农产品加工园项目 (3)农产品加工技术集成基地和深加工示范基地项目 (4)现代农业科技示范展示基地项目
3	县、镇、村有关项目	(1)农业产业强镇项目 (2)“一村一品”示范村镇项目 (3)信息进村入户项目 (4)全国休闲农业重点县项目
4	相关试点项目	(1)数字农业建设试点项目 (2)果菜茶有机肥替代化肥试点项目 (3)粮改饲试点项目 (4)耕地轮作休耕试点项目

续表

序号	分类	具体内容
5	特色产业项目	(1)绿色循环优质高效特色农业项目 (2)农产品初加工项目 (3)现代种业提升工程项目 (4)生猪标准化规模养殖项目 (5)水产健康养殖示范创建项目 (6)高标准农田建设项目 (7)中国特色农产品优势区项目 (8)国家农业绿色发展先行区项目 (9)农机购置补贴项目 (10)农产品仓储保鲜冷链物流设施建设项目 (11)休闲农业和乡村旅游精品工程项目

资料来源：根据公开资料整理。

（三）结论：农村、农业（产业化及相关）项目需要PPP的助力，且符合、适应PPP的切入领域和切入方式

（1）农村、农业（产业化及相关）项目需要PPP的助力。通过以上农业、农村产业化及相关项目的特点及分类可以看出，有关项目需要资金、规模、集约、专业、市场、效益和保障等多重要素，这仅凭农村、农民来实施，显然不具备可行性。农村、农业产业化及相关项目离不开政府方面的支持和社会资本的适当参与，这就为政府和社会资本合作共同致力于相关项目的投入、建设和运营提供了广阔的空间和应用场景，

（2）符合PPP的切入领域。通过以上农业产业化项目的特点及相关项目的分类可以看出，PPP的切入领域，不仅包括农业产业化项目，更包括产业相关项目、产业园及园区基础设施项目、乡镇村基础设施和功能面貌提升项目、相关基础设施和产业融合配套项目等，都是广义PPP模式可以切入、助力、发力的领域。毫无疑问，这些领域的项目有一个共同点，即符合PPP新机制的相关规定，既具备一定的公共性和公益性，又能够产生相当的经营性收益。

（3）适应 PPP 的切入方式。广义 PPP 的切入方式，应该是根据具体项目的不同特点而多种多样。随着将来 PPP 新机制的不断完善和细化，有关规定会越来越细致具体。现在可以合理预计和使用的切入方式，不仅包括旧的和新的特许经营方式，也包括按照政府投资条例等有关规定进行的政府投资、投资支持和贴息，更包括按照有关规定进行的政府补贴。但这仅仅是来自政府方面的政策资金助力，PPP 的主要特征是引入社会资本助力农业农村项目的投资、建设和运营，追求主要依靠项目自身产生的经营性收入，来覆盖建设投资和运营成本，并使投资者获得一定的投资回报，使项目持续健康运营。

当然，并不是所有农业农村项目都适合采用 PPP 模式，这需要对现实项目的具体特征进行分析梳理，需要对项目各相关方的意愿和能力进行分析，需要符合国家有关规定。

三　广义 PPP 模式助力中国新时代农业强国战略的实施路径

（一）以广义 PPP 模式筹集资金助力农业强国战略的实施路径

政府农业有关部门通过统筹、整合上级和本级各口涉农（专项及非专项）资金，包括但不限于利用财政资金、引导基金等吸引、引导、利用各种社会资金，共同助力农业强国战略。

1. 特许经营模式

《基础设施和公用事业特许经营管理办法》明确，特许经营模式指“政府采用竞争方式依法授权中华人民共和国境内外的法人或者其他组织，通过协议明确权利义务和风险分担，约定其在一定期限和范围内投资建设运营基础设施和公用事业并获得收益，提供公共产品或者公共服务”。

《PPP 新机制》明确，政府和社会资本合作应全部采取特许经营模式实施，根据项目实际情况，合理采用 BOT、TOT、ROT、BOOT、DBFOT 等具

体实施方式，并在合同中明确约定建设和运营期间的资产权属，清晰界定各方权责利关系。

《PPP 新机制》出台后，特许经营模式将进一步聚焦使用者付费，对项目的经营性收入要求进一步提高，必须能够覆盖建设投资和运营成本，不应因项目的实施额外新增地方财政未来支出责任。项目应清晰界定特许经营权的范围，挖掘基础设施和公用事业项目创新运营方式的收益点，明确收费渠道和方式。

谋划特许经营项目助力农业强国战略时应紧紧贴合《PPP 新机制》，合理把握重点领域，可主要在智慧农业新型基础设施领域、农业林业领域发力。智慧农业新型基础设施领域通过建设 5G 等通信网络基础设施，为智慧农业提供稳定、高效的数据传输和处理能力；通过搭建人工智能等新技术平台，提升农业生产的智能化水平，提高农业生产效率和质量；对农田、水利、能源等涉农传统基础设施进行数字化升级，实现农业生产的精准管理，提高农业生产效益。

农业林业领域可通过种植特许经营权、水资源特许经营权、畜牧业特许经营权、渔业特许经营权的授予，提供更稳定优质的农业相关产品、公共产品和公共服务，以收益进一步反哺乡村振兴项目，助力农业强国战略的实施。

项目实施机构与特许经营者应在法律地位平等、权利义务对等的基础上签订特许经营协议，协议内容应明确项目实施范围、产出（服务）质量和标准、投资收益获得方式、项目风险管控、协议变更、特许经营期限等内容，约定双方的权利、义务和责任。

2. 专项债券模式

利用专项债券筹集农业资金是一种常见的融资方式，《地方政府债券发行管理办法》指出：专项债券是为有一定收益的公益性项目发行、约定一定期限内以公益性项目对应的政府性基金或专项收入还本付息的政府债券。2019 年至今，因专项债券成本低、灵活性高等优势，项目申报如火如荼，大量项目储备在库，各地审核力度加大，通过难度提升。

谋划专项债项目助力农业强国建设应注意明确政策导向并符合专项债券资金投向领域，重点把握农林水利和城乡冷链物流基础设施；兼顾公益性与收益性，合理确定项目规模和建设标准，充分挖掘项目收益点，可靠测算项目成本，确保“自平衡”；对于单个项目收益不足的，可以采取“打包”的方式对项目进行合并申报，整合当地资源，打包或重组同区域内子项目，要求项目业主为同一法人主体，采取集合发行的方式，满足专项债融资的需求，同时要注意配套建设投资占总投资比例的合理性。

3. EOD 模式

根据《关于推荐生态环境导向的开发模式试点项目的通知》，EOD 模式是以生态文明思想为引领，以可持续发展为目标，以生态保护和环境治理为基础，以特色产业运营为支撑，以区域综合开发为载体，采取产业链延伸、联合经营、组合开发等方式，推动公益性较强、收益性较差的生态环境治理项目与收益较好的关联产业有效融合、统筹推进、一体化实施，将生态环境治理带来的经济价值内部化，是一种创新性的项目组织实施方式和投融资模式。

根据最新文件要求，该模式是一种要求避免政府隐性债务的，利用本地资源和社会资本按照有关要求可投资于农业强国项目的探索型、创新型投融资模式。有关资金利用及要求可参见《重点生态保护修复治理资金管理办法》，治理资金支持范围主要包括：一是开展山水林田湖草沙冰一体化保护修复工程；二是开展历史遗留废弃工矿土地整治。要求实施区域性土地整治示范，盘活存量建设用地，提升土地节约集约利用水平，修复人居环境。

实施机构可按照上述有关政策，利用有关财政资金和资源等引入社会资本，进行有关农业农村生态治理和农业产业化项目的投融资、建设和运营。

4. 股权投资+EPC 模式

社会资本以股权方式进入项目公司，社会资本主导项目的投资、设计、建设、运营。该类项目需通过自身运营获取收益，通过项目收益覆盖建设、运营成本，投资人也会相应承担一定的经营风险。特别需要注意的是，一定是社会资本以股权方式进入项目公司，避免新增当地政府隐性债务。

股权投资+EPC模式适用范围从综合性片区开发项目逐渐扩展到环境综合治理、城镇化建设、市政基础设施建设、城中村改造、乡村振兴等领域。例如建设和运营农业基础设施项目，有关部门或单位可以与社会投资人合作，共同投资并建设或改造提升农业基础设施（灌溉系统、温室大棚、冷库和加工厂等）。针对乡村振兴、环境综合治理等公益性较强的项目，可通过提前筹划，以项目公司为主体积极争取相关财政补助资金，社会资本依法依规确认相应收益，或搭配其他经营性较好的项目进行综合平衡。

5. 政府股权投资引导基金

股权投资引导基金是政府出资设立、按市场化方式运作并用以吸引股权投资基金融资，将传统的财政直接拨付改为股权投资引导基金融资，是政策性基金，故称“拨改引”。

股权投资引导基金可增强财政资金对金融资本和社会资本的聚合力，增强财政资金投资项目选择的科学性、管理的有效性，缓解财政发展性资金投入不足的规模限制，减轻经济发展的“财政依赖”。谋划农业项目时，可提前、积极对接政策性基金，利用农业产业化股权投资引导基金打造农业产业化股权投资基金，间接引入社会资本，发挥引导基金的乘数效应，共同投资农业产业化项目。

6. REITs模式

REITs模式是重要的投融资模式创新，也是盘活存量资产以带动农业强国项目增量投资的主要发展路径。《关于进一步盘活存量资产扩大有效投资的意见》提出基础设施REITs、PPP等7种优化完善存量资产盘活方式。《PPP新机制》再次明确积极支持符合条件的特许经营项目发行基础设施REITs。

REITs可在农业基础设施建设、涉农文旅、冷链物流、农业产业园区等多个领域先盘活再反哺有关农业强国项目，特别是可尝试探索存量农业PPP项目资产和未来收益盘活，进一步扩大农业有效投资。

7. 盘活存量资产

农业强国的实现离不开乡村振兴项目的实施，乡村振兴项目的实施离不开资金支持，在前述几种模式筹集资金操作性受限的条件下，还可以探索盘活不限于农业资产资源的各种存量资产资源来反哺农业项目。

根据国家和地方关于盘活存量资产的政策文件，通过转让存量国有资产的产权、使用权、经营权、收益权，有效拓宽地方财政非税收入增收渠道，盘活存量资产产生的资金进入财政即可作为项目资本金使用。

(1) 2022 年《关于进一步盘活存量资产扩大有效投资的意见》指出："重点盘活存量规模较大、当前收益较好或增长潜力较大的基础设施项目资产，包括交通、水利、清洁能源、保障性租赁住房、水电气热等市政设施、生态环保、产业园区、仓储物流、旅游、新型基础设施等。"

(2) 2022 年《关于盘活行政事业单位国有资产的指导意见》指出，探索资产市场化运营管理。有条件的市县财政部门可结合实际采取有效方式，整合行政事业单位低效、闲置资产，通过专业化、市场化运营管理方式进行盘活，提升资产资源统筹能力和资产运营收益。

(3)《PPP 新机制》提出，鼓励符合条件的国有企业通过特许经营模式规范参与盘活存量资产，形成投资良性循环。

各地政府（含高新区、经开区管委会）应按照国家有关部门和地方政府政策要求系统全面地梳理当地资产资源，建立盘活存量的资产台账，重点梳理表 2 所列资产资源。

表 2　重要梳理的资产资源

资产资源	主要内容
土地资源	主要是城乡低效建设用地、农村集体土地等
固定资产	包含老旧厂房、行政事业单位用房、国资平台所属公有房屋、村集体房屋、文体场馆、酒店、餐饮、疗养院等房产；交通、水利能源、生态环保、产业园区、仓储物流、旅游、保障性租赁住房、新基建等基础设施资产；综合交通枢纽改造、工业企业退城进园等存量与改扩建资产；公务车辆、办公设备家具、大型仪器等仪器设备资产
无形资产	包括股债权、未来收益权、特许经营权、知识产权、软件资产等

资料来源：根据公开资料整理。

盘点梳理资产资源后，根据梳理资产资源类别、特点，有针对性地制定盘活方案，按规定程序实施，并将盘活资金有效反哺于乡村振兴项目。根据笔者经验，乡村振兴项目中的农业基础设施项目公益性好、收益性低，可按照“肥瘦搭配”、高低收益组合的原则，并适当结合某些权益的授予（比如水资源使用权、种植特许经营权、河滩地特许经营权等）共同推进。

以某区落地的农田灌溉设施盘活项目为例，资产投入与运营时间跨度较大，部分农田水利设施和工程运营现状一般，且当地财力有限，不能一次性及时维修改造，致使工程老化严重、效益衰减，造成农民浇地成本大幅增加，负担加重，严重制约了农业增效和农民增收。当地政府通过梳理全域资产清单，结合农业水价综合改革工作实施方案，将全域的农田灌溉设施进行固定资产评估，通过产权交易所公开透明渠道，盘活给社会资本，由其进行提升改造和提供后续灌溉运营服务。盘活所得资金作为农业项目资本金，支持当地其他农业领域项目实施。

（二）以广义 PPP 模式盘活农村土地助力农业强国战略的实施路径

1. 以广义 PPP 模式盘活农村农用地、集体建设用地和未利用地

农村土地是发展农业的最大载体，是农村集体（农民）价值最大的资产，也是可以用来与社会资本合作的最大资本（资产）。采用出租（含长租）、出借、长期合作、作价入股、保底性入股、特许经营等各种有效方式，以农村土地（含集体建设用地）与社会资本、资金、资源、资产、返乡公司、企业家等合作，促进农业发展、农村振兴、农民富裕的农业强国战略目标实现。

2. 以广义 PPP 模式盘活农村宅基地、地上房屋

农村宅基地和地上住宅，可以狭义或者广义 PPP 模式，结合农村土地和住宅既有政策和改革试点政策，探索利用“三权分置”有关政策规定，在保障宅基地集体所有权、农村宅基地资格权和农民房屋财产权，放宽宅基地和农民房屋使用权的基础上，采用出租（含长租）、出借、长期合作、保底性入股等各种现实方式，与社会资本、资金、资源、资产、特

殊和返乡人员等合作，促进农业发展、农村振兴、农民富裕的农业强国战略目标实现。

（三）广义 PPP 模式助力农业强国战略农业人才引进的实施路径

人才是第一生产力，是农业强国、乡村振兴永远的基石，上级政府应有力支撑下属乡镇的人才引进工作，谋划省市层面的财政资金支持政策，将有关农业专业人才以各种有效的方式和优惠政策试点性地引入乡村振兴和农业强国项目。具体路径包括：一是为引进的农业专业人才提供资金支持；二是为引进的农业专业人才以各种有效方式提供民宅、住宿等生活便利；三是可以采用技术入股等合作方式使有关农业专业技术人才加入乡村振兴农业强国项目；四是可以提供各种地方优惠政策，吸引农业科学家、农业工程师、农业经济学家、农业顾问、农业教育工作者，返乡创业机关干部、事业单位专业技术人员、退伍军人、企业家等加入乡村振兴农业强国项目。

参考文献

张国廷：《关于新时代实施乡村振兴战略的几点思考》，《智慧农业导刊》2023 年第 19 期。

孔祥智、吴雷：《建设农业强国：战略意义、内在要求和推进策略》，《中国国情国力》2023 年第 4 期。

高强、周丽：《建设农业强国的战略内涵、动力源泉与政策选择》，《中州学刊》2023 年第 3 期。

浦徐进等：《基于农产品加工 PPP 项目的政府补偿与企业投资决策研究》，《中国管理科学》，网络首发日期：2023 年 10 月 11 日。

胡绍雨、王怡欢：《PPP 模式在农业基础设施建设中的应用研究：一个案例分析框架》，《新疆财经》2023 年第 5 期。

王伟、毛伟：《农业领域政府和社会资本合作对农业高质量发展的影响效应研究》，《世界农业》2023 年第 9 期。

B.18

PPP新政策下的项目纠纷解决

薛起堂　刘佳奇　冯立松*

摘　要： 2023年，PPP政策出现巨大变化，对全国的PPP项目产生重大影响。本文首先对PPP新政策进行了分析解读，包括PPP新机制、PPP存量项目分类处理意见及财政部废止的PPP政策文件。接着分析了PPP新政策对PPP项目的影响，认为新政策导致财政部PPP项目管理库取消，大量的存量PPP项目出现纠纷。在分析纠纷产生的原因之后，给出了PPP项目纠纷的解决途径，其中调解是解决纠纷的最好方式。

关键词： PPP新政策　存量PPP项目　纠纷解决

一　PPP项目新政策

（一）PPP新机制

2023年11月，国务院办公厅转发国家发展改革委、财政部《关于规范实施政府和社会资本合作新机制的指导意见》（以下简称《PPP新机制》），对新的PPP项目实施要求给出了指导意见。明显的变化是新的PPP

* 薛起堂，中央财经大学政信研究院政府和社会资本合作中心主任，北京市惠诚律师事务所执行主任，研究方向为PPP项目争议纠纷解决；刘佳奇，北京市惠诚律师事务所律师，研究方向为PPP项目争议纠纷解决；冯立松，北京市惠诚律师事务所律师，研究方向为PPP项目争议纠纷解决。

项目由国家发展改革委牵头主管，其他部门配合；以后的 PPP 项目应全部采用特许经营模式，项目必须有收益且收益必须能够覆盖项目的建设和运营成本；政府不许对项目建设进行补贴，如果有特殊情况需要补贴的，只能补项目运营；项目的运营期最长可以达到 40 年，如果情况特殊还可以再延长。

（二）存量项目分类处理的意见

2023 年 10 月，国务院办公厅转发了财政部、国家发展改革委《关于政府和社会资本合作存量项目分类处理的意见》。该意见对 PPP 存量项目如何处理给出了分类处理意见，不同类别要求了不同的整改期。在建项目全面规范，维护各参与方合法权益，严格按照合同履行。未开工项目严格处置，严格防范偿债风险，防范次生问题，防止公共服务供给断档。财政部取消了 PPP 项目管理库，不再负责“两论证一方案”，不再执行一般公共预算支出 10%的规定，严格预算管理和地方政府债务管理，加强政府购买服务监管，坚决防止新增地方政府隐性债务。

（三）财政部废止的政府和社会资本合作文件

《财政部关于废止政府和社会资本合作（PPP）有关文件的通知》提出，因《PPP 新机制》已发布，根据有关工作要求，现决定废止 PPP 有关文件。废止的同 PPP 有关的 11 个文件，分别为：《财政部关于进一步做好政府和社会资本合作项目示范工作的通知》、《财政部关于规范政府和社会资本合作（PPP）综合信息平台运行的通知》、《财政部关于印发〈财政部政府和社会资本合作（PPP）专家库管理办法〉的通知》、《财政部关于印发〈政府和社会资本合作（PPP）咨询机构库管理暂行办法〉的通知》、《财政部关于规范政府和社会资本合作（PPP）综合信息平台项目库管理的通知》、《财政部关于进一步加强政府和社会资本合作（PPP）示范项目规范管理的通知》、《财政部办公厅关于梳理 PPP 项目增加地方政府隐性债务情况的通知》、《财政部办公厅关于印发污水处理和垃圾处理领域 PPP 项目合同示范文本的通知》、《财政部关于加强 PPP 示范项目跟踪管理的通知》、《财政部关于修订发布〈政府和社会资本合作（PPP）综合信息平台信息公开管理办法〉的通知》和《财政部办公厅关于开展全国 PPP 综合信息平台项目信息质量提升专项行动的通知》。

从废止的文件可以看出，与政府和社会资本合作综合信息平台（财政部 PPP 项目管理库）相关的文件均废止了，存量项目分类处理的意见已经明确取消财政部 PPP 项目管理库，因此与此相关文件没有存在的基础了。另外，财政部政府和社会资本合作专家库及咨询机构管理库也取消了，因此与此相关的文件也废止了。

但是还有些财政部文件并没有废止，仍然对存量 PPP 项目具有法律效力：《关于规范政府和社会资本合作合同管理工作的通知》，该文件对 PPP 合同进行规范，说明仍然要求政府和社会资本双方重诺履约，继续严格履行合同义务；《财政部关于推进政府和社会资本合作规范发展的实施意见》，该文件要求 PPP 项目规范发展，因此存量 PPP 项目仍要继续按规范要求进行管理和运行；《政府和社会资本合作（PPP）项目绩效管理操作指引》，该文件主要是对 PPP 项目绩效考核的管理规定，说明存量 PPP 项目仍然要进行绩效考核，按效付费；《关于进一步推动政府和社会资本合作（PPP）规范发展、阳光运行的通知》，该文件要求 PPP 项目规范发展、阳光运行，说明继续对存量 PPP 项目规范管理。

（四）《基础设施和公用事业特许经营管理办法》（修改征求意见稿）

2023 年 11 月 28 日，国家发展改革委发布了《基础设施和公用事业特许经营管理办法》（修订征求意见稿），对《基础设施和公用事业特许经营管理办法》（以下简称《特许经营管理办法》）进行修订。此次修订一方面是为了修正《特许经营管理办法》中不符合《PPP 新机制》的内容；另一方面是为了进一步细化落实《PPP 新机制》的要求。此次修订的征求意见稿，较原《特许经营管理办法》有了很大的变化，如：特许经营期限从原来规定的最长一般不超过 30 年变更至 40 年；要求参照可行性研究报告规范编制特许经营方案，特许经营方案的内容要求发生变化，并明确了特许经营报告的审批流程；特许经营协议的内容要求发生变化；增加了项目运营评价；政府付费只能按规定补贴运营，不能补贴建设成本，除此之外，不得通过可行性缺口补助、承诺保底收益率、可用性付费等任何方式使用财政资金弥补项目建设投资和运营成本；依法选定的特许经营者如与项目前期登记的项目法人不一致应办理项目法人变更；等等。

二　PPP 新政策对 PPP 项目的影响

（一）PPP 项目管理库暂停导致存量项目内容无法变更及更新

财政部 PPP 项目管理库自 2023 年 2 月无法进行更新后，新的 PPP 项目无法进行入库工作，政策不明，导致没有新项目产生，新项目处于观望、等待状态。2023 年 11 月《PPP 新机制》文件出台，明确了新的 PPP 项目以后要按照特许经营模式进行。但是原来在财政部 PPP 项目管理库里的 PPP 项目在建设、运营过程中，如果发生建设内容或运营条件等的变化，或者是参与方想对 PPP 合同内容进行调整，按照原政策文件的要求，项目内容变化或是更改 PPP 合同都需要在 PPP 项目管理库中进行及时更新变更，否则就是违规，面临退库风险。由于 PPP 项目管理库处于暂停状态，项目无法进行变更、更新的内容上传，因此项目内容无法变更，PPP 合同内容也不能变更，PPP 项目实际变更无法进行。PPP 新政策出台后，财政部 PPP 项目管理库取消，情况又发生了重大变化。

（二）PPP 存量项目无法进行新的融资

PPP 项目管理库取消后，没有了公示平台，金融机构无法查询到项目完整信息，评估风险时依据不足，因此金融机构往往无法对 PPP 存量项目进行新的融资或者贷款，很可能导致 PPP 存量项目因缺少建设资金而暂停建设。

很多原来在项目管理库中的PPP项目，在2023年2月以前已经进行招投标并签署了PPP项目合同，成立了项目公司，正处于准备融资阶段，但由于PPP项目管理库取消，PPP项目融资和建设工作也被迫暂停。有些PPP项目是分批建设，因此涉及分批融资，项目前期融资已完成，在2023年2月以后需要再次融资时，金融机构却不再进行继续融资贷款，导致项目被迫停止。目前因政策变化导致融资困境而陷于暂停的项目很多，亟待国家出台配套新政策予以解决。

（三）PPP项目暂停到《PPP新机制》出台期间招标的项目如何处理

2023年2月以前的PPP项目按照未被废止的政策及存量项目分类处理意见运行，2023年11月3日以后的PPP项目按照《PPP新机制》执行，但是2023年2月至11月3日已经进行的PPP项目如何处理存在难题。根据“法不溯及既往”的法律原则，新的法律或政策只能对出台以后的项目进行约束和适用。根据明树数据的统计，2023年2月至11月3日已经公开招标的PPP项目达上千个，这类项目数量多，如何处理考验地方政府的管理能力。

三　诸多原因导致大量PPP项目产生纠纷

（一）政策变化，项目暂停导致产生大量纠纷

我国PPP实施近十年来，项目总投资已累计达到20万亿元左右。但是我国没有统一的PPP立法，PPP领域适用的政策文件大多是部委的部门规章或规范性文件。由于此前未明确PPP项目统一管理部门，各部委出台的众多文件之间不乏矛盾之处，PPP参与方对政策文件的适用无所适从。再加上，政策文件经常变更，特别是2023年PPP新政策文件的出台，对整个PPP领域影响很大，大量的PPP项目因此暂停，很有可能后续也无法继续进行。

（二）项目不规范

PPP 政策文件繁杂，社会资本方对政策文件理解不全面，导致 PPP 项目在建设和运营过程中有很多不规范之处。自 2014 年国务院推广 PPP 以来，PPP 经历了若干次规范，如 2017 年财政部发文规范 PPP 项目管理库运行，2019 年财政部发文推进 PPP 规范发展，还有后来的规范发展、阳光运行要求等，都是针对 PPP 项目在实践落地层面出现的异化、不规范问题。PPP 项目不规范往往容易产生纠纷。

（三）社会资本方违约

PPP 项目中社会资本方负责项目的融资、建设及运营，社会资本方出现违约的情形也主要围绕这几个环节，但司法实践中也有案例出现社会资本方中标后不配合签订书面合同引发的纠纷。常见的社会资本方违约情形包括社会资本方融资不及时、不到位，导致项目建设受影响，最终导致延误工期或完全停工不能复工，或出现工程质量问题。有些社会资本方挪用项目资本金、挪用项目建设资金，用于其他建设项目，最终导致多个项目建设资金不足而停工，还有运营过程中未按要求标准提供运营服务等情形。

（四）政府方违约

PPP 项目中政府方往往负有办理前期手续、提供土地、协助办理审批或核准手续等义务，在实践中因政府方违约导致的纠纷中，政府方违约情形包括政府方非法转让项目、政府换届新官不理旧账、政府方未办齐项目前期手续导致项目不具备合法开工条件、政府方提供的土地不符合约定、政府方违约单方终止合同等。

（五）其他原因

除以上参与方违约等情形，不可抗力或者不能归责于一方的其他原因也可能会导致纠纷。如新冠疫情给包括 PPP 项目在内的基础设施建设项目造成不同程度影响，长期停工导致的窝工损失等经济损失引发了参与方如何分担损失等问题。另外，项目运营期收入低的情况往往会导致项目难以继续运营，从而引发纠纷，当然这也和项目风险分担的设计是否公平合理有关。

四　PPP 项目纠纷解决途径

（一）PPP 项目合同性质

PPP 项目纠纷的解决首先要明确纠纷属性以确定解决程序，民事纠纷适用《民事诉讼法》或《仲裁法》，行政纠纷适用《行政诉讼法》。定性是民事纠纷还是行政纠纷需要回归到 PPP 项目合同性质是民事合同还是行政协议的问题上。

2020 年 1 月 1 日生效的《最高人民法院关于审理行政协议案件若干问题的规定》，将特许经营协议规定为行政协议，发生纠纷要进行行政诉讼。对于 PPP 协议，司法解释将“符合本规定第一条规定的政府与社会资本合作协议”定性为行政协议，纳入行政诉讼受案范围。其中对“政府与社会资本合作协议”限定了前提条件即“符合本规定第一条规定的”。该规定第一条为“行政机关为了实现行政管理或者公共服务目标，与公民、法人或者其他组织协商订立的具有行政法上权利义务内容的协议，属于行政诉讼法第十二条第一款第十一项规定的行政协议”。该条款除了对行政协议主体、意思表示进行界定外，最主要的是限定了两个实质性的判断标准，即必须是“为了实现行政管理或者公共服务目标”，必须“具有行政法上权利义务内容”。

在有以上判断标准作为抓手的前提下，对于由于 PPP 项目合同履行而产生的纠纷，目前业内实践还是倾向于“二分法”的处理方式。PPP 项目合同履行过程中，若纠纷是由于行政协议内容而起，如由于特许经营、行政许可、行政接管介入或其他行政管理引发的诉讼纠纷，适用行政诉讼程序，而除此之外双方基于平等协商确定的权利义务对等的合作内容引发的诉讼纠纷，适用民事诉讼或仲裁程序解决。

但不得不说的是，虽然《最高人民法院关于审理行政协议案件若干问题的规定》给出了判断标准，同时最高人民法院还发布了行政协议案件典型案例，但“为了实现行政管理或者公共服务目标”的界定过于宽泛，“行政法上权利义务内容”的认定在实践中又存在分歧，有人将此限缩为行政优益权，有人认为还包含行政协议双方主体其他行政法权利与义务。对此，期待将来能够出台新的法律规定细化区分行政协议与民事合同的标准，并且对权利、义务的不同特点有更详尽的分析。

综上所述，司法实践中法院要结合“二分法”，就合同的目的、职责、主体、行为、条款内容及诉请内容等做专门分析，之后才能判断纠纷法律性质，从而解决相应法律适用问题。若选择的争议解决程序与争议性质不符，则可能面临被驳回起诉的风险。

（二）民事诉讼与商事仲裁

为了减少涉案地方政府对司法的不当干预，摆脱地方保护主义，社会资本方往往青睐于选择民事诉讼或商事仲裁程序解决纠纷，常在合同中约定仲裁管辖，但是争议是否具有可仲裁性除了审查仲裁约定情况，最主要的还是判断纠纷性质、请求事项。如果双方约定了仲裁条款，争议事项又不涉及行政法范畴，则仲裁约定应当有效。

仲裁方式较民事诉讼方式具有独特的程序优势：仲裁具有秘密性、高效性的特点，而在民事诉讼中，法院一般公开审理。《最高人民法院关于人民法院在互联网公布裁判文书的规定》要求判决文书一般在互联网公开，而仲裁则相反，一般不公开审理且裁决文书不在互联网公开，能够更好地维护各方形象、信誉和机密，维护社会稳定。法院的诉讼通常有一审、二审，还有审判监督程序，仲裁一裁终局，没有烦琐的司法程序。仲裁具有独立性和中立性，能在很大程度上减少权力干预现象，保证处理结果的公平公正。PPP 项目区分不同领域，专业性极强，仲裁机构与仲裁员的专业性能够满足项目争议解决的专业性要求。

（三）行政诉讼

在根据行政协议定性引发的行政诉讼中，实施机构与其授权主体即政府往往一同作为被告，原告是 PPP 项目合同中的社会资本方或项目公司，政府方不能作为原告。但是需要指出的是，为了保障政府方权益，《最高人民法院关于审理行政协议案件若干问题的规定》第二十四条赋予了行政机关直接向法院申请强制执行的权利。

关于此类行政诉讼的法律适用，程序方面优先适用《行政诉讼法》的规定，《行政诉讼法》没有规定的，参照适用《民事诉讼法》的规定。而在实体方面，可以参照适用民事法律规范关于民事合同的规定。诉讼时效方面，要区分争议内容，行政机关不依法履行、未按照约定履行行政协议提起诉讼的，诉讼时效参照民事法律规范确定；行政机关变更、解除行政协议等行政行为提起诉讼的，起诉期限依照《行政诉讼法》及其司法解释确定。

（四）协商和解与专家评议

除了以上公力救济途径外，协商和解也是一类纠纷解决途径，而且参照若干起 PPP 项目纠纷化解实践案例，协商和解不仅能避免双方冗长诉累，又能兼顾公平和效率，实现最大限度止损。通过协商，各方达成的和解方案一般包括以下四种后续处理方向：一是合同解除，重新招标；二是合同继续履行，签订补充协议；三是债权人介入；四是股权转让，变更投资人。虽然和解属于自力救济，但是鉴于往往各方矛盾已较为激化，各方方案均从己方利益出发考虑，难以达成一致意见，此时实践中往往还是委托专家介入协助调解。

例如，在山东某生态水系综合治理及景观提升 PPP 项目实施过程中，金融机构受国家政策影响，不断提高放贷标准及信用担保要求，且对民企信贷支持持收紧态度，导致项目公司融资困难。依据合同约定，社会资本方恐已构成违约，但如果选择诉讼程序解决纠纷，周期较长，项目将长期搁置，不能落地，只会导致公共服务和产品延迟提供，无论是私人利益还是公共利益都会受到损害。经专家介入调解，各方拟同意社会资本方将所持项目公司30%的股权转让给新的投资人，但限于该项目《PPP 项目合同》约定了股权锁定机制，届时仍处于股权锁定期，经多轮谈判后，最终在政府专题会议上各方达成共识：认可确因项目融资需要，在不影响公共利益、有利于项目建设和运营的前提下，可以允许对股权锁定机制进行灵活处理。在对合同进行变更后，项目顺利引入新的投资人，资金后续顺利到位，项目进入正轨。该案例能够体现协商和解方式化解纠纷高效、实现利益最大化的特点。

在和解过程中，除了一方委托专家代表己方谈判的途径，还有以专家小组评议的方式出具专题专家意见从而促成和解的实践案例。专家小组的成员可以是各方各自委托对方认可的，也可以是共同授权组织的，以双方分歧最大的焦点作为专题由专家小组评议，并根据评议结果签署和解协议。在政府方和社会资本方不愿意进行诉讼或仲裁的情形下，和解过程中引入专家能最大限度加快和解进程。

和解不失为一种有效的替代性纠纷解决机制，甚至从某种角度来说，是最好的解决方式。实际上，在域外 PPP 项目纠纷解决中已有成熟的专家介入机制，我国需要结合法律框架灵活借鉴域外经验。随着我国 PPP 的发展，PPP 纠纷解决机制也日臻完善，相信专家介入的和解或评议方式也会纳入机制并规范化。

Abstract

The " China's PPP New Mechanism Industry Development Report (2023) " is an annual research report carefully planned and compiled by the Institute of Political and Information Technology of Central University of Finance and Economics, focusing on the industry application, hot issues research, and cutting-edge innovation practice in the field of China's government-private capital cooperation (PPP), and is a comprehensive research result of theoretical research and practical exploration in the field of domestic PPP.

On November 8, 2023, The General Office of the State Council forwarded the notice of the National Development and Reform Commission and the Ministry of Finance on the Guiding Opinions on Standardizing the Implementation of the New Mechanism for Government-Social Capital Cooperation. The document aims to smooth the channels for private capital to participate in infrastructure investment and broaden the space for private investment; Give full play to the role of market mechanisms to improve the level of construction and operation of infrastructure and public utility projects; We will curb new hidden debts of local governments, ensure that cooperation between the government and private capital develops in a standardized and transparent manner, and promote high-quality economic and social development.

The " China's PPP New Mechanism Industry Development Report (2023) " is divided into three parts: general report, application reports and special reports. Guided by the spirit of PPP New Mechanism, the general report first reviews the macroeconomic situation of the development of the PPP industry in 2023, focuses on the reform process of the new PPP mechanism, and analyzes the overall scale, regional distribution and industry distribution of the winning projects and project companies in the national PPP project database by the end of 2022. The application reports focuses on the legal issues of PPP in the construction of a unified large market across the country, the effectiveness of private capital in infrastructure construction, and the practical application of PPP in promoting digital development strategy, new urbanization strategy, and regional coordinated development strategy. The innovative application of PPP in supporting the cultural tourism industry, higher vocational education and environmental and social governance (ESG) is also described. The special reports focuses on the application of PPP+XOD mode in major engineering projects in China, risk response from the perspective of project company performance management, pricing of rejuvenated stock assets under the TOT mode, performance evaluation under the alienated return mechanism of PPP projects, government supervision in the implementation stage, project land use and dispute resolution, etc. And PPP support basic education, agricultural power innovation mechanism and so on.

Research shows that PPP, as an important policy tool for the efficient integration of effective markets and competent governments, has played a role in improving public services and stimulating effective investment to a certain extent. The promulgation and implementation of the Guiding Opinions on Standardizing the Implementation of the New PPP Mechanism has opened a new stage in the development of the original source of PPP in China. PPP projects under the new mechanism still have major challenges for all participants: First, under the overall requirements of the new PPP mechanism "resolutely curb the new hidden debt of local governments", projects with insufficient project revenue and insufficient user fees face more severe tests; Second, under the overall requirement of "giving full play to the role of market mechanism and broadening the space for private investment", the new PPP mechanism encourages and supports private enterprises to participate in PPP projects, which puts higher requirements on the strength and risk control ability of the private economy; Third, the new PPP mechanism emphasizes the provision of "improving the construction and operation level of infrastructure and public utility projects, ensuring standardized development and sunny operation", and puts forward more stringent and specific regulatory requirements for the construction and implementation of PPP projects, which requires all parties involved in PPP projects to participate in the construction and operation of PPP projects in accordance with law, compliance, openness and transparency; Fourth, in accordance with the requirements of "effectively strengthen operation supervision", the new PPP mechanism shall strengthen the operation supervision of PPP projects from the aspects of regularly carrying out project operation evaluation, punishing violations of laws and regulations and dishonest behaviors, establishing a normal information disclosure mechanism, standardizing the change of franchise agreement and project transfer. Multi-dimensional enhancement of the implementation of PPP projects, the main responsibility of the franchisee pressure.

In the future, PPP still has great potential under the background of the new mechanism. First of all, the new mechanism emphasizes the "reasonable grasp of key areas", strictly limits the scope of application of PPP projects, the project boundaries are more clear, and the applicable standards in the field are more detailed. Secondly, the new mechanism emphasizes "adhering to the original intention, returning to the source, and encouraging private enterprises to participate in the new construction (including reconstruction and expansion) projects of cooperation between the government and social capital to the maximum extent", and the priority choice of private enterprises is conducive to stimulating the willingness of private capital to participate in the construction of public infrastructure, releasing the vitality of private capital, and promoting the development of private economy. Thirdly, the new mechanism emphasizes the clear division of management responsibilities, standardizing the implementation of construction, effectively strengthening operational supervision, supporting innovative project implementation methods, etc. Although the perspectives are different, the essence is to enhance the vitality of PPP projects by reconstructing the management process of the whole life cycle of PPP projects. Finally, the new mechanism emphasizes "actively supporting eligible franchise projects to issue real estate investment trusts (REITs) in the infrastructure sector", and the extension of the franchise term has increased the valuation of franchise assets, providing more eligible franchise assets for REITs, and at the same time, the adjustment of investment and financing methods also provides a channel for the franchisee to realize capital withdrawal. In short, the introduction and implementation of the "Guiding Opinions on the Standardized implementation of the New mechanism of Cooperation between the Government and social Capital" has built a new mechanism for PPP management and operation from the top-level design level, indicating the development direction of PPP, and the PPP industry will restart a new journey towards high-quality development under the guidance of the new mechanism.

This book mainly uses databases from industry company, domestic authoritative departments, local government platform, such as Beijing Mingshu Data Technology Co. , Ltd. and local government platforms by the end of 2022, and is the most authoritative collection of data and cases in the PPP field.

Keywords: PPP New Mechanism; PPP Legislation; PPP Projects

Contents

I General Report

Abstract: On November 8, 2023, the General Office of the State Council forwarded a notice from the National Development and Reform Commission and the Ministry of Finance on the "Guiding Opinions on Standardizing the Implementation of New Mechanisms for Cooperation between Government and Social Capital", which aims to open up channels for private capital to participate in infrastructure investment and expand the space for private investment; Fully leverage the role of market mechanisms to improve the construction and operation level of infrastructure and public utility projects; To curb the increase of implicit local government debt, ensure standardized development and transparent operation, and promote high-quality economic and social development. This report elaborates on the macroeconomic situation of the development of the Chinese Public-Private Partnerships (PPP) industry in 2023, analyzes the operation of the Public-Private Partnerships market and the challenges it faces in terms of insufficient project returns, social capital selection, project construction implementation, and stricter operational supervision. It looks forward to the application of new mechanisms, the reconstruction of responsible parties and project processes, the clarification of project boundaries, and the further orderly release of the vitality of private capital.

Keywords: PPP New Mechanism; Macroeconomics; Concession Mode

Ⅱ Application Reports

Abstract: This article focuses on the PPP legal issues of the building of a unified national market. Through PPP, sufficient infrastructure guarantees can be provided for the building of a unified domestic market, and the transportation, communication and logistics infrastructure required for the smooth flow of productivity factors can be quickly constructed, effectively reducing the obstacles brought by geographical factors to the flow of production factors. At present, the PPP legal issues that have a significant impact on the construction of a unified market mainly include: Insufficient uniformity and openness of PPP project approval, which does not fully meet the overall and strategic requirements of national infrastructure construction; The infrastructure construction in underdeveloped and impoverished areas is slow, and local government financing platforms or holding companies monopolize the local PPP project market, seriously affecting fair competition in the market; The violations and dishonesty of local governments in PPP operations, as well as the mismatch between the lower level of PPP legislation and the important mission carried by PPP. To promote the construction of a unified national market, PPP work should make precise efforts in the following legislative and law enforcement aspects: Firstly, PPP should plan infrastructure projects around the construction of a unified national market, pay attention to the interaction and connection of projects in different regions in the unified market, and achieve full connection between dead ends, end pipe galleries, end platforms, an so on; The second is to support the construction of PPP projects in underdeveloped areas through transfer payment measures from the central, provincial, and municipal levels, effectively improving the infrastructure of transportation, logistics, communication, and other factors that affect the construction of a unified market in these areas, and achieving unobstructed and no gap in the circulation of production factors between underdeveloped and developed areas; The third is to strictly conduct fair competition review for PPP project procurement; Fourthly, strengthen government integrity and strictly fulfill contracts; The fifth is to accelerate the legislative work of PPP related laws and regulations at the national level, and use laws to ensure the smooth implementation of PPP in promoting the construction of a unified national market.

Keywords: National Unified Market; Public-Private Partnerships (PPP); PPP Legislation

B.3 Effectiveness and Suggestions of Private Capital Assisting Infrastructure Construction

Zhu Hongmei, Zhang Jin, Zhu Ling and Wang Gang / 038

Abstract: This article interprets the policies of the new mechanism of Public-Private Partnerships (PPP) and the industries and fields supporting private enterprises to participate in franchising new construction (including renovation and expansion) projects. A study was conducted on the assistance of private capital in infrastructure construction and its effectiveness from five levels: industry landscape, application scenarios, construction effectiveness, problems and challenges, prospects and suggestions. An analysis was conducted on the investment situation of private capital signed contracts in various regions, as well as the bidding situation of private enterprise holding projects in individual and consortium private enterprises; Taking the participation of private capital in the construction of the Hangzhou Shaoxing Taiwan high-speed railway project and the participation of state-owned capital in revitalizing existing infrastructure assets in the first phase of the Wenzhou urban railway S1 line project as examples, this paper analyzes the financing structure, operation mode, key and difficult problems, solutions, exemplary and promotional value of the projects. The research conclusion is that private capital has achieved good construction and demonstration effects in the construction and operation of infrastructure projects such as the Hangzhou Shaoxing Taiwan high-speed railway. It is suggested that infrastructure projects should be planned ahead, resources should be intensive, and long-term development conditions should be reserved. The concept of commercial development should be used to support financial returns, creating new opportunities for private capital to participate in infrastructure construction and operation.

Keywords: Private Capital; Infrastructure Construction; Public-Private Partnerships (PPP)

Abstract: During the 14th Five Year Plan period, China's digital economy has shifted towards a new stage of deepening application, standardized development, and inclusive sharing. The new mechanism of Public-Private Partnerships (PPP), which has entered a high-quality development stage, will better assist the development of the new digital industry. Due to its high added value and high-tech content, the field of aerospace remote sensing technology can achieve great economic and social benefits. However, the aerospace remote sensing industry, which is mainly invested by the state, faces problems such as long

decision-making cycles, high investment pressure, and insufficient commercial operation when facing the rapidly growing industry demand. On the basis of referring to foreign development models and combining with China's actual national conditions, this article aims to explore the countermeasures and suggestions for supporting the development of new digital industries in the field of industry, investment and financing models, management innovation, and security measures, based on the application of new PPP mechanisms in the field of aerospace remote sensing. It aims to innovate business models and promote the application of PPP new mechanisms in the new digital industry. While ensuring national security, it also takes into account the flexibility of civil space infrastructure project construction, thereby promoting the development of China's digital economy.

Keywords: Aerospace Remote Sensing; Digital Industry; Digital Economy

Abstract: New urbanization is an important national strategic construction goal explicitly proposed by the Party at the Third Plenary Session of the 18th Central Committee, and has always been widely concerned by all sectors of society. Compared with traditional investment and financing models, the PPP model is in line with the national strategic goals of new urbanization. By introducing social capital to participate in comprehensive urbanization development, it fully stimulates market vitality, highlights the advantages of social capital operation and management, and is conducive to achieving the new urbanization strategy. However, there are still many difficulties in promoting the construction of new urbanization through the PPP model. This article analyzes the core boundaries and implementation difficulties of existing inbound projects, and proposes to strengthen the planning of land use in the early stage of the project, activate existing construction land, coordinate regional development, fully tap into project revenue points, improve procurement quality, optimize supervision and management mechanisms, and focus on solving the problems in the application of PPP mode in the new urbanization strategy, in order to achieve the goal of China's new urbanization construction.

Keywords: PPP Model; New Urbanization; Urban Comprehensive Utilization and Development

Abstract: The western region is located in the hinterland of China, with weak market economy development foundation, uneven economic development level, weak accumulation of public finance, and underdeveloped economy. The structural contradiction between urban infrastructure development and public service demand has not completely changed, which is not conducive to the high-quality development of regional economy to a certain extent. The Public-Private Partnerships (PPP) is a governance innovation mechanism that can effectively integrate government and market resources to promote high-quality economic development. This article combines the characteristics of the western region and the advantages of PPP, and explores the mechanisms from the aspects of government institutional settings, incentive mechanisms, pre project work, and cooperation guidelines, providing reference for supporting the high-quality economic development of underdeveloped areas in western China.

Keywords: Regional Economy; Western Underdeveloped Areas; PPP

B.7 Research on the Innovative Mechanism of PPP Supporting High Quality Development of the Cultural and Tourism Industry

Song Yingzhong, Li Yun and Shi Lei / 089

Abstract: In the post pandemic era, the cultural and tourism industry will be an important lever to activate consumption, promote rapid economic recovery, and high-quality development. How to enhance investment and financing confidence and consumer confidence in the cultural and tourism industry, innovate institutional mechanisms, and promote high-quality development of the cultural and tourism industry is a major issue before us. This article starts with the current situation and pattern of the development of China's cultural and tourism industry, as well as the main problems it faces. Using the SWOT analysis framework, it outlines the advantages and opportunities of China's cultural and tourism industry in terms of population, transportation, modern technology, and spatial demand in the next stage of development. Starting from the full life cycle of cultural and tourism projects and the integration of investment, financing, construction, and operation, it studies the full use of policy financial tools for direct financing, the construction of entities through Public-Private Partnerships (PPP), and explores the development and operation investment and financing models of franchising, capital market financing securities, REITs funds, EOD, ROD, and other areas, promoting the sunshine operation of PPP, innovating institutional mechanisms, and promoting the high-quality development of the cultural and tourism industry.

Keywords: Public-Private Partnerships (PPP); Cultural and Tourism Industry; High Quality Development

Abstract: The high-quality development of higher vocational education is an essential aspect of high-quality economic and social development. This article starts with the analysis of the connotation and necessity of PPP supporting the high-quality development of higher vocational education. Based on the practical application of PPP in the field of vocational education in China, it analyzes the problems faced by the promotion of PPP in higher vocational education, such as inadequate top-level design, conflicting educational concepts, and incomplete user payment mechanisms. Then, it proposes to reform the current mode of higher vocational education tuition fees as fiscal revenue, expand the mechanism of social capital return, simplify the approval process for public vocational colleges to use assets for external investment as a policy breakthrough, and improve the regulatory system for PPP supporting the high-quality development of higher vocational education at the national and departmental levels, form a composite policy system for the coordinated development of PPP and higher vocational education from multiple dimensions, optimize and upgrade the internal governance structure of PPP higher vocational education, and promote the "II" policy breakthrough. The deep application of the E+PPP model in the field of higher vocational education has formed a systematic path for PPP to promote the high-quality development of higher vocational education.

Keywords: Higher Vocational Education; IIE; Public-Private Partnerships (PPP)

Abstract: The concept of Environmental and Social Governance (ESG) advocates not only financial performance but also environmental and social governance performance. This concept is highly compatible with the inherent essence of PPP projects to improve the quality and efficiency of public services. This article attempts to propose a universal and common ESG standard and indicator system for PPP projects by referring to good practices in international and domestic ESG standard indicators. At the same time, innovative suggestions and opinions are put forward for ESG evaluation and application of PPP projects. The ESG standard and indicator system is deeply integrated into the existing PPP project performance management mechanism to promote the application of ESG concepts in PPP projects. At the same time, it can refer to the requirements for information disclosure in PPP projects to further promote ESG information disclosure.

Keywords: Performance Management; ESG; PPP

Ⅲ Special Reports

Abstract: The construction of megaprojects is the foundation of national economic development and social progress. In order to solve investment and construction mechanism problems such as funding shortage, low quality, and low efficiency, China has launched the PPP model. With the continuous development of this model, problems such as low participation of social capital and unreasonable financing structure have gradually emerged in practice. In order to further improve and optimize, China has proposed the PPP+XOD model based on PPP, forming a new cooperation model. Compared with traditional PPP, PPP+XOD has higher flexibility and sustainability, which can better ensure the quality and efficiency of megaprojects. This article outlines the basic concepts, main characteristics, theoretical basis and significance, applicable fields and operational processes of PPP+XOD mode, as well as the innovative transformation of PPP+XOD mode compared to traditional PPP. Taking Hangzhou Olympic Sports Expo City as an example, it analyzes its operational mode and successful experience. It is of great practical significance to consider the problems and challenges in the current policy and legal system, risk sharing mechanisms, willingness and ability of social capital participation, and propose policy recommendations such as continuously improving the legal system, increasing policy support, improving risk sharing mechanisms, and establishing diversified market competition mechanisms.

Keywords: Megaprojects; PPP+XOD Mode; Hangzhou Olympic Sports Expo City

Abstract: This article focuses on the risks that project companies may face in different implementation stages of franchising projects due to policy changes, government behavior, and their own problems. It proposes to address the risks of national policy changes by strengthening preliminary evaluation and selection of projects, clarifying risk sharing contract terms in advance, and implementing early termination and compensation mechanisms. By actively communicating, fully leveraging the role of government investors representing shareholders, actively seeking legal means to resolve disputes, and other means, the project can respond to government behavior risks. By doing a good job in full life cycle operation planning, introducing mid-term evaluations, and optimizing exit channels, the project can achieve expected benefits and effects by addressing its own problem risks.

Keywords: Franchise Projects; Performance Management; PPP

Abstract: Since 2022, relevant departments of the country have issued a large number of policies to further activate existing assets. The introduction of a series of policies has provided advantages for using the TOT model to activate existing assets. This article summarizes the policy advantages of using the TOT model to activate existing assets, outlines the pricing of using the TOT model to activate existing assets, and elaborates on the relationship, importance, methods, and characteristics between pricing and asset evaluation. Furthermore, it studies the difficulties in using the TOT model to activate existing asset pricing and proposes solutions, in order to better play the role of asset evaluation, promote property rights transactions, and assist in the revitalization of existing assets. However, there are no requirements on how to price assets.

Keywords: TOT Model; Stock Assets; Pricing; Asset Evaluation

Abstract: PPP plays an important role in infrastructure construction and public services in China. To further ensure the operational effectiveness of PPP projects and improve service quality, this report analyzes the distribution of investment amount, time, and industry under different return mechanisms at the national and regional levels, and further studies the time, return mechanism, and industry of PPP project operation effectiveness. The results show that the performance level of PPP projects under different return mechanisms is increasing year by year; The average performance score of government paid and feasibility gap subsidy projects is slightly higher than that of user paid projects; The performance level of industries such as energy, healthcare, and transportation ranks among the top. At present, PPP projects in China are facing the risks of disconnection between payment and performance, inadequate rectification mechanisms, and opportunism. Therefore, it is necessary to strengthen the construction of performance evaluation systems, improve fee deduction and time limited rectification mechanisms, and promote the intensive and efficient implementation of PPP projects.

Keywords: PPP Project; Return Mechanism; Performance Evaluation

Abstract: On November 8, 2023, the General Office of the State Council forwarded the Guiding Opinions of the National Development and Reform Commission and the Ministry of Finance on Standardizing the Implementation of the New Mechanism of Public-Private Partnerships, marking a new stage in the development of PPP projects. At the same time, a large number of existing PPP projects have entered the execution stage, and the government's regulatory role in PPP projects is increasingly prominent in the continuous promotion of PPP projects. This article combines the latest requirements of PPP policies and the practical problems faced in project implementation to conduct in-depth research on the regulatory responsibilities that different participants, such as implementing agencies, financial departments, and government funding representatives, should undertake in PPP projects. It explores the key points of supervision and management that are easily overlooked in PPP projects during the execution stage and proposes implementation suggestions, in order to actively promote the high-quality development of PPP projects and provide reference for the implementation of PPP projects under the new mechanism.

Keywords: PPP Stock Projects; Government Regulation; Project Investment and Financing

B.15 Research on Land Issues in PPP Application

Lei Aixian, *Chen En* / 211

Abstract: This article reviews and analyzes the land use policies for PPP projects in China, and proposes three major characteristics: the nature of land use for PPP projects is mostly construction land, the land supply methods are mainly allocation and agreement transfer, and the land use policies do not have special characteristics. In response to the inconsistency between the land acquisition subject and the PPP project subject, the lack of comprehensive analysis and optimization of land acquisition methods, the inconsistency between project duration and land use year policies, and the inconsistency between PPP project land use mode and construction land supply management policies in PPP application, it is proposed to accurately grasp the land use management policy in PPP projects, scientifically choose the land acquisition method of PPP projects, and effectively connect PPP project duration and land use year policies.

Keywords: Land Use Policy; Land Acquisition Method; Land Use Term; PPP

Abstract: In the blueprint of high-quality development, education is the cornerstone of people's livelihood. However, the traditional model of college construction is difficult to meet the needs of schools and students. PPP is one of the important means to guide social capital to increase education investment and promote the high-quality and balanced development of basic education. This article analyzes the development pattern of the education PPP industry, the application scenarios of PPP in basic education, education PPP related policies, and the practice of basic education PPP projects. It is found that the application level of PPP in basic education is relatively low, lacks targeted policy guidance, and there are obstacles in project operation. By comparing policy tools and extracting project best practices, the transaction structure prototype of excellent education PPP projects was summarized, and policy recommendations were proposed from the perspective of institutional design.

Keywords: Basic Education; PPP Policies; High-quality Development

Abstract: With the entry of socialism with Chinese characteristics into a new era, building the agricultural powerhouse has been listed as an important strategy for national development. This article proposes the generalized PPP model as an effective path, which helps to integrate public and private resources, expand effective investment in agriculture, and promote agricultural industrialization and modernization. This article first elaborates on the inherent logic of PPP model in supporting the strategy of building the agricultural powerhouse, sorts out the existing policies of combining general PPP and agriculture, analyzes the characteristics and classification of agricultural industrialization projects, and concludes that rural and agricultural (industrialization and related) projects require the assistance of PPP, and are in line with and adapted to the entry areas and methods of PPP. Finally, this paper explores the implementation path of the generalized PPP model in assisting strategy of building the agricultural powerhouse of China in the new era from three aspects: agricultural fund raising, rural land revitalization, and agricultural talent introduction.

Keywords: Generalized PPP Model; Agricultural Powerhouse Strategy; Rural Revitalization

B.18 Project Dispute Resolution under the PPP New Policies

Xue Qitang, Liu Jiaqi and Feng Lisong / 254

Abstract: In 2023, there have been significant changes in PPP policies, which have had a significant impact on PPP projects across the country. This article first analyzes and interprets the PPP new policies, including the PPP new mechanism, the classification and handling opinions of existing PPP projects, and the PPP policy documents abolished by the Ministry of Finance. Subsequently, the impact of the PPP new policies on PPP projects was analyzed, and it was found that the new policies led to the cancellation of the PPP project management database of the Ministry of Finance, resulting in a large number of disputes over existing PPP projects. After analyzing the causes of disputes, this paper gives the solutions to PPP project disputes, among which mediation is the best way to solve disputes.

Keywords: PPP New Policies; Stock PPP Project; Dispute Resolution

皮 书

智库成果出版与传播平台

✤ 皮书定义 ✤

皮书是对中国与世界发展状况和热点问题进行年度监测，以专业的角度、专家的视野和实证研究方法，针对某一领域或区域现状与发展态势展开分析和预测，具备前沿性、原创性、实证性、连续性、时效性等特点的公开出版物，由一系列权威研究报告组成。

✤ 皮书作者 ✤

皮书系列报告作者以国内外一流研究机构、知名高校等重点智库的研究人员为主，多为相关领域一流专家学者，他们的观点代表了当下学界对中国与世界的现实和未来最高水平的解读与分析。

✤ 皮书荣誉 ✤

皮书作为中国社会科学院基础理论研究与应用对策研究融合发展的代表性成果，不仅是哲学社会科学工作者服务中国特色社会主义现代化建设的重要成果，更是助力中国特色新型智库建设、构建中国特色哲学社会科学“三大体系”的重要平台。皮书系列先后被列入“十二五”“十三五”“ 十四五”时期国家重点出版物出版专项规划项目；自 2013 年起，重点皮书被列入中国社会科学院国家哲学社会科学创新工程项目。

法律声明